KB174547

을들의 당나귀 귀

손희정, 최지은, 허윤, 심혜경, 오수경, 오혜진, 김주희, 조혜영, 최태섭 지음

후마니타스

을들의 당나귀 귀

한국여성노동자회, 손희정 기획

페미니스트를 위한 대중문화 실전 가이드

일러두기

— 2016년 5월부터 2017년 10월까지 방송한 팟캐스트 〈을들의 당나귀 귀〉 시즌2, 3의 "대중문화와 젠더" 편에서 가려 뽑은 내용을 단행본에 맞게 고쳐 썼다.
— 각 글의 시작에는 QR코드를 붙여 해당 방송을 들을 수 있게 했다.
— 단행본·정기간행물에는 겹낫표(『 』)를, 논문·보고서·단편소설에는 홑낫표(「 」)를, 노래·기사에는 큰따옴표(" ")를, 게임·영화·방송 프로그램과 인터넷 매체에는 가랑이표(〈 〉)를 사용했다.

프롤로그

협업의 시작

처음 '한국여성노동자회'의 연락을 받은 것은 2016년 봄이었다. 한국여성노동자회는 더 많은 여성 대중을 만나기 위해 2015년부터 여성 노동을 주제로 팟캐스트 방송을 해왔고, 앞으로 방송 주제를 대중문화로 확장해 보고 싶다고 했다. 나는 그 부름에 흔쾌히 응했다. 30년 역사를 가진 여성 노동운동 단체와 문화연구자가 협업할 수 있는 것은 흔한 기회가 아니기 때문이다. 그렇게 시작된 〈을들의 당나귀 귀〉(이하 '을당') "대중문화와 젠더" 편은 2018년까지 계속되면서 20여 편의 방송을 선보였다.

2015년 '페미니즘 리부트'가 시작됐을 때, 여성들이 가장 적극적으로 목소리를 냈던 분야의 하나는 역시 온라인 문화를 아우르는 대중문화였을 것이다. '김치녀' 운운 등으로 대변되는 온라인 마초 문화뿐만 아니라 케이팝K-POP, 영화, 드라마, 예능, 문학 등에서 펼쳐지는 온갖 여성 혐오적 재현에 질린 여성들은 "그것은 괜찮지 않다"라고 말하면서 페미니스트로서 각성하기 시작했다.

그런데 한 사회의 여성 혐오 문화는 그 사회의 정치적·경제적 상황과 분리되어 있지 않다. 한국도 마찬가지다. 여성을 돌봄노동에 묶어 놓고 그 노동을 폄하하는 문화는 노동시장에서의 여성 차별을 초래하고, 노동시장에서의 여성 배제는 다시 대중문화에서의 '여성의 상징적 소멸'로 이어지며, 여성의 이야기를 상상할 수 없는 사회에서는 여성의 정치적 권리가 자주 침해당한다. 사실 정치·경제·문화는 서로 영향을 주고받으면서 선후 관계를 따지기 어려운 악순환의 고리를 그리게 된다. 우리가 〈을당〉을 방송하는 내내 여성의 정치적 위치와 노동조건, 그리고 젠더 재현의 성격에 함께 주목했던 것은 바로 이런 연관 때문이었다. 물론 이런 얽힘을 읽어 내는 것은 단순한 일이 아니지만, 〈을당〉은 우리가 일상적으로 향유하는 대중문화 텍스트를 분석하면서 보다 쉽고 편안하게 이 문제에 접근하고자 했다. 이 과정에 다양한 페미니스트 전문가들이 참여해 함께 길을 닦아 주었다.

이제 2016년부터 2017년까지 청취자들을 만났던 팟캐스트 방송 가운데 11편을 선별하고 보완해, 한 권의 책을 엮어 낸다. 이 책이 우리가 사는 세계에 도전하는 좋은 질문들을 던지고, 성평등의 관점에서 대중문화를 비판적으로 읽는 것의 좋은 예시를 보여 주는, "페미니스트를 위한 대중문화 실전 가이드"가 될 것이라 자부한다.

함께 쌓은 이야기들

1부 "남자들은 넘쳐 나고 여자들은 사라지는 세계"에서는 한국 예능의 현주소를 점검한다. "한남 엔터테인먼트"라고 불러도 무방할 정도로 한국의 예능 판은 남성 중심적인, 남성이 활개 치기 쉬운 세계인 반면, 여성에게는 유독 가혹한 세계이다. 그리고 그 예능 판 안에서 영향력 있는 중년 남성 예능인의 라인에 속하지 못한다면, 기회를 잡기 어려운 것은 남성 청년도 마찬가지다. 이는 결국 "아재 엔터테인먼트"로 귀결되고 만다. 아재 엔터테인먼트에서는 40대 이상의 중년 남성이 주인공이 되고, 주류가 된 아재 문화가 소수를 주변화하고 다양성을 지워 나간다. 이 중심에는 언제나 자신이 경제력을 가진 가부장임을 전시하는 '아버지'들이 있었다.

하지만 여성 대중의 채널 선택권과 영향력이 점점 커지는 시대에, 어떻게 여전히 '가부장-아버지'가 인기를 끌 수 있었을까? 그때 눈에 들어온 것이 아버지들의 '생존 전략'의 하나가 된 '딸바보' 이미지였다. 〈을당〉은 그들이 선보이는 '딸바보' 서사가 어떻게 시작되었는가를 추적하고, 그 이면에 놓인 여성 혐오를 함께 살펴보았다. 이 와중에 2018년, 대중은 '딸바보'라고 자임하던 아버지 몇몇이 어떻게 '#미투' 운동의 가해자 목록에 이름을 올리는지 두 눈으로 확인했다.

하지만 여성과 대중문화가 서로 반목해 온 것만은 아니다. 여성 대중은 여성 혐오적인 문화 안에서도 텍스트의 '결을 거슬러' 읽으면서 다른 의미와 다른 즐거움을 찾아냈고, 또 어떤 여성들은 대중문화 안에서 계속해서 변화를 모색해 왔기 때문이다. 송은이, 김숙의 '비보TV'와 '가모장숙' 캐릭터는 이런 대중과 예능인의 협업 속에서 등장했다.

2부 "여성은 어떻게 일하고, 어떻게 상품이 되는가"에서는 대중문화와 여성 노동의 관계를 좀 더 세밀하게 뜯어보았다. 엔터테인먼트 산업은 화려한 겉모습 뒤에 산업 자체를 지탱하고 있는 노동을 감춰 버린다. 덕분에 쇼 비즈니스야말로 가장 가혹한 착취가 가능한 시장으로 등극한다. 심지어 여기에는 젠더 역학과 연령차별주의Ageisem가 함께 작동한다. 특히 여성 아이돌이 더 힘든 노동조건에 내몰리는 상황은 그렇게 펼쳐지는 것이다. "극한 직업 걸그룹"에서는 이를 지적하면서 여성 아이돌을 '상품'이 아닌 노동자로 볼 것을 요청한다.

한편 이렇게 여성이 노동시장에서 더 열악한 위치에 놓이는 데는 '여성=어머니=돌봄 노동'이라는 가부장제의 오래된 편견이 존재한다. 이런 사고방식 안에서 여성의 노동은 부차적이거나 무가치한 것으로 폄하당하고 비가시화된다. 그렇다면 우리가 일상적으로 보는 드라마에서는 어떨까? "드라마 속 일하는 여성을 찾아라"에서는 한국 드라마가 여성의 노동과 노동하는 여성을 재현하는 방식을 따라간다. 그러면서 드라마가 그저 오락거리가 아니라 유의미한 분석의 대상이 될 수 있음을 다시 한번 확인한다.

이어서 조선희 작가의 『세 여자』와 루스 배러클러프의 『여공 문학』을 통해 한국 대중문화가 지워 버렸던 역사 속 '혁명하는 여자'와 '노동하는 여자'의 이야기를 함께 건져 올렸다. 책을 읽는 동안 계속 확인하겠지만, 〈을당〉은 유독 자기만의 시간을 살면서 스스로 변화하고 성장해 온 여성들의 이야기를 발굴하고, 그 계보를 다시 쓰는 작업에 관심이 많았다. 그것이야말로 페미니스트 비평이 해야 할 중요한 작업이라고 생각하기 때문이다.

2부의 마지막 글에서는 금융화된 신용사회가 성매매 산업과 만나 어떻게 여성의 몸을 자원으로 삼고 그 몸집을 불려 왔는가에 대한 이야기를 나눴다. 자본주의가 가부장제와 공모하면서 여성의 신체를 이미지이자, 지속적으로 수익을 내는 상품 그 자체로 만들어 가는 메커니즘의 가장 노골적인 민낯을 확인할 수 있을 것이다.

3부 "재현하는 여성, 재현된 여성"에서는 영화에서의 여성 재현과 디지털 마초 문화의 여성 혐오 문제를 살폈다. 2014년은 전 세계적으로 온라인 페미니즘의 분수령으로 이야기되는 해다. 미국의 경우 '#YesAllWomen' 등의 운동이 펼쳐졌고 비욘세, 엠마 왓슨 등의 유명인들이 페미니스트 선언을 하면서 '셀렙 페미니즘'이 부상했다. 한편으로 미국 페미니즘의 부흥은 할리우드와 서로 영향을 주고받아 왔는데, 〈매드맥스: 분노의 도로〉나 〈고스트버스터즈〉 여성 판 리부트 등은 그 대표적인 작품들이다. 그 한가운데 있던 것이 미국 대중문화의 페미니스트 아이콘이라고 할 수 있는 '원더우먼'의 영화화였다. 반면 한국의 영화 산업은 2015년에 다시 페미니즘 열풍이 불었음에도, 할리우드처럼 기민하게 움직이지 않았다. 2016년 〈아가씨〉나 〈비밀은 없다〉 같은, 관객들을 사로잡았던 흥미로운 영화들이 등장했지만, 소수의 작품을 제외하곤 여전히 '여성들이 사라진 세계'가 계속되고 있었던 것이다. 우리는 영화 〈원더우먼〉 〈아가씨〉 〈비밀은 없다〉 등을 둘러싼 논쟁을 다루면서 '과연 여성 영화, 여성 서사란 무엇인가?'를 질문하고 또 고민했다.

마지막으로 "게임, 포르노, 인터넷 커뮤니티의 디지털 남성성"에서는 2015년 한국 여성들을 분연히 떨치고 일어나게 한 지표의 하나였던 디지털 마초 문화에 관해 이야기 나누었다. 특히 10, 20대 청년 남성들의 디지털 여가 문화에서 여성 혐오가 그토록 두드러지는 이유를 나름대로 논해 보았다. 우리가 나눈 이야기가 여러분에게 반짝이는 영감과 아이디어를 드릴 수 있기를 기대한다.

"끝날 때까지 끝난 것이 아니다"

소개한 것처럼 〈을당〉은 대중문화의 다양한 주제를 넓게, 또 깊게 다뤄 왔다. 2년의 시간 동안 진지하지만 유쾌했던 탐사를 기꺼이 안내해 준 게스트들은 모두 한국에서 손꼽히는 전문가들이다. 무엇보다 이들은 페미니즘이 부분을 다루는 협소한 이론이 아니라 어떤 주제를 다르게, 혹은 더욱 깊이 있게 바라보게 하는 인식론이자 관점이며, 계속해서 훈련이 필요한 감각이라는 것을 보여 주는 화자들이다. 함께해 주신 최지은, 허윤, 심혜경, 오수경, 오혜진, 김주희, 조혜영, 최태섭 선생님께 감사드린다. 더불어 이 책에는 포함되지 않았지만, 〈을당〉 시즌2, 3에 나와 자리를 빛내 주신 조서연, 김신현경, 나영 선생님께도 감사와 존경의 마음을 전한다. 덕분에 함께 웃고 화내고 공부하며, 많은 것을 깨칠 수 있었다.

언제나 '더 많은 말'이 다른 세계로 다가가는 길이라고 믿는다. 지난 3년간 차곡차곡 쌓아 온 말들 안에서 우리는 세계를 좀 더 명징하게, 그리고 좀 더 비판적으로 볼 수 있었고, 우리의 목소리를 만들어 낼 수 있었다. 이렇게 "생각하고 말하고 설쳐서" 과연 세상을 바꿀 수 있을까? 언제나 세계는 오히려 퇴보하고 있는 것처럼 느껴지지만, 그럼에도 불구하고 변화가 시작되었음을 본다. 2016년 〈을당〉에서 처음 '김숙' 현상을 다룰 때만 해도 '비보TV'가 이렇게 성장하고, 연말 방송사 시상식에서 여성 예능인이 연예대상의 2관왕이 될 것이라고는 상상하지 못했다. 물론 수상은 개인의 영광이겠지만, 그런 분위기가 만들어지기까지 많은 여성 주체들이 함께 달려 왔다고 믿는다. 그리고 〈을당〉도 그중 하나였기를 바란다. 〈2018 MBC 방송연예대상〉의 대상 수상 소감에서 이영자 씨는 이렇게 말했다. "끝날 때까지 끝난 것이 아니다." 〈을당〉 또한 '영자느님'의 그 말씀을 따라 계속해 보려고 한다. 〈을당〉의 청취자들, 그리고 이제는 독자들까지 그 길에 함께해 주실 것이라 믿는다.

2019년 2월
〈을들의 당나귀 귀〉의 동료들을 대신하여
손희정

차례

1

남자들은 넘쳐 나고 여자들은 사라지는 세계

한남 엔터테인먼트

아재 엔터테인먼트

'딸바보' 시대의 여성 혐오

'김숙'이라는 현상

한남 엔터테인먼트

게스트 **최지은**

2006년부터 2017년까지 대중문화 웹진 〈매거진T〉 〈텐아시아〉 〈아이즈〉에서 기자로 일했다. 2015년 이후로는 남성 중심적 예능 산업을 비판적으로 보는 기사와 비평문을 발표하면서 주목을 끌었다. 2015년 시작된 '페미니즘 리부트'에서 한국 대중문화의 페미니즘을 견인했던 중요한 필자로서 예능 산업에 관한 새로운 관점을 선사했다. 현재는 프리랜서로 활동하고 있으며, 저서로는 『괜찮지 않습니다』와 공저 『페미니즘 교실』이 있다.

오늘의 주제

윤옥 오늘을 살아가는 여성 노동자들의 어려움을 속 시원히 파헤쳐 줄 평범한 여성 노동자들의 비범한 이야기 〈을들의 당나귀귀〉!! 오늘 방송을 시작하겠습니다. 저는 진행을 맡은 한국여성노동자회의 임윤옥입니다.

희정 안녕하세요, 페미니스트 손희정입니다.

지혜 한국여성노동자회 지혜입니다.

윤옥 오늘의 주제, 손희정 선생님이 좀 소개해 주세요.

희정 청취자분들, 예능 좋아하시죠? 〈무한도전〉이나 〈런닝맨〉 같은 프로그램들 있잖아요? 오늘은 한국의 예능 산업에 대해 이야기해 보려고 합니다. 최근 페미니스트 시청자들의 비판을 받은 예능 프로그램이 한 편 있는데요.

윤옥 〈알쓸신잡〉?

희정 네, 맞습니다. "알아두면 쓸 데 없는 신비한 잡학 사전", 〈알쓸신잡〉입니다. 말하자면 '지식 소매상' 콘셉트의 예능이에요. 이 예능이 큰 화제 속에서 시작되었는데요.

윤옥 맞아요. 재미있다는 분들 되게 많더라고요.

〈알쓸신잡〉

"알아두면 쓸 데 없는 신비한 잡학 사전"이란 뜻의 이 프로그램은 케이블 채널인 tvN에서 2017년 6월부터 7월까지, 총 9부작으로 방영되면서 인기를 끌었다. KBS 〈1박2일〉을 거쳐 tvN의 "꽃보다" 시리즈와 "삼시세끼" 시리즈를 연출하면서 주목을 끌었던 나영석 프로듀서의 연출로, 가수 유희열이 진행을 맡고, 작가 유시민, 맛 칼럼니스트 황교익, 소설가 김영하, 물리학자 정재승 등 남성 지식인들이 출연해, 전국 각지와 맛집을 찾아다니며 다양한 주제에 관해 수다를 떠는 콘셉트다. 방영 초부터 큰 인기를 끌었고, 시즌2에서는 김영하, 정재승 대신 건축가 유현준과 뇌과학자 장동선이 합류했다. 2018년 가을 시즌3이 방영되면서 건축학 전공자이자 전 국회의원인 김진애 박사가 최초의 여성 멤버로 합류했다.

희정 인기 많았죠. 기사도 많이 났고요. 그렇게 화제를 모았던 건 인기 뮤지션이자 진행자인 유희열과 요즘 시사 예능의 대세라는 유시민 작가, 대중적인 과학서를 많이 써온 정재승 교수, 그리고 음식 평론하는 황교익 평론가가 출연했기 때문인 것 같아요.

윤옥 김영하 작가도.

희정 그렇죠. 그런데 동시에 "또 남자 판이냐"라는 비판을 받기도 했어요. 이 프로그램만 봤을 때는 남자만 출연하는 것이 뭐가 그리 큰 문제냐 할 수도 있겠지만, 시청자들 입장에선 전체 예능의 판도 안에서 〈알쓸신잡〉을 보는 것이니까요. 또 남자 일색인 것이 좀 지겨울 수 있을 것 같아요.

윤옥 사실 남자 판인 것도 그렇지만, 진짜 겹치기 출연이 심하죠. 이 프로그램, 저 프로그램에 막.

희정 프로그램이 구분 안 될 정도로 겹치기도 하고, 남성 네트워크의 다 해먹기 식도 좀 과했죠. 오죽했으면 유재석 라인, 강호동 라인, 이경규 라인, 이렇게 이름이 붙여질 정도였겠어요. 그런 '남성 연대' 안에서 여성 예능인들이 살아남기 힘든 구조이고요. 여자 나오는 예능, 뭐 있나요?

지혜 〈언니들의 슬램덩크〉? 흔치 않게 여성이 나오는 프로그램이라서 챙겨 봤던 것 같아요.

〈언니들의 슬램덩크〉

책 4장에서 소개되고 있는 '김숙 열풍' 효과로 기획된 KBS의 여성 예능. 2016년 4월부터 12월까지, 총 33부작이 제작됐다. 배우 라미란, 코미디언 김숙, 모델 출신 예능인 홍진경, 배우이자 가수 민효린, 가수 제시와 티파니가 출연했다. 이들이 '꿈계'를 만들어 각자의 꿈을 이루기 위해 다 함께 노력한다는 콘셉트다. 여기에서 만들어진 그룹 '언니쓰'는 "Shut Up"이란 노래로 걸그룹 데뷔를 하기도 했다. 2007년 종방된 〈여걸식스〉의 계보를 잇는 것으로 인구에 회자되었고, 2013년 종방된 〈무한걸스〉 이후 한동안 제작되지 못했던 본격 여성 예능 프로그램이 지상파에 돌아온 것만으로도 큰 화제를 모았다. 이들 중 가수 티파니는 위치 기반 필터로 인해 개인 SNS 계정에 올린 문구에 욱일승천기 이모티콘이 들어간 것이 문제가 되면서 프로그램에서 하차했다. 2017년 라미란, 민효린, 제시가 빠지고, 배우 강예원과 한채영, 가수 홍진영과 공민지, 전소미 등이 합류하면서 시즌2가 제작됐다.

희정 〈언니들의 슬램덩크〉나 〈효리네 민박〉 같은 여성 중심의 예능이 나오고 있기는 한데요. 남성 중심인 예능에 비하면 정말 소수죠. 그리고 예능 프로그램에 온통 남자들만 출연하면서 또 여성 혐오적인 콘텐츠를 만들어 내고 있는 것도 문제인 것 같아요. 그러다 보니 "여성 출연자가 보고 싶다"는 시청자들의 목소리가 나오게 되었고요. 그런데 〈알쓸신잡〉에 여성 출연자가 있었으면 좋겠다고 하니까 이런 반응이 있었어요. "그 남자 출연자들만큼 대중적인 여자 지식인이 한국에 있느냐?" 하지만 이런 건 좀 기억할 필요가 있겠죠. 남성은 방송이나 예능에 출연할 기회가 많고, 그래서 '좋은 예능인'으로 훈련받고 성장할 기회가 있는 반면, 여성에게는 그런 기회 자체가 좀체 없다는 점이요. 그래서 오늘은 이런 남자들만의 예능, 남자들만의 엔터테인먼트에 대해 이야기해 볼까 합니다.

윤옥 이름하여 '한남 엔터테인먼트'.

희정 이 주제를 가장 잘 이야기해 줄 수 있는 분을 모셨어요. 대중문화를 페미니즘의 관점에서 보는 것에 관심 있는 분들이라면 이 분이 쓴 기사를 한 번쯤은 읽어 보셨을 텐데요. 바로 『괜찮지 않습니다』의 저자이기도 한 최지은 기자님입니다.

지은 안녕하세요? 저는 〈아이즈〉라는 대중문화 웹진에서 일하다가 2017년 봄에 무작정 회사를 그만두고 마냥 게으르게 살고 있는 최지은이라고 합니다. 요즘 특별히 하는 일은 없고요. 제가 사실 '한남 엔터테인먼트'를 견디다 못해 일을 그만둔 것이기도 해서, 오늘 이야기를 잘 풀어 볼 수 있을 것 같아요.

윤옥 아니, 그게 퇴사 사유가 됐나요? ☺

지은 지쳐 갔던 것 같아요. 즐겁게 볼 수 있는 프로그램은 점점 없어지고 했던 비판을 반복하게 되니까요. 재미없었죠.

윤옥 그럼 기자님은 주로 한남 엔터테인먼트에 대해 비판적 기사를 써오신 건가요?

지은 제가 대중문화 기자로 한 10년 정도 일했는데요. 처음부터 그랬던 건 아니었어요. 한남 엔터테인먼트를 인식하게 된 것 자체가 사실 지난 2~3년 사이의 일인 것 같고요. 그전까지는 저야말로 한남 엔터테인먼트와 폭력적인 콘텐츠들을 큰 비판 의식 없이 즐기던 사람이었어요. 그리고 그 안에서 남자들의 매력을 발견하고 주목해서 대중에게 소개하는 것이 즐거웠고요. 그런데 어느 날부턴가 "이건 아니구나" 싶어진 거죠. ☺

윤옥 굉장한 전환점이 있었던 건데, 조금 더 여쭤봐도 될까요? 10년이나 해온 활동을 반성하게 된 특별한 계기가 뭐였나요?

지은 제가 원래 '잘생긴 남자' '아이돌'을 너무 좋아했어요. 그러다 보니 대중문화 기자로 일하면 좋겠다 생각했던 것이고요. 실제로도 정말 즐겁게 일했죠. 그런데 2015년에 옹달샘 팟캐스트 사건이 터지면서 대중문화의 여성 혐오에 대해 각성하게 되었어요.

윤옥 옹달샘 팟캐스트 사건이요?

지은 옹달샘은 유세윤, 유상무, 장동민 세 명의 코미디언으로 이루어진 팀인데요. 이 사람들이 〈옹달샘과 꿈꾸는 라디오〉라는 팟캐스트에서 심각한 여성 혐오 발언들을 했어요. 그리고 이에 대해 여성들이 비판하기 시작한 거죠. 이때 남성들의 주된 반응은 "이 정도의 발언을 문제 삼으면 표현의 자유는 어떻게 되는 것이냐" "왜 여자들은 개그를 개그로 받아들이지 못하냐"였던 것 같아요.

희정 그런데 제가 보기에 그 발언들은 표현의 자유 운운할 수준의 것은 아니었던 것 같아요. 너무 저질이라서요. 결국 옹달샘은 삼풍백화점 붕괴 사고의 피해자를 모욕한 것에 대해 공개적으로 사과하게 됐죠. 저는 기본적으로 하지 말아야 할 말에 대한 감각이나 그에 대한 사회적 합의가 없다는 생각이 들더라고요.

지은 그 사건을 보면서 저는 제가 대중문화 기자로서 해온 일들을 돌아보게 되었어요. 사실 제가 옹달샘을 굉장히 좋아했었고, 그래서 그 당시에 옹달샘에 대한 기획 기사를 준비하고 있었거든요. 그런데 그 기획을 팟캐스트 논란 시점에서 돌아보니, 제가 그동안 이들, 특히 장동민 씨에 대해 어떻게 바라보고 있었던 건가 자문하게 되었어요. 그러면서 저 스스로 남자들이 가지고 있는 캐릭터, 위악이나 무례함까지도 매력으로 해석하고 있었음을 깨달았어요. 장동민 씨의 '마초적'이랄지 거친 태도가 여성 혐오적일 수 있고, 그것이 해악일 수 있다는 생각을 못했던 거죠. 저의 이런 무감각함이 한국 대중문화의 여성 혐오 경향에 공모했던 게 아닌가 싶더라고요. 그러면서 관점을 전환하게 된 것 같아요.

희정 그런 전환점이 있었던 거군요!

윤옥 정말 회심이라고 할만 하네요. 대중문화 기자로 활동하면서 누리셨던 자리가 있었을 텐데, 방향을 전환해 비판하기 시작하다니, 쉬운 변화가 아니었을 것 같아요. 모시게 되어 영광입니다. ☺ 그럼 이제 본격적으로 '한남 엔터테인먼트'에 대해 이야기 나눠 볼까요?

한남 엔터테인먼트란 무엇인가?

지은 처음에 손희정 선생님이 연락을 해서 "한남 엔터테인먼트(이하 '한남 엔터')에 관해 이야기해 보자" 했을 때 가장 먼저 떠오른 것은 한남 엔터가 도대체 무엇인지 정리해 봐야겠다는 거였어요. 그러고 보니 한남 엔터를 두 가지 성격으로 규정할 수 있을 것 같더라고요.

윤옥 두 가지요?

지은 첫째는 여성을 배제하는 예능, 여성이 없는 예능. 둘째는 여성이 나온다고 하더라도 여성 혐오적인 성격이 강하고, 여성을 비하하거나 여성에 대한 부정적인 선입견을 강화하는 예능. 그랬을 때 〈진짜 사나이〉 같은 예능은 둘 다일 수도 있겠죠. 초반에는 여성이 전혀 출연하지 않지만, '여군 편'에서부터는 여자들을 데려다 놓고 이들을 괴롭히면서 그걸 즐기게 하고, 또 대상화하면서 '개념녀'와 그렇지 못한 여자로 나눈 뒤, 후자에 대해서는 마음껏 욕하도록 자리를 깔아 주었으니까요.

〈진짜 사나이〉

2013년에 시즌1을 시작해 2016년 시즌2가 종영할 때까지 큰 인기를 누렸던 MBC의 군대 예능. 처음 〈진짜 사나이〉가 시작할 때는 모두 실패를 점쳤으나, 말하자면 '가짜 한국 남자'인 샘 해밍턴의 '한국 남자'로서의 성장담이 주목을 끌면서 위기를 넘겼고, 이어 〈진짜 사나이〉 여군 편이 큰 히트를 치면서 화제의 중심에 섰다. 〈진짜 사나이〉와 젠더 재현에 대해서는 〈을들의 당나귀 귀〉 2016년 7월 13일 방송 "한국 대중문화에서의 군대 재현 문제"를 들어 보시기를 권한다.

이런 예능 프로그램들을 통틀어 한남 엔터라고 할 수 있고요. 지금 한국 예능의 중심이 한남 엔터라고 할 수 있겠고요. 이는 사실 TV뿐만 아니라 웹툰을 비롯한 거의 모든 대중문화에 스며들어 있는 기본적인 성격이기도 해요.

윤옥 웹툰이나 이런 데도요?

지은 네. 사실 영화도 크게 다르지 않고, 드라마도 여성 혐오적인 것들이 너무 많죠.

윤옥 여성에 대한 폭력, 비하, 그리고 여성을 극한 상황에 몰아넣고 괴롭히면서 이를 재미 요소로 삼아 오락으로 즐기는 것. 이걸 다 한남 엔터라고 볼 수 있는 건가요?

지은 저는 여성을 괴롭히는 것 이전에 여성을 배제하는 상황이 더 근본적인 문제라고 생각해요. 남자밖에 안 나오잖아요. 이런 이야기를 하루 이틀 한 것도 아닌데 별로 달라지지 않았고요. 여성 예능인들도 직접적으로 불만을 말하기도 하거든요. 심지어 송은이, 김숙의 경우 정말 출연할 방송이 없었기 때문에 자신들의 팟캐스트 〈송은이 김숙의 비밀보장〉(이하 '비보')을 제작했죠. 송은이 씨가 〈택시〉라는 프로그램에 나와서 이런 이야기를 한 적이 있었어요. "숙이랑 나는 애하고 시어머니가 없어서 방송을 못한다." 이게 무슨 얘기냐면, 30, 40대 여성 연예인들이 살림, 육아, 결혼을 둘러싼 갈등, '시월드' 이야기, 이런 걸 풀어놓지 않으면 출연할 프로그램이 없다는 거예요. 그렇게 자력갱생으로 시작된 프로그램이 지금의 송은이, 김숙으로 이어지고 있어요. 여성 예능의 희망 같은 존재들이 되었죠.

희정 생각해 보면 팟캐스트도 1위부터 150위까지 '탑150' 이런 순위 목록을 확인해 보면 정말 다 남자 판이었거든요. 송은이, 김숙의 〈비보〉가 뜨면서 여성 팟캐스트도 더 활발하게 만들어지고, 순위 목록에도 오르기 시작했어요. 여전히 갈 길은 멀어 보이지만요. 그래도 '비보'가 놀라운 점은 '비보TV'라는 제작사를 만들어서 콘텐츠를 생산하고 있다는 거예요. 김숙 씨가 '가모장숙' 캐릭터로 완전히 빵 떠서 인기를 누리기 시작할 때 이런 인터뷰를 한 적이 있거든요. "이 인기 얼마 안 갈 거라는 걸 알고 있고, 제작 환경을 바꾸지 않으면 인기가 사라진 후 나 역시 사라질 수도 있다. 그래서 송은이랑 비보TV를 만들었다." 여기에서 제작한 스핀오프spin off 〈김생민의 영수증〉(이하 '영수증')은 2017년 최고의 히트작이었죠.

〈김생민의 영수증〉

2017년 6월 19일, 팟캐스트 〈송은이 김숙의 비밀보장〉의 한 코너였던 "김생민의 영수증"이 큰 사랑을 받으면서 단독 팟캐스트로 독립한다. 워낙 근검절약하고 성실한 것으로 유명했던 '통장 요정' 김생민이 청취자의 영수증을 보면서 재테크 상담을 해준다는 콘셉트였다. 과소비에는 '스튜핏', 현명한 소비에는 '그뤠잇'을 외치는 것이 유행어가 되었으며, 팟캐스트의 인기에는 기존의 마초적이고 여성 혐오적인 남성 예능인들과 달리 송은이, 김숙과 잘 어울리는 김생민의 다정한 모습이 한몫했다. 2017년 8월 KBS로 진출해 파일럿 방송을 하고, 2017년 11월 정규 편성되었으나 2018년 미투Me,too 운동에서 김생민의 과거 성추행 사건이 폭로되면서 방송이 중단되었다.

윤옥 〈비보〉와 〈을들의 당나귀 귀〉(이하 '을당')는 제작 이유가 같네요. 우리도 여성 노동자 얘기를 아무도 안 들어줘서 너무 답답한 나머지 "우리가 하자!" 하며 시작했거든요.

희정 그럼 우리도 더 열심히 해서 청취율을 좀 올려야…….

지은 〈비보〉처럼 지인 광고 좀 따오셔야겠어요. ☺

윤옥 김숙, 송은이 씨가 팟캐스트를 스스로 만들어야 했을 만큼 주류 예능에서 여성 예능인이 배제되고 있다는 얘기를 해주셨는데요. 저는 한 가지 궁금한 것이 있어요. 대중문화에 대해 비판적인 관점을 가지는 것은 정말 중요하다고 생각하는데요. 그래도 많이들 특히 예능의 경우, 그냥 시간 나면 보고 아니면 안 보고, 시청자의 선택권의 문제이지 굳이 이걸 비판하고 그럴 건 뭔가, 왜 비평이 필요한가 싶은 사람도 있을 거예요. 왜 웃자고 한 말에 죽자고 달려드느냐 하는 사람들.

지혜 "예능은 예능일 뿐"이라고 하면서 말이죠.

지은 말씀하신 대로 "웃자고 예능 하는데 죽자고 달려들지 좀 마라. 예능은 예능으로 봐라" 그런 반응을 정말 많이 봤던 것 같은데요. 주로 포털 사이트의 베스트 댓글이 이런 식이죠. 그런데 대중문화라는 건 말 그대로 대중이 쉽게 접하는 문화인 거잖아요. 문화가 무서운 것은 우리의 정신과 사고방식에 큰 영향을 끼치면서도, 그걸 자연스럽게 느끼게 한다는 거예요. 그렇기 때문에 더 비판적으로 보지 않으면 안 된다고 생각해요. 얼마 전에 이런 일이 있었어요. 어떤 학부모를 만나서 이야기를 하는데, 그분 말이 중학교 1학년인 딸이 〈아는 형님〉을 가장 좋아한다는 거예요. 그래서 제가 "좀 걱정되네요" 했더니 "〈아는 형님〉이 어때서?" 하는 반응을 보이시더라고요. 이후에 좀 더 자세히 말하겠지만 〈아는 형님〉의 경우에는 중년 남성이 젊은 여성을 평가하고 또 폭력적으로 대하는 부분이 정말 많이 나오는데, 이를 비판적으로 보지 않으면 젊은 여성의 자기 인식에 좋지 않은 영향을 미칠 수도 있지요. 하지만 저 역시 이 문제에 대해 매번 잘 설명할 자신은 없는 것 같아요. 그래도 어쨌든 누군가는 꾸준히 이야기를 하고 있어야, 우연이라도 그 글이라든지 이야기를 접하게 된 사람들이 다시 한번 생각해 볼 수 있는 기회가 있지 않을까 싶어요.

희정 이게 "개그는 개그일 뿐"이라고 얘기하지만 사실은 어떤 문화 안에서 뭐가 재미있다거나 슬프다거나 고통스럽다거나 하는 감정을 느끼는 건 관습적인 문제거든요. 특히나 '웃음 코드' 같은 건 문화적으로 만들어진 거란 말이죠. 예컨대, "뚱뚱하고 못생긴 여자로 생각되는 어떤 사람이 뭔가를 했을 때 웃긴다"라고 한다면, 그건 엄청난 편견 안에서 웃기는 것이고요. 그러니까 웃음은 웃음일 뿐인 것이 아니죠. 그래서 저는 최 기자님 같은 분들이 하시는 작업이 '나쁜 웃음'과 연결돼 있는 우리의 관습의 고리를 깨서 다시금 질문하게 만드는 어떤 순간을 만드는 거라고 생각해요. 정말 중요한 작업입니다.

윤옥 하긴, TV는 그 자체로 권력을 갖고 있으니까요. 사람들이 어떤 일에 대해 이야기하면서 "야, 그거 TV에도 나왔잖아" 하면 '믿을 만한 일'이 되어 버리죠. 그것이 진실이고 사실일 거라는 생각 말이에요. 〈아는 형님〉을 보면서 저는 중년 남성이 젊은 여성을 함부로 대하는 걸 본 사람들이 "TV에서도 그렇게 하는데"라며 권력을 부여할까 봐 좀 섬뜩했어요.

지은 어린 여성을 대상화하고 어떤 행동을 하는 것에 대해 '저 사람도 하는데'라고 하면서 우리가 하는 행동을 더 강화하는 것도 물론 있겠고요. 그리고 그렇게 하는 것으로 "역시 남자란 다 그러는 거지" 하면서 자연스러운 일로 만드니까요.

— 가족 예능이 대세가 된 이유

윤옥 "예능은 그냥 예능이 아니다." 이 문제를 잘 들여다봐야겠다는 생각이 드네요. 그런데 송은이 씨가 했다는 그 말이요. "애하고 시어머니 없어서 방송 못한다"는 말. 정말 애도 있고 시부모나 부모가 있는 가족 예능이 지금 굉장히 많이 나오잖아요. 이것도 좀 궁금한데요. 어떻게 봐야 할까요?

지은 2014년 MBC에서 〈아빠! 어디 가?〉라는 프로그램이 엄청난 인기를 얻으면서 가족 예능이 대세가 되는 흐름이 만들어진 것 같아요. 〈아빠! 어디 가?〉 이후에는 〈슈퍼맨이 돌아왔다〉로 이어졌고요. 이는 가족 예능 안에서도 '육아 예능'이라고 할 수 있을 텐데요. 그 이후로는 육아 외에도 청소년 자녀들과 엄마의 관계를 다룬 프로그램이라든가 성인인 딸과 아빠의 관계 보여 주는 프로그램 등이 나왔죠. 시부모, 장모와의 관계를 다룬 것도 나오고요.

희정 그러면서 〈미운 우리 새끼〉 같은 괴이한 프로그램도 나왔죠. 결혼 안 한 남자들을 아직 성장하지 못한 귀여운 아들로 그리면서, 이들을 막 '584개월' 된 아기로 봐주는 그런 프로그램이 성공을 거뒀고요. 이런 프로그램들은 성 역할을 분명하게 나누고, 남녀의 결합과 자녀로 이루어진 정상가족 신화를 굳게 만드는 것으로 보이거든요. '가족이란 이런 거다'라는 환상을 만드는 거죠. 그리고 그 안에서 가부장제를 강화하기도 하고 부모 자식 간의 권력관계에 대해 전혀 의문을 제시하지 않아요. 아니 왜 자식들이 뭐 하는지 부모들이 다 들여다보고 있나요? 가장 끔찍한 건 성인이 된 딸의 연애나 소개팅 같은 거를 아빠들이 지켜보면서 스킨십에 대한 이야기를 한다든가 뽀뽀와 키스의 차이가 어쩌고 하는 이야기를 아빠 또래 남자들끼리 나눈다든가 하는 프로그램들이었죠.

윤옥 한국여성노동자회도 여성이 경험하는 직장 내 성희롱에 대해 계속해서 문제 제기를 하는데요. 그렇게 항의하면 "딸 같아서 그랬다"는 답이 흔히 돌아와요. 아주 지겨워 죽겠어요.

희정 사실 딸 같아서 그랬다는 말이 얼마나 징그러운 말인지 여자들은 겪어서 다 아는데 방송에서는 딸의 사생활을 지켜보며 간섭

하고 훈수 두는 아빠를 굉장히 귀여운 아빠들, 소위 '딸바보 아빠'라고 하면서 또 추켜세우죠.

윤옥 그렇다고 이 예능들이 현실 가족을 반영하는 것도 아니잖아요. 지금 우리 시대의 가족은 거의 다 해체된 것처럼 보이는 것에 반해, 예능에서는 왜 이렇게 퇴행적으로 그려지는 걸까요?

희정 그게 핵심인 것 같아요. 사회적 안전망이 무너지고 각자도생 할 수밖에 없는 사회가 펼쳐졌을 때, 그걸 해결할 수 있는 공동체가 필요한데, 한국 사회에는 그런 공동체를 상상하는 방식이 가족밖에 없는 거죠. 그나마도 이성애 중심, 결혼 계약에 기반한 핵가족밖에는 상상할 수가 없는 거고, 특히 여자들을 이 가족의 관계망 안에 넣지 않으면 상상이 안 되는 거죠. 그러니까 맨날 며느리니 엄마니 하며 불러다가 무언가를 도모하고, 생후 580개월을 운운하면서 50살 넘은 아들을 엄마 자궁에 갖다 붙이고, 이런 일들이 벌어지는 것 같아요.

지은 저는 오히려 개인으로서 사는 것을 인정하지 못하고 개인으로서 살 수 없게 만드는 경향이 더 강하지 않나, 하는 생각이 들어요. 그나마 개인의 삶을 보여 주면서 점점 반응이 좋아지고 있는 프로그램이 〈나 혼자 산다〉 같은 방송인데요. 이 프로그램의 경우 매너리즘에 빠질 즈음에 박나래 씨와 한혜진 씨가 합류하면서 돌파구를 찾았던 것 같아요.

〈나 혼자 산다〉

2013년부터 방송을 시작해 현재까지 계속되고 있는 MBC 예능 프로그램. 혼자 사는 남자 연예인들의 싱글 라이프를 들여다보는 관찰형 예능으로 처음 시작했다. 여러 차례 출연자가 바뀌다가 MC 전현무,

코미디언 박나래, 모델 한혜진, 웹툰 작가 기안84, 배우 이시언 등이 나오면서 인기를 얻었다. 특히 박나래는 뛰어난 요리 실력과 디제잉 실력을 보여 주면서 화제를 모았다. 온갖 가족 예능이 판을 치는 상황에서 이성애 결혼 계약에 묶여 있지 않은 개인의 삶을 보여 주고, 서로를 '무지개 회원'이라 부르며 우정을 나누는 모습은 다른 종류의 커뮤니티의 가능성을 상상하게 했다. 다만 출연자들끼리 연인이 되거나 헤어지는 등, 서로의 친분이 강조되고 함께하는 활동들이 늘어나면서 '대학교 혼성 동아리' 같다는 지적이 나오기도 했다. '혼자 사는 삶'을 보여 주는 취지와 멀어지고 있다는 것이다.

희정 〈나 혼자 산다〉도 처음 나왔을 때는 남자들이 혼자 사는 얘기였잖아요?

지은 김용건 씨와 노홍철 씨를 비롯해 혼자 사는 남자들의 일거수일투족을 보여 줬죠. 자기들끼리 '무지개'라는 모임의 이름을 정하고 '대부님'이라든지 '형' '동생' 하면서 지냈는데 이국주 씨와 박나래 씨가 합류하면서 그런 분위기가 달라졌고, 그중에서도 특히 박나래 씨가 확실히 하나의 기점을 만든 것 같아요. 결혼하지 않은 싱글 여성으로 재미있게 살면서 주변 사람들의 모임을 주도하는 어떤 다른 이미지를 보여 줬던 거죠.

윤옥 그러니까 가족 예능은 무너진 사회 속에서 가족 공동체를 가상 체험하게 해주면서 시청자들을 위로하고 있는 셈인데, 그것이 개인의 삶을 존중하고 새로운 공동체를 상상하는 방식이 아니라 굉장히 퇴행적인 방식으로 이뤄지고 있는 것이군요. 〈나 혼자 산다〉의 경우는 좀 예외적인 케이스로 볼 수 있겠지만요.

한남 엔터테인먼트와 남성 연대

희정　아까 여자 연예인들이 설 자리가 없어서 "여자 없는 예능"이나 마찬가지라는 이야기까지 해주셨는데요.

지은　여자들이 이렇게까지 없어진 것에 어떤 계기가 있을지 생각해 보려면 〈무한도전〉 〈1박2일〉의 엄청난 성공을 되짚어 볼 필요가 있을 것 같아요. 두 프로그램의 시청률을 합치면 시청률이 50퍼센트가 넘던 때가 있었어요.

〈무한도전〉

설명이 필요 없는 대한민국 대표 리얼 버라이어티 쇼. 〈무한도전〉에서부터 '리얼 버라이어티 쇼'라는 형식이 시작된 것으로 평가된다. 2005년 〈강력추천 토요일〉의 한 코너였던 "무모한 도전"에서 시작되어, "무리한 도전"과 "무한도전: 퀴즈의 달인"을 지나, 2006년 〈무한도전〉으로 독립 편성됐다. 2018년 3월 종영될 때까지 563편이 제작되었다. 〈무한도전〉을 스쳐 간 연예인은 많지만, 그중에서 특히 유재석, 박명수, 정형돈, 노홍철, 정준하, 하하를 일약 스타덤에 올려 놓았다. 처음 〈무한도전〉이 시작됐을 때는 "대한민국 평균 이하"를 내걸고 그야말로 '잉여들의 아무 의미 없는 도전'을 선보였지만, 점차 스포츠 미션 등을 수행하면서 대한민국 대표 남성 예능으로 성장하게 된다. 〈무한도전〉은 리얼 버라이어티 쇼의 흥행뿐만 아니라 '유 라인' '강 라인' 등의 남성 연대가 뭉쳐서 같은 프로그램으로 옮겨 다니는 경향에도 영향을 미쳤고, 이것이 남성 중심 예능으로 귀결되었다. 그런 의미에서 2018년 〈무한도전〉의 종영은 상징적인 의미가 있다. 이를 하나의 전환점으로 삼아 예능의 세대교체뿐만 아니라 성별 교체도 기대해 볼 수 있다.

희정　〈무한도전〉은 10년 넘게 방송되었는데요. 짝짓기 프로그램들이 수명을 다할 즈음 등장했죠. 짝짓기 프로그램이 사라지면서 여자들도 함께 사라졌다는 것은 정말 상징적이네요.

지은 〈무한도전〉과 함께 리얼 버라이어티 쇼의 양대 산맥을 이뤘던 〈1박2일〉의 경우 시즌제를 활용해 멤버들을 바꿔 가면서도 계속되고 있어요. 그러니까 굉장히 장기 집권을 하고 있죠. 사실 시청률이 예전 같진 않지만, 폐지가 되지는 않아요. 워낙 브랜드 가치가 크기 때문이죠. 이 프로그램들이 리얼 버라이어티의 쌍두마차 시대를 열었고, 그 이후로 남성 위주의 예능들이 주도권을 잡게 되죠. 그러다 보니 "남자들을 모아 놓으면 재미있는 것이 나온다"는 관습이 생긴 것 같아요. 게다가 이런 리얼 버라이어티라는 형식 안에서 여성 예능인들은 운신의 폭이 좁을 수밖에 없었거든요. 그런 이유들이 맞물리면서 예능 판에서 여성이 사라지기 시작한 거죠. 이에 대해 비판을 하면 "여자들이 재미없으니까 사라진 거지, 그걸 왜 남 탓하냐"는 식으로 말들을 하죠.

윤옥 결국 여자가 문제라는 거네요.

지은 능력 있고 웃긴 여자가 없다는 거예요. "재미없어서 그런 건데 왜 실력으로 승부하지 않고 불평만 하냐"는 거죠. 그런 얘기를 듣다 보니 문득 정말 그런가 싶어지더라고요. 제작진 입장에서 봤을 때도 정말 여자 연예인들은 재미없는 사람들인가. 그래서 그에 대해 몇몇 예능 작가나 PD들을 인터뷰한 적이 있었어요. "당신들이 느끼기에도 지금 한국의 여성 예능인들은 재미없는 사람들인 거냐. 왜 안 쓰는 거냐"라고 물었죠.

윤옥 그랬더니요?

지은 사람이 없다는 얘기를 한 분이 있었어요. "제작자 입장에서 재미없다. 그런데 그게 우리의 책임이 아니다. 그동안 예능 프로그램들이 여성에게 캐릭터를 부여하지 않았는데 그에 대한 책임을 왜 지금 제작진인 우리한테 묻냐. 현재 상황에서 여성에게 줄 수 있는 건 조그마한 자리밖에 없는데 그 자리에서도 자기 역할을 제대로 할 사람이 별로 없다. 그러니까 기본적으로 메인이 남자로 구성되면 이 사람하고 호흡을 맞출 만한 또 다른 남자를 찾는 게 자연스럽다"는 거예요. 예를 들면 우리 프로그램의 메인 MC가 유재석이라면, 거기에는 하하를 섭외하는 것이 편하다는 것이죠. 유 라인, 규 라인, 강 라인 이런 말 있죠? 이렇게 라인이 형성되면 새로운 사람을 발굴하기보다 메인 MC가 이미 알고 있는, 호흡을 맞춰 본, 편하게 대할 수 있는 상대로 멤버 구성을 하는 거죠. 제작진 입장에서도 굳이 피할 이유가 없고요.

희정　그야말로 남성 연대네요.

지은　그래서 가족 예능이 아니면 굳이 여자를 쓸 필요가 없다는 얘기가 나오는 겁니다. 어떤 PD분이 그런 이야기를 해요. 예능은 인맥으로 돌아가는데 여자는 거기에서 밀린다고요. 남자들은 버라이어티 쇼 녹화 끝나고 나면 술도 마시고 그러면서 서로 끈끈한 관계가 되는데, 여자들은 또 거기에 끼기는 어려우니까요.

윤옥　그렇게 만들어지는 연대인 건데 '케미'니 뭐니 하는 말로 포장하지 않나요?

지은　네. 우정, 의리, 케미 이런 말들이 있죠. 그런데 여자 연예인들, 특히 기혼 여성의 경우에는 더욱 뒤풀이 자리에 끼기가 어려워요. 남자들은 사회생활이 중요하다는 걸 핑계 삼아 가정을 등한시할 수 있지만 여자들은 그런 식으로 이해받지 못하잖아요. 아이가 있는 여성이면 육아할 시간도 모자라고, 남성 동료와 친하게 지내면 악성 루머에 시달리기도 해요. 그러다 보니 남녀는 동료로 친해지더라도 끌어 주는 일은 잘 없어요. 이건 출연진 사이에서만 일어나는 문제가 아니라 제작진과 출연자 사이에서도 벌어지는 일이에요. PD와 연예인이 형, 동생 하면서 친하게 지내는 거죠. 그러다 보니 어떤 남자 연예인이 사회적 물의를 일으켰을 때에도 제작진이 은근히, 또는 공개적으로 그를 옹호하고 그다음 프로그램에 기용하면서 컴백하도록 도와주죠. 그 녀석 사실은 마음이 참 착한 녀석인데, 이러면서요. 아까 말씀드렸던 옹달샘 사태 때도 그랬어요. 눈물의 사과를 두루뭉술하게 했지만, 방송을 접지는 않았거든요.

희정 자기들끼리 술 마시고 놀 때 늘 하던 이야기를 그냥 방송에 나와서 한 건데 뭐가 그렇게 큰 문제냐 싶기도 했겠죠. 그리고 옹달샘은 여성 비하 발언으로 사과한 것도 아니었잖아요. 아까 얘기했던 것처럼 삼풍 사건의 피해자를 모독하고, 그 피해자가 고소하겠다고 하니까 나와서 사과하는 퍼포먼스를 한 거죠.

지혜 그리고 그때 기자회견에서도 "저희는 하차하겠습니다"라고 한 게 아니라 "제작진의 뜻에 맡기겠습니다" 했어요.

지은 그렇죠. 그러면 또 제작진은 그 말뜻을 받아서 "우리는 함께 가겠습니다" 하는 거죠.

윤옥 지겹네요. 뜻에 맡긴다 하면 또다시 방송 출연이 가능해지고.

지은 그리고 그에 대해 좀 비판이라도 하려 하면 여자들은 남자들 밥줄을 끊으려고 하냐는 식으로 나오니까요. 하지만 이들의 밥줄이 끊긴 적은 없어요. 불만을 말한 여자들의 밥줄이 끊긴 적은 있지만요.

윤옥 밥줄 끊긴 여자들의 연대 이런 거라도 만들어야 될까 봐.

—— 여성 예능인에게 더 가혹한 한남 엔터테인먼트

지은 제작진들이 한 얘기 중에 남자 출연자들이 "훨씬 온몸을 던져서 방송한다"라는 얘기가 있었어요. 그런데 이건 한편으로 시청자들의 남자와 여자 예능인에 대한 허용 범위가 다르다는 말이에요. 이를테면 조혜련 씨가 몸 개그를 굉장히 많이 했고 그 때문에 인기가 있던 시절이 있잖아요. 그것도 어느 선까지는 재미있다고 봐주는데 그게 조금 지속되면 쟤 왜 그렇게 나대냐, 상스럽다, 보기 안 좋다, 비호감이다, 이런 말을 하기 시작해요. 그런데 정형돈 씨라든가 남자 연예인이 몸 개그 같은 걸 하면 웃기는데, 역시 제대로야, 이런 식의 반응을 보인다는 거죠. 그래서 여자가 뭔가를 하면 훨씬 더 욕을 많이 먹어요. 그러니까 뭘 안 해도 욕을 먹지만 뭘 열심히 해도 욕을 먹는 거죠.

게다가 여자 출연자들에 대한 인신공격은 이루 말할 수가 없죠. 가족 얘기부터 성적인 욕설에 이르기까지, 인간성 품평이나 외모 비하는 기본이죠. 출연자들이 대중의 반응을 무시하고 살 수도 없잖아요. 당연히 위축될 수밖에 없지 않겠어요? 이 와중에 남성 출연자들은 도박이라든지 폭행, 음주 운전 등의 범죄를 저질러 사회적 물의를 일으키고도 잘들 돌아와요. 오히려 그런 잘못들을 개그 소재로 써먹기도 하고요. 그런데 여자들한테는 훨씬 더 가혹하게 굴죠. 하다못해 이혼한 것 가지고도 죄지은 사람처럼 괴롭혀요. 이혼은 사실 그냥 삶에서 하나의 선택인 건데 말이죠. 제 생각에는 그렇게 비난함으로써 여성에게 영향력을 행사할 수 있다는 걸 즐기는 것 같아요. 여성 연예인이 고개 숙이고 눈물 흘리는 걸 보고 싶어서 저러는 거 아닌가.

희정 기자님 말씀하시는 거 들으면서 그런 생각 들었는데요. 그렇게 남자들이 사고를 치거나 범죄를 저지르고 나서 방송으로 되돌아올 때도 남성 연대가 되게 큰 힘이 되어 주는 것 같거든요. 예컨대 강호동 같은 경우에 어쨌든 유 라인과 강 라인의 양대 산맥이었는데, 세금 탈루에 걸리면서 영향력이 줄어들었잖아요. 하지만 〈아는 형님〉으로 컴백하면서 도박으로 문제가 되었던 이수근을 끌어 주고, 그렇게 함께 복귀했죠.

윤옥 그리고 여성, 특히 여성 아이돌이나 연예인에 대해서는 누구나 다 한마디씩 해도 된다는 환상이 있는 것 같아요.

지은 '국민 여동생'이라는 말이 얼마나 폭력적이고 기만적인지. 문근영 씨를 그렇게 불렀었잖아요. 그리고 나서 문근영 씨한테 매체들까지 이래라 저래라, 공개 연애를 하려면 이렇게 해야지 왜 그렇게 하냐 하는 식으로 말이죠.

윤옥 국민 여동생이니까?

지은 네. 여자 연예인이고 너는 우리의 '여동생'이니까. 그러니까 간섭할 대상, 통제할 대상이라고 생각하는 거죠.

희정 남자에 대해서는 되게 관대하고 여자에 대해서는 너무 엄격한 기준들을 대는 것 같아요. 영화 쪽에서도 그런 얘기 많이 하는데요. "왜 여배우들이랑 작업 안 하냐?" 그러면, 여배우들은 자기 이미지 챙기느라고 정신없고, 그래서 이미지 망가지는 작업은 안 한다는 거예요. 사실 여배우들은 출연할 영화가 너무 없다 보니 이미지 관리라도 해서 CF를 하거나 다른 활동을 하지 않으면 먹고살 수가 없는 거죠. 그리고 같은 '망가지는 연기'를 해도 남자들에게는 그것이 플러스가 되지만 여자들에게는 마이너스가 되니까.

지은 그래서 야외 리얼 버라이어티 프로그램을 많이 만들었던 한 PD님이 이런 얘기를 했었는데요. 여자들만 나오는 예능 프로그램을 한 번 했었는데, 여자가 좀 부스스하게 나오면 시청자들이 추레하다고들 욕한다는 거예요. 그리고 또 예쁘게 꾸미고 나오면 쟤는 왜 저런 데까지 가서 망가지지도 않고 자기 꾸미는 거에만 집착하냐, 가식적이다, 이런다는 거죠.

희정 화장은 안 하되 청순하고, 털털하되 망가져서는 안 되는? 이래야 한다는 건가요?

지은 "여자 연예인 ○○○은 민낯도 ○○해" 같은 기사를 우리가 엄청나게 많이 보잖아요. 남자 연예인한테는 그런 식으로 이 사람의 민낯이 이러니저러니 하지 않아요. 오히려 민낯을 보였을 때 머리가 까치집이 됐다거나 수염 자국이 났다거나 하면 그것을 이 사람의 약점으로 본다기보다는 귀엽다, 인간적이다, 평가해 주죠. 여자에 대해서는 현미경을 들이대는 것과는 아주 대조적이에요.

윤옥 지금 기자님께서 제작자들에게 직접 물어보고 들은 답변을 알려 주시고 있는데요. 그러니까 첫째, 견고한 남성 연대가 여성 예능인을 배제하고 있고, 둘째, 리얼 버라이어티가 대세인데 여기에선 남자보다 여자에게 더 엄격한 잣대를 들이대는 문화가 작동하고 있고, 셋째, 그런 상황 속에서 여성 예능인들은 시청자들에게 어필하는 캐릭터를 쌓을 수가 없는, 이런 상황인 거네요?

희정 한편으로는 그냥 남자들이 잘 할 수 있는 포맷만 만들어지는 것 같기도 해요. 야외에서 활동하는 〈정글의 법칙〉까지 여성 예능인들이 전부 다 잘해야 되는 건 아니잖아요? 그런 거 만들어 놓고 "여자는 여기서 재미없다"라고 하는 것도 좀 화가 나네요.

윤옥 이게 우리 사회의 이중 잣대잖아요. 남자들은 뭘 해도 관대하게 이해해 주고, 여자들은 행동 하나하나까지 다 통제해야 하고. 시청자들이 그런 시선으로 예능을 보니까 여성 예능인들이 진짜 살아남기 힘들 것 같아요.

지은 그런 의미에서 저는 〈언니들의 슬램덩크〉(이하 '슬램덩크') 시즌2 멤버들이 좀 재미있었어요. 한채영, 공민지 씨 같은 이들이 출연 기회에 목말라 있던 사람들이거든요. 본인들 스스로 그런 얘기를 많이 했고요. 그래서 이들이 진짜 열심히 하는 거예요. 보통 남자들은 예능 안에서도 '내가 1순위, 니가 2순위' 이런 식으로 서열을 만들거든요. 그런데 〈슬램덩크〉 출연자들은 그런 것 없이 서로 아끼는 분위기가 있었어요. 그게 좋더라고요. 오랫동안 우리가 한국 예능에서 볼 수 없었던 긍정적 기운이라는 생각도 들고요.

희정 하지만 또 여성은 그런 캐릭터만 살아남는 건 아닌가 싶기도 해요. 반면에 남자들은 다양한 캐릭터가 가능하죠. 든든한 형, 지질한 형, 투덜이, 촉새…….

지혜 윽박지르는 캐릭터도 있죠.

희정 그러니까요. 사실 여자들은 조금이라도 부정적인 기운이 있는 캐릭터를 갖기 힘들어요. 투덜거리거나 눈치 보고, 이런 것들을 하면 안 되고. 씩씩하게 서로 아껴 주고, 계산속도 없어야 하고. 그러니까 여성 캐릭터의 다양성을 우리가 어떻게 확보할 수 있고 다양한 재미를 어떻게 가질 수 있을지가 관건이겠네요.

지은 한국 사회는 여자가 잘나가는 꼴을 잘 못 보는 것 같기도 해요. 예능을 보고 있으면 여성 스타가 나오기가 힘들고 이 사람이 반짝 인기를 얻더라도 굉장히 위태롭다고 느껴요. 그러니까 너무 사소한 일로 비호감이라고 찍히기도 하는 거죠. 얼마 전에 AOA의 설현, 지민 씨가 예능 프로그램에 나왔다가 역사 지식이 부족하다는 이유로 정말 많은 지탄을 받았죠. 그리고 재네들은 모르면서 왜 웃기까지 하냐, 그러니까 너무 생각이 없다는 식의 엄청난 비난 포화를 받았었는데, 그동안 남자 연예인이 역사를 포함한 상식이나 지식이 부족한 거에 대해서는 사람들이 그렇게까지 신경 쓰지 않았었거든요. 그러니까 진짜 이상한 건 한국 사회가 보통 여자에게 지성을 기대하지 않으면서도 또 모르는 것에 대해서는 엄청 심하게 비난하는 거죠. 하지만 남자들은 몰라도 크게 문제 삼지 않아요. 웃고 말거나, 웃기려고 그랬겠지, 하는 식이에요.

희정 여자들에게 유독 가혹하게 군다는 생각이 들었던 건 〈나 혼자 산다〉에 게스트로 출연했던 김슬기 씨 때였던 것 같아요.

지은 맞아요. 김슬기 씨가 〈나 혼자 산다〉에 출연해서 집들이 음식을 준비하는데, 양을 너무 적게 준비했던 거예요. 그래서 인터넷이 완전히 뒤집혔어요. 재는 짠순이고, 손님 접대할 줄도 모른다고 하면서요. 또 SNS에 사과문도 올리고 그랬는데 그때 달린 댓글을 보니까 머리가 다 아프더라고요. 이게 그럴 일인가요? 남자 출연자들이 뭘 모르거나 굉장히 게으르거나 안 씻고 살거나 살림을 못해도, 이런 것들은 별로 문제가 아니고, 심지어 그 사람의 캐릭터가 되잖아요. 그러니까 전현무 씨 같은 경우도 세탁기 사용법을 몰라서 두 달이나 빨래를 세탁기 안에 방치했다가 빨래가 썩어 가던 모습을 보여 줬는데.

윤옥 그런 것도 방송에 나왔어요?

지은 그냥 '혼자 살면서 살림에 서툰 모습' 이런 식으로 그려졌죠.

윤옥 남자들한테는 너무 너그럽네요.

지은 여자들은 거의 가시밭길을 걷고 있지만, 남자들은 뭘 해도 박수 받기 쉬운 구조가 만들어져 있어요. 그래서 한편으로는 여성 예능에 좀 더 기회를 주는 것이 어떨까 싶어요. 너무 성급하게 평가하지 말고요. 하지만 방송을 만드는 사람들은 실패하면 안 된다는 생각이 있기 때문에 계속해서 안전한 길을 가려고 하죠. 남자들만 모아 놓는 게 아무래도 반응이나 시청률 같은 걸 쉽게 얻을 수 있는 방식이라고 생각하니까 잘 변하려고 하지 않더라고요.

윤옥 예능에도 할당제가 필요하네요.

—— 예능 할당제가 필요할까?

희정 오늘 시작하면서도 말씀드렸지만, 제가 〈알쓸신잡〉 논란 때 좀 짜증이 났던 것은요. “왜 이렇게 또 남자 판이냐” 했더니 즉각적으로 “유시민만큼 대중적인 지식인이 여자들 중에 있냐”는 답변이 돌아왔기 때문이었어요. 그런데 그 얘기를 듣는 순간 무슨 생각을 했냐면, 도대체 언제부터 유시민이 대중적이었냐는 거죠. 사실 유시민을 대중적인 작가로, 그러니까 정치인 색을 빼고 작가로 만든 건 JTBC의 역할이 컸죠. 출연할 수 있는 시간을 주고 이미지 메이킹에도 도움을 주고 말이죠. 소문에 따르면 유시민 씨도 방송을 하고 싶어 했다고 하고요. 그랬을 때 남자들에게는 대중성을 획득하고 대중의 언어를 가지게 되는 훈련의 장이 제공된다는 거예요. 어차피 형들이 끌어 주고 뭐하고 하니까 실패도 해보고 인기가 없어도 좀 버텨 볼 수도 있고요. 예컨대 〈무한도전〉의 정형돈. “재미없음”이 그의 캐릭터였던 것이 수년을 갔거든요. 어쨌거나 그걸 극복하고 치고 올라가서 원탑을 하기까지 훈련의 시간이 있었는데, 여성에게는 그 자체가 안 주어지죠.

윤옥 항상 양념처럼 들어와서 짧게 하고 쉽게 잘리는데 어떻게 거기에서 커리어를 쌓을 수가 있겠어요? 없죠.

지은 관계성을 맺기가 힘들다는 생각이 들어요. 어쩌다가 여성이 예능에 들어가는 경우가 있어요. 아주 가끔. 그런데 보면, 기존에 있던 PD들이 사실 이 사람을 잘 활용해 주지 않는 경우가 많죠. 그냥 분위기 띄우는 ‘홍일점’으로 넣고 다른 방향으로는 가보지 않는 거예요. 다른 남성 멤버들도 이 여성과 어떻게 호흡을 맞추는 게 좋을지 잘 모르니까 겉돌게 내버려 두는 것처럼 보이고요. 그러면 사실 이 여성은 기대만큼 활약을 보이지 못하고, 결국 그 안에 잘 안착하지 못하고 재미없다는 평가를 듣고는 빠지게 돼요.

윤옥 그러니까 할당제 필요해요. 저희가 30퍼센트 얘기하는 게, 이게 하나의 목소리로 들리게 하는 최소 조건이거든요. 예능 할당제 해야 될까 봐요. ㉧

예능 여성할당제

여성할당제는 보통 여성고용할당제, 여성승진할당제 등으로 여성에 대한 차별을 없애기 위한 제도다. 정치·경제·교육·고용 등 각 부문에서 채용이나 승진 시 일정한 비율을 여성에게 할당하는 제도로 '적극적 차별 시정 조치'의 일환이다. 세계적으로 '예능 여성할당제'가 시행된 경우는 없었지만, 영국과 호주 등에서 영화 산업 내 '성평등 영화 정책'이 시행되어 효과를 본 경우는 있다. 국가에서 제작이나 배급을 지원하는 작품의 경우 제작진 및 출연진의 성비를 고려하여 지원작을 선정하거나 여성 감독 양성을 위해 적극적인 조치들을 취하는 것 등을 정책적으로 추진하는 것이다.

2018년 아카데미 시상식에서 〈쓰리 빌보드〉Three Billboards Outside Ebbing, Missouri로 여우주연상을 수상한 프랜시스 맥도먼드Frances McDormand가 수상 소감 마지막에 "인클루전 라이더"inclusion rider, 즉 '포함 조항'을 언급해서 화제가 되었는데, 이 역시 성평등 영화 정책의 일환으로 해석될 수 있다. '포함 조항'은 사회적으로 영향력 있는 배우가 제작사와 출연 계약을 맺을 때, 작품 구성에 있어 인종 및 성 다양성을 보장하는 조항을 계약서에 명시하도록 하는 것인데, 이때 영화 구성에는 제작진 및 출연진 구성이 포함된다. 한국에서도 성평등 영화 정책에 대한 논의가 활발하게 이뤄지고 있다.

한국 방송 산업의 경우 성별 구조가 지나치게 남성 중심적이며, 이것이 여성 차별적인 방송 제작으로 이어진다는 지적이 계속되어 왔다. 2015년 12월 기준, 방송 산업 종사자 3만 5096명 가운데 2만 9890명이 정규직이고, 그중 남성 정규직이 2만 1892명(73.2퍼센트)인 것에 비해, 여성 정규직은 7998명(26.8퍼센트)에 불과하다.[*] PD의 경우에도 남성과 여성의 성비 불균형은 심각하고, 여성이 방송 산업 내에서 유리천장을 뚫는 비율은 극히 낮다. 공영 방송에서부터

* 「2016년 방송 산업 실태조사」, 방송통신위원회, 2016.

이런 불균형을 바로잡아 나갈 수 있을 터다. 여성 PD 및 키 스탭의 비율을 높이고, 출연진의 성적·인종적·신체적 다양성을 인구 비율에 맞춰 고용하는 방식으로 기울어진 미디어 판을 바로잡을 수도 있다. 예능에서 시작하는 것이 어렵다면, 공적 성격이 좀 더 강조되는 뉴스에서부터 시도해 보는 것은 어떤가?

희정 제가 EBS 〈까칠남녀〉에 출연했었잖아요. 그런데 〈까칠남녀〉 때도 처음에는 대부분 훈련받은 방송인들이었어요. 근데, 저 아시잖아요. 말 길게 하고 어렵게 하고. 그런데 초창기에 작가들이랑 PD가 되게 격려해 줬을 뿐만 아니라, 제가 말할 타이밍을 못 잡으면 진행자였던 박미선 씨가 저를 쳐다보면서 말할 타이밍을 만들어 주세요. 딱 저를 보고 눈으로 신호를 보내는 거죠. "이제 네 타이밍이야." 진행자가 출연자 한 명을 쳐다보면 다른 패널들도 약간 숨고르기가 되거든요. 그렇게 몇 번을 해주셨는데, 그런 기회를 받았던 것이 참 중요했구나 싶네요.

윤옥 얘기하다 보니까 재미있는 여성 예능인이 없거나 개인의 능력 문제가 아니라, 여성과 남성을 바라보는 이중적인 시선과 잣대, 여성 혐오 등, 한국 사회의 성차별적 의식이 그대로 투영된 것이 예능이구나 하는 결론에 이르게 되네요. 여기서 "한남 엔터테인먼트"는 마무리하고요. 오늘 못 나눈 이야기는 한남 엔터테인먼트 2탄이라고 할 수 있는 "아재 엔터테인먼트" 편에서 다시 다루도록 하겠습니다.

+ 최지은이 덧붙이는 말

〈2018 MBC 방송연예대상〉의 대상 수상자는 이영자였고, 그의 가장 강력한, 사실상 유일한 라이벌은 박나래였다. 이는 주류 예능 판에서 여성의 존재가 거의 지워져 있던 불과 3년 전만 해도 상상할 수 없던 연말 시상식 풍경이었다. 이영자는 〈2018 KBS 연예대상〉에서도 대상을 받으며 지금이 제2의 전성기임을 증명했고, 이때 그가 특별히 감사를 표한 것이 송은이와 김숙이다. 이영자의 그 유명한 '휴게소 먹방'이 〈송은이 김숙의 비밀보장〉에서 시작된 것처럼, 뛰어난 기획자이자 올라운드 플레이어인 송은이, 독보적 캐릭터와 비범한 감각의 소유자 김숙은 수많은 여성 동료들의 매력을 대중 앞에 드러내는 데 일조했다. 때마침 이들의 행보가 '페미니즘 리부트'와 맞물리며 여성 예능, 여성 예능인을 향한 대중의 뜨거운 관심과 지지를 불러일으켰다. 아마 자신들도 스스로 얼마나 대단한 일을 해냈는지 실감하지 못하겠지만, 이들은 정말 놀라운 일을 해냈다.

아재 엔터테인먼트

게스트 **최지은**

2006년부터 2017년까지 대중문화 웹진 〈매거진T〉 〈텐아시아〉 〈아이즈〉에서 기자로 일했다. 2015년 이후로는 남성 중심적 예능 산업을 비판적으로 보는 기사와 비평문을 발표하면서 주목을 끌었다. 2015년 시작된 '페미니즘 리부트'에서 한국 대중문화의 페미니즘을 견인했던 중요한 필자로서 예능 산업에 관한 새로운 관점을 선사했다. 현재는 프리랜서로 활동하고 있으며, 저서로는 『괜찮지 않습니다』와 공저 『페미니즘 교실』이 있다.

— 오늘의 주제

윤옥 안녕하세요! 임윤옥입니다. 오늘의 주제는 "아재 엔터테인먼트"입니다. 지난 방송에 이어 오늘도 최지은 기자님과 함께합니다. 기자님, 남자들만 살아남는 예능, 아재 엔터테인먼트에 대해 본격적으로 이야기 나눠 보려 하는데요. 어디서부터 시작하면 좋을까요?

— 아재 엔터테인먼트의 현실

지은 제가 저번에 말씀드렸던, 제작진을 대상으로 진행한 여자 없는 예능에 대한 인터뷰가 2015년 일이었어요. 당시 이게 너무 심각한 상태라고 생각해 기사를 썼던 건데 그 이후에도 거의 바뀌는 게 없었거든요. 보통 개편 철마다 방송사에서 보도자료가 오는데요. 2015년 이후로도 전부 남자들이 하는 프로그램 소개만 온 거죠.

윤옥 2015년 이후로도?

지은 네. 남자가 살림 하고 과학도 남자끼리 하고 딸도 남자가 키우고 혼자 사는 것도 남자이고 개밥 주는 것도 남자이고 화장하는 것도 남자이고.

윤옥 어우, 숨 막히네요.

지은 그걸 보니, 남자는 진짜 숨만 쉬어도 방송 아이템이 되는 건가 하는 생각이 들 정도로 끝이 없더라고요. 그리고 최근에 유행하고 있는 강연 프로그램들도 결국 남자를 스타로 만드는 무대인 거죠. 그런 방송에서는 제대로 된 근거도 없이 남자아이는 여자 아이와 다르기 때문에 '엄마'가 다르게 가르쳐야 한다는 식으로 성차별적인 주장을 교육 이론처럼 퍼뜨리는 사람도 전문가로 대접하고요. 그리고 이런 사람들이 방송을 통해 더 유명해지는 경우들을 보게 되는 거죠. 때로는 아예 '남자만의 리그'라는 걸 제목에서부터 내세우는 프로그램도 있어요. 〈아는 형님〉 〈오, 쾌남〉 〈시간을 달리는 남자〉 〈F학점 공대 형〉 〈남자 원기 상승 주식회사〉 같은 것들이요. 이렇게 제목뿐만 아니라 부제에 '남자' '형' '사나이' '수컷' 같은 단어들이 많이 들어가고요. 여기서 볼 수 있었던 것이 아재 엔터테인먼트였어요.

〈남자 원기 상승 주식회사〉('남원상사')

2017년 XTM에서 제작한 예능 프로그램. 코미디언 신동엽, 김준호, 장동민과 영화배우 김기두, 쇼핑 호스트 이민웅이 출연했다. 이 방송은 방영 전부터 "여자들 때문에 기죽은 남자들의 사연을 받는다"는 사연 모집 홍보로 문제가 되었고, 대놓고 "남자의 원기가 떨어진 것은 여자 탓이고, 그렇게 떨어진 원기를 우리가 살려 주겠다"는 콘셉트를 내걸면서 많은 비판을 받았다. 한남 엔터의 여성 혐오를 한눈에 보여 주는 방송이었다고 평가할 수 있다.

프로그램을 설명하는 내용에서 방송 자막에 이르기까지, 아재들이 뭐뭐 했다, 아재들이 뭉쳤다, 아재들이 어딜 갔다, 식이 되는 건데요. 최근 몇 년 사이 남자들끼리 하는 예능에서 제일 눈에 띄는 게 30대 후반에서 40대 중후반 정도 되는 남성 진행자와 남성 예능인들 중심의 프로그램이거든요. 2017년에 국회에서 열린 "미디어 내 성평등을 위한 연속 토론회"에서 발표된 한국여성정책연구원의 자료가 있는데요.* 거기서 인용한 2016년 YWCA의 방송 프로그램 모니터링 자료에 의하면, 출연자 성별이 남성 66.3퍼센트, 여성 33.7퍼센트 였어요. 거의 두 배 가까이 차이가 나는 거죠. 그다음 연령별로 봐도 남성은 30대 〉 40대 〉 20대 순이었다면, 여성은 20대 〉 30대 〉 40대 순이더라고요. 방송을 봐도 느껴지지만 중년 남자, 예컨대 전현무, 김성주, 강호동, 유재석 같이 방송에서 본 얼굴을 보고 또 보고 또 보게 되는 경우가 많아지는 거죠.

희정 진짜 그러네요. 아재 엔터테인먼트는 어떤 어른으로서의 성숙함을 보여 준다기보다는 성장하지 않은 남자들의 이야기가 펼쳐지는 장이죠. 남성의 미성숙함에 면죄부를 주는 방식이랄까요? 예컨대 〈아는 형님〉은 왜 다 40대 중후반의 남자들이 교복을 입고 교실에 앉아서 서로 야자 타임을 하는지. 그리고 나이가 어린 사람이 나오면 남녀 불문하고 성희롱하고, 꼭 술집에서 하는 농담 같은 걸 방송에서 하고 말이죠.

지은 그러니까요. 왜 딸뻘 되는 여성과 연인 사이의 상황극을 하는지.

희정 〈미운 우리 새끼〉 같은 경우에도 50이 넘은 김건모 같은 아재들을 결혼을 안 했기 때문에, 아직 어린 아들인 것처럼 취급하잖아요. 그 사람들 자체가 철이 안 들었기도 하지만, 사실 그런 철없음과 결혼을 연결시키는 것이 아주 고리타분한 것 같아요. 그걸 그 아재의 엄마들이 보고 앉아서는 "이렇게 철이 없으니 빨

* 이수연, 「방송에서의 차별, 방송 산업 성별 구성과 방송 내용」, 한국여성정책연구원, 2017.

리 여자를 만나야 한다"며 코멘트를 하고요. 그런 식의 예능이 너무 많아서 왜 이렇게 자라지 않은 '남자아이'에 대한 얘기가 많은지 고민을 좀 해봤어요. 이것이 결국 대중문화의 주류에서 떠나지 않는 386과 X세대들의 문제가 아닌가 싶더라고요. 버티고 앉아서 자기들이 젊었을 때 즐겼던 문화를 '복고'로 위치 짓고, 그 문화 권력을 계속 누리려는 거죠. 〈무한도전〉 등에서 띄웠던 1990년대 음악의 리바이벌 열풍도 한 예인 것 같아요.

윤옥 저는 그것이 기득권이 청년을 밀어내는 현실과 맞닿아 있는 것 같아요. 청년 권력 공백기인 것이죠. 20, 30대는 먹고사는 문제, 취업 문제 이런 것 때문에 문화를 향유하기보다는 계속 'N포세대'로 내밀리는 것이고요.

희정 또 한동안 방송에 아이돌만 나온다고 비판을 듣던 시기도 있었거든요. 근데 이제는 아이돌이 대중음악의 중심이라기보다 엄청나게 열악한 노동시장에서 착취당하는 노동자가 되었어요. 〈프로듀스 101〉이나 〈아이돌학교〉처럼 무한 생존경쟁을 하는 시장으로 내몰려 있기도 하죠. 고민해 볼 만한 일이에요.

지은 미디어의 변화도 살펴봐야 할 것 같아요. 특히 10, 20대 청년들은 TV보다는 다양한 디지털 디바이스를 기반으로 문화를 향유하고 있으니까요. 이들 세대는 TV 중심적인 삶을 살지 않거든요. TV도 스마트폰을 통해 짧게 편집된 클립으로만 보는 경우가 많아졌고, 유튜브나 아프리카TV 같은 것들을 훨씬 더 많이 소비해요.

희정 결국 TV가 늙어 버린 거라고 볼 수도 있겠네요.

낭만화된 아재의 시대

지은 어쨌거나 "철들지 않은 소년 같은 나"를 지향하는 아재 프로그램들이 계속 나오고 있는 것은 사실이죠.

윤옥 '낭만 아재'스럽고 싶은 건가?

지은 '욜로 아재'라는 말도 하고요.

욜로yolo

'인생은 한 번뿐이다'를 뜻하는 'You Only Live Once'의 머리글자를 딴 용어로, 미래 또는 남을 위해 희생하지 않고 현재의 자기 행복을 위해 소비하는 라이프스타일이다. 이런 '욜로'의 면모는 한동안 한국 사회를 달궜던 '영 포티'young forty 담론에서도 중요하게 다뤄졌다. 인생을 즐길 줄 아는 40대 남성의 이미지가 문화생활의 중심으로 떠오른 것이다. 〈김생민의 영수증〉 열풍에서 볼 수 있었던 것처럼 20~30대 여성의 소비는 관리의 대상으로 여겨지는 상황에서 40대 남성들이 '욜로'를 외칠 수 있었다는 것은 소비문화 역시 젠더화되어 있으며, 그에 대한 사회의 평가가 사뭇 다르다는 것을 확인할 수 있다.

아재를 낭만화하는 경향 역시 2015년을 기점으로 발생한 현상인데요. 일상이나 대중문화 영역에서 권력을 가진 중장년층 남자들이 무례하게 굴거나 소통이 되지 않는 것에 대해 비판하는 여성들의 목소리가 커졌죠. 그러면서 '개저씨'라는 말이 수면 위로 떠올랐잖아요. 물론 이 말에 반발하는 남성들이 굉장히 많았죠. 그런데 이 '개저씨'라는 말이 그렇게 사회에서 영향력을 가지는 유행어가 되기도 전에 갑자기 미디어에서 아저씨를 낮춰 부르는 말인 '아재'를 낭만화하기 시작한 거예요. '어른이지만 요즘 트렌드에는 서툴고, 강한 척하지만 은근히 약하고' 이런 느낌으로 말이죠. 그리고 아재를 트렌드로 밀어붙이는 흐름까지 있었죠. 그래서 방송에서는 30대만 넘어도 아재라고 불렀던 것 같아요. 조금만 특별함이 있어도 치명적인 매력이 있다며 '아재파탈'이라고도 부르고요.

희정 아재파탈은 좀 재미있었던 것이 개저씨가 대중 여성의 입에서 먼저 나와 미디어로 스며들었다면, 아재파탈은 미디어가 만들어서 적극적으로 유포했던 거죠. 그런데 크게 영향력은 없었던 것 같아요.

지은 심지어 아재파탈이 되기 위한 특별한 조건도 없었어요. 그냥 아무나 나오면 다 아재파탈이라고 했죠. 뿐만 아니라 어린아이나 걸그룹 멤버가 나와서 의외의 모습을 보이면 거기에 전부 '아재입맛' '아재 취향' '아재 스타일' 이런 식으로 자막을 달더라고요. 그런 건 사실 아재랑 아무 상관이 없지만, 그냥 재미있고 독특한 건 다 아재와 엮어 아재 자체를 트렌디한 것으로 만들어 버린 거죠. 그리고 지면을 가진 아재들이 또 '아재 기 살리기'를 굉장히 열심히 했어요. 그래서 신문에 기명 칼럼이나 이런 것들을 보면 '내가 아재인 건 사실이지만 아재라고 하면서 농담도 못하게 하니 서럽다' '우리 이제 개저씨가 되지 말고 아재가 되자' 이런 식의 얘기도 나왔고요. 사실 아재가 아닌 입장에서 봤을 때는 왜 저렇게까지 자기들의 존재 가치를 어필하는지 저는 이해가 잘 안 되더라고요.

윤옥 이야기를 듣다 보니 성공하는 남성의 이면이 아재인 것도 같네요. 성공이 어려워진 시대니까 남자들이 위축되었다고 할 수 있을 텐데 "그래도 당신들은 참 소중한 존재야"라고 위로하는 그런 거 아닌가요?

지은 그럴 수도 있겠네요.

희정 20대 총선에서 노동당 하윤정 후보가 "아재정치 아웃"을 구호로 내세워 선거운동을 했거든요. 당시 새누리당 김무성 대표가 "우리는 개저씨 말고 아재가 되자"며 춤추고 이랬단 말이에요. 대체 왜 사람들이 이렇게 단어를 자기 뜻대로 바꾸나 싶더라고요. 사실 대중문화든 어디든 힘들고 지친 사람들을 위로하는 건 되게 중요하죠. 그래서 40, 50대 남성 가장들이 너무 힘들면 예능이 얼마든지 기 살려 줄 수 있다고 생각하는데, 그 문화가 여성을 배제하고 소수자를 무시하는 방향으로 가면 안 되는 거잖아요. 그런데 대체로 그런 흐름으로 가버리니까 문제죠. 자기를 중심에 세우면서.

윤옥 그러니까요. 사실 '개저씨'란 남에게 함부로 대하고 권력을 부리고 유세를 떨면서 갑질 하는 사람이잖아요. 그런 것의 총칭으로 '한국 남자들 좀 변해야 해'라는 비판을 담은 말인 건데, 이걸 순식간에 '아재'라는 이름으로 바꿔서 성찰을 건너뛰어 버리는 거죠.

지은 중년 남성들이 마치 권력을 가지고 있지 않은 것처럼 "우리도 힘든데 요즘 왜 이렇게 우리를 무시하고 그러는지 모르겠다. 서럽다"고 이야기하는 담론인 셈이죠. 근데 또 아재들이 대체로 중년 이상의 기혼 남성이 많잖아요. 이런 아재들이 방송계를 장악하면서 자기들 집단에 들어 있지 않은 여성이나 청년이나 비혼자들에 대한 태도가 매우 무례하고 무신경해진 것도 사실이에요. 예전이라고 해서 좋았다고 하기는 힘들지만요. 성소수자는 거의 등장하지 않거나 조롱의 대상이 되고, 여성들은 외모 품평의 대상이 될 뿐이고, 걸핏하면 "결혼은 무덤이다" 같은 말이나 하고 말이죠.

희정 "결혼은 무덤이다"라는 말, 정말 많이 하죠. 이게 재미있는데요. 비혼은 아예 다루지도 않으면서 또 결혼은 조롱거리로 삼는 이상한 일이 벌어지는 것 같아요.

지은 그렇죠. 결혼을 앞두고 있는 남자가 있다면 "지금 이 시간은 다신 돌아오지 않는다" "너는 이제 자유의 몸이 아니다" 이러면서 괴롭히고, 그 와중에 어떤 기혼 남성이 "나는 결혼 생활이 행복하다"라고 말이라도 하면 "분위기 깬다"는 식으로 야유하죠. 그런 결혼 후려치기 대화 속에는 배우자에 대한 존중이 전혀 없잖아요.

희정 반대로 여자 연예인이 결혼한다고 그러면서 "이제 지옥으로 걸어 들어가는 거죠"라고 말하면 박살날 거라고 생각하거든요.

윤옥 박살나는 정도가 아니죠.

지은 남성은 자신의 남성성과 네트워크를 성적 에너지라든지 자유로운 성생활 이런 거로 확인받으려고 하니까 일부일처제 안으로 들어갈 때 내가 희생하는 거고 지옥에 들어간다고 얘기할 수 있지만, 만약 어떤 여성, 또는 여자 연예인이 자신이 성적으로 자유로운 편이라고 말한다면 그 순간 평판이 확 나빠지게 되죠.

윤옥 전제 자체가 다른 거죠, 완전히.

지은 남자는 원래 본능적으로 한 여자에 만족할 수 없는데 내가 일부일처제라는 제도 속으로 들어간다는 게 얼마나 그 본능을 억누르는 것이며, 큰 희생을 하는 것이며, 나의 자유를 포기하는 것인가, 이런 식의 마음을 전제로 서로 안쓰러워하는 거죠. 거기에 가장으로서의 남성을 치켜 세워주지 않으면 대접 못 받는다는 억울함도 느끼고요. 그런 이야기 안에서 아내는 대체로 악처가 되어 버리죠. 예컨대 XTM 〈수컷의 방을 사수하라〉(이하 '수방사')라는 프로그램이 있었는데요. 이 방송의 기본 콘셉트는 남자는 힘들다, 바가지나 긁는 아내의 동의 따위는 필요 없다는 거였어요. 이런 콘셉트로 남성 시청자의 의뢰를 받아 집을 개조해 주는 거죠. 그래서 집 안에 야구장, 낚시터, 게임방 같은 걸 만들어 줘요.

지혜 집 안에요?

지은 네. 그중에는 격투기 케이지도 있었고요. 남성 전용 화장실을 만들어 달라고 한 사람도 있었어요. 그런 식으로 집을 몰래 개조하는 거죠. 이 프로그램에서는 계속 남성을 아내와 아이들을 위해 힘들게 일하면서 자기 공간 하나 없이 사는 약자로 그려요. 여자한테는 자기 공간을 찾아 주지 않고 부엌이 여자의 공간이라고 쉽게 생각해 버리는 반면, 남자에게는 뭔가 따로 공간이 필요하다는 거죠.

희정 이 〈수방사〉 만든 제작진의 다음 작품이 〈남원상사〉였어요. "여자들이 죽인 남자의 기, 우리가 살려 주겠다"는 콘셉트의…….

윤옥 저는 이해가 안 되는 게, 2017년 초에 워킹맘이었던 보건복지부 공무원이 실제로 과로사를 했잖아요. 어쩌면 이렇게 현실과는 동떨어진 이야기들이 끊임없이 재현될 수 있는 걸까요?

지은 '위기의 남성성'이라는 판타지가 지배하고 있기 때문인 것 같아요. 이 험난한 세상에서 돈은 내가 버는데, 아내 눈치 보느라고 마음대로 쓰지 못하는 불쌍한 가장들이 있다는 판타지요. 이런 서사는 광고에도 꽤 많았어요. 예컨대 '플레이스테이션' 광고가 그런 식이죠. "아내 몰래 게임기 사는 남편" "예비 신부가 게임기 못 사게 해서 괴로운 남자".

희정 사실 여자들은 공간만 없는 게 아니라, 시간도 없는데 말이죠.

지은 특히 유자녀 기혼 여성들은 정말 시간이 없죠. 그들에게는 혼자만의 시간이 없고, 또 너무 열악한 상황에 있는데, 이들의 시간 없음은 너무 처절해서 그런지 예능이 안 되는 것 같아요. 그나마 최근에 좀 재미있는 프로그램이 나왔는데요. 〈엄마를 찾지 마〉라고요. 여성, 그리고 주부의 시간에 대해 생각하게 하는 프로그램이었어요.

〈엄마를 찾지 마〉

2017년 EBS에서 방영을 시작해 2018년까지 총 42편이 제작된 예능 프로그램. 코미디언 김숙과 기업인이자 청년 멘토로 인기를 누렸던 김미경이 진행했다. 대체로 전업 주부인 여성들에게 현금 100만 원과 가사 노동으로부터의 해방을 하루 제공한다. 카메라는 주인공 여성이 100만 원을 어디에 사용하는지 관찰하면서 동시에 그 여성이 없는 집에서는 무슨 일이 벌어지는지 살펴본다.

희정 이 프로그램에 달린 부제가 "유급 가출 프로젝트"거든요. 전업주부인 엄마에게 하루 휴가와 100만 원을 주고는 하루의 시간과 100만 원이라는 돈을 어디에다 쓰는지 따라가는 방송이에요. 저는 '유급'이라는 말이 중요하다고 생각했어요. 여성의 가사 노동이 언제나 '부불'不拂 노동으로 취급받았던 것에 대한 비판으로도 읽을 수 있을 것 같아요.

여자는 프로불편러 아니면 꽃 병풍?

지은　한편으로 또 고민해 볼 것은 아재들이 중심이 되면서 가족 이야기를 나누는 예능이 가정 내 폭력을 그저 '특이한 사연' 정도로 소비하는 일이 늘어나고 있다는 점이에요. 한 예로 MBC 에브리원에 〈결혼 터는 남자들〉이란 프로그램이 있었어요. 지금은 종영했는데요. 여기에 회식 때문에 늦게 귀가한 아내를 회초리로 때렸다는 한 남자의 사연이 나왔어요.

윤옥　가정 폭력이네요.

지은　그런데도 이걸 가정 폭력이 아니라 약간 특이한 남자, 이상한 남자의 코믹한 에피소드로 소비하더라고요. 또 다른 회차에서는 김성주 씨가 한 말이 크게 화제가 되었는데요. 아내와 싸웠는데 너무 화가 나서 돌도 안 된 갓난아기를 자기 허리에 끼고 방에 들어가서 문을 잠그고는 "너 이제 애 다시는 못 만날 줄 알라"고 협박했다는 얘기를 무용담처럼 늘어놓은 거죠.

희정　저는 사실 〈인생술집〉 같은 예능이 정말 싫어요. 하다못해 이제 네가 술 먹는 것까지 보고 있어야 되니, 이런 생각이 들더라고요.

〈인생술집〉

2016년에 방영을 시작한 tvN 예능. 촬영장을 술집처럼 꾸며 놓고 실제로 술과 안주를 먹으면서 게스트와 이야기 나누는 토크쇼다. 코미디언 신동엽, 가수 김희철, 모델 한혜진, 코미디언 김준현이 MC로 고정 출연하고 있다.

지은 〈인생술집〉 초반에 이런 에피소드를 본 적 있어요. 한번은 한 중년 남자 배우가 출연했는데, 출연자들 사이에 서로 센 척하는 분위기가 만들어진 거죠. 이 남자 배우의 부인도 연기자인데요. 아이를 낳고 얼마 안 돼 육아에 전념하던 시기, 아이가 자꾸 깨서 24시간 돌봐야 했을 때, 그냥 자기는 계속 자는 척했다고 하더라고요. 그게 남자들 사이에 일종의 귀여운 에피소드로, 남자끼리 전해 주는 '팁'처럼 공유되는 거죠. 거기 출연하는 기혼 남성 가운데 누구도 "네 부인이 얼마나 힘들었겠냐"는 얘기를 안 하는 거예요.

지혜 그런 얘기를 하면 프로불편러가 돼요.

희정 특히 여자들은 프로불편러로 오래 버티기는 힘들어요. 예를 들면 〈미운 우리 새끼〉 초반에 배우 한혜진 씨가 문제적인 발언들을 지적하는 역할을 했던 것 같은데요. 한번은 김건모 씨 어머니가 계속 자기 아들을 안타까워하면서 "우리 건모랑 성유리랑 스캔들이 났는데, 우리 건모가 성유리랑 결혼했으면 좋았을걸"이란 이야기를 하신 거죠. 그러니까 한혜진 씨가 웃으면서 "어머니, 성유리 씨 저랑 동갑이에요"라고 한 거예요. 그러면서 김건모의 나이가 많고, 성유리 씨와는 스무 살 차이가 난다는 이야기를 했더니, 김건모 씨 어머니가 기분이 상한 거죠. 그런 식으로 진행이 되면서 '며느리'나 '여성'의 입장에서 어머니들과는 다른 입장을 이야기하는 여성 캐릭터가 점점 어머니들과 남성 진행자들을 불편하게 한 것 같아요. 결국 회차가 거듭될수록 한혜진 씨가 그냥 어머니들에게 맞추는 게 느껴지더라고요.

지은 여자들이 어렵게 기회를 잡아 예능에 출연해서 뭔가 열심히 하고 있는데, 그때 이 사람들이 그 프로그램 안에서 어떤 대우를 받는지 보는 게 너무 힘들어요. 부당하게 느껴지고 화가 나고. 그래서 보기 싫은 경우도 생기죠. 저는 〈백종원의 3대 천왕〉(이하 '3대 천왕')을 굉장히 좋아했었는데요. 그 방송에서 걸그룹 멤버들을 대하는 태도를 못 견디겠더라고요.

〈백종원의 3대 천왕〉

"국내 최초의 요리 중계 쇼, 전국 최고 맛집 챔피언스 리그"라는 부제를 단 '먹방' 예능. 2015년부터 2017년까지 SBS에서 제작, 방송했고, 94부작으로 종영했다. 지상파 먹방으로는 가장 큰 인기를 끌었던 프로그램으로, 요식업계의 대부라 불리는 백종원, 코미디언 김준현 등이 출연했다. 백종원이 '떡볶이' '감자탕' 이런 식으로 테마를 정해 전국의 맛집을 돌아다니면서 음식 맛을 보고, 그중에서 가장 뛰어난 3대 요리 고수들을 스튜디오로 초대해 요리하는 과정을 구경하고 게스트들과 함께 음식을 맛보는 콘셉트였다. 2016년 토요일 황금 시간대로 옮기고 EXID의 하니가 '먹방 요정'으로 합류하면서 큰 인기를 누렸다.

이 프로그램이 음식 이야기와 식당 셰프님들 캐릭터에 집중할 때는 되게 재밌다가 어느 순간 걸그룹 멤버들을 방청석에 앉혀 놓고 개인기 해봐라, 애교 부려 봐라, 하면 음식 먹게 해줄게, 하면서 재미가 없어졌어요. 여성 연예인을 그야말로 꽃 병풍처럼 앉혀 놓는 거죠.

희정 생각해 보면 '먹방' '쿡방'에 남자 아이돌이 나와서 크게 입 벌려서 맛있게 먹는 건 화제가 안 되거든요. 〈3대 천왕〉에도 백종원이라는 아재와 젊은 여자가 한 조로 짜이는 거죠.

지은 그렇게 여성은 꽃 병풍 역할 아니면 누군가의 연인, 이런 식으로 등장하죠. 남성의 연애 상대라는 역할이 제시되는 거예요.

〈런닝맨〉에서 송지효 씨한테 개리 씨를 붙이면서 '월요 커플'이니 뭐니 했던 것처럼요.

윤옥 그러니까 젊은 여자 연예인은 며느리 역할을 하거나 아니면 누구랑 엮여 가지고 러브 라인에 서거나 하는 셈이네요.

희정 사실 〈무한도전〉도 생각해 보면 이 남자들이 싱글일 때 〈무모한 도전〉을 했어요. 그야말로 "대한민국 평균 이하 남자 잉여들의 무모한 도전"들을 보여 주는 프로그램이었죠. 그러다가 〈무한도전〉으로 넘어오고 국민 예능이 되는 과정에는 '쓸 데 없는 도전'이 아닌 스포츠댄스, 봅슬레이, 레슬링처럼 기능적이고 감동을 주는 스포츠 프로젝트들이 있었거든요. 스포츠와 결합하면서 어려움이나 난국을 잘 극복할 수 있다는 희망을 주는 감동적인 국민 예능으로 자리 잡을 수 있었던 거죠. 그러면서 프로그램 외부에서는 유재석이나 박명수, 정준하, 하하가 결혼하고 아버지가 되어 가는 과정이 있었죠. 이 과정에서 잉여이거나 루저였던 코미디언, 특히 유재석은 국민 MC로 발돋움했고요. 유재석이 성공한 대한민국 예능인의 대표 얼굴로 성장한 것이 사실은 〈무한도전〉이 보여 준 가장 중요한 신화였다고 생각하거든요. 어쩌면 그 이야기가 완성되었기 때문에 나중에 〈무한도전〉은 1990년대 향수 팔이로 돌아설 수밖에 없지 않았나 생각해요. 그래서 최근 한국 예능의 경향 자체가 청년이 아버지로 성장하고 아재가 되어 트렌드가 되는 과정이 아닐까 하는 생각이 드네요.

윤옥 〈무한도전〉은 전 국민의 '무한도전'인 것 같았죠.

희정 하지만 거기서 사실 여성의 얼굴은 명백히 지워져 있었고, 배우이나영 씨라든지, 절대 예능에 안 나오는 스타를 깜짝 게스트로 부르는 정도였죠. 2018년 드디어 〈무한도전〉이 종방을 알린 것이 저는 어떤 전환점이 되지 않을까 기대하고 있어요. 〈무한도전〉의 종방과 송은이, 김숙의 부상이 겹쳐지기도 해서, 뭔가 변화가 있기를 바라게 되는 거죠.

—— 아재 엔터테인먼트의 결정판 〈알쓸신잡〉?

윤옥 〈알쓸신잡〉 얘기도 좀 해주세요.

지은 〈알쓸신잡〉은 새로운 포맷의 아재 예능이라고할 수 있을 것 같아요. 지금까지 남자들이 모여서 퀴즈를 풀거나 미션을 수행하는 방식의 예능과 달리, 40, 50대의 영향력 있는 지식인 남성들이 어떤 지역으로 여행을 가서 구경하고 맛있는 걸 먹으면서 '교양'을 '전달'하는 포맷이죠. 여성 시청자로서 볼 때, 이 프로그램은 그야말로 '그들만의 리그'라는 느낌을 지울 수가 없어요. 이미 일상에서 선배, 상사, 친인척 등 나이 든 남성과 함께 있을 때 숱하게 경험한 상황이기도 하고요. 술 한잔 마시면서 "이 동네가 말이야, 역사적으로 말이야" 하는 이런 이야기, 너무 많이 들어봤잖아요.

윤옥 '내가 이런저런 걸 알지' 하는 과시형.

지은 본인들은 심지어 과시라는 생각도 않죠. 그냥 자연스럽게 나는 이것을 알고 있기 때문에 말한다. 그냥 그런 상태인 거.

희정 교양이라고 하셨는데, 사실 50대 남성 명망가의 수다가 교양이 되는 시대인 셈인 거죠. 〈알쓸신잡〉 포맷도 이 남자들이 '좋은 곳' 구경하고 '좋은 것' 먹으러 가서 술 마시면서 수다 떠는 콘셉트거든요.

윤옥 결국 권력 문제인 것 같아요. 권력을 가진 이들이 주변을 의식하지 않고, 또 그가 가지고 있는 지식이 그대로 교양이 되고, 기준이 되고.

지은 한번은 강릉의 오죽헌에 가요. 유시민 작가가 "신사임당이란 인물이 율곡 이이의 어머니로만 의미를 부여받는 건 문제가 있다"라는 문제 제기를 하는데요. 이 자체는 물론 의미가 있지만, 한편 여성에 대한 인식을 바꿔야 한다는 말조차 남성 지식인을 통해서만 나올 수 있고 들을 수 있는 게 아닌가 싶더라고요. 권위를 가진 남성이 말했을 때는 반발이 없거나 적고, 나아가 어떤 확장성이나 가치를 얻게 된다는 게 아이러니하죠. 예를 들면 여성이 여성주의적 발화를 이렇게 주류 방송에서 정색하고, 직설적으로 할 수 있을 것인가. 그렇게 입을 열었다 하면…….

희정 '메갈리아'(또는 '메갈')라는 소리를 들을 수도 있죠.

지은 그래서 이 프로그램의 출연자 성비에 대한 비판이 나오니까, 제작진이 "여성 출연자 섭외 역시 고려하지 않았던 것은 아니다. 일부러 남성으로만 구성한 것이 아니다"라는 입장을 밝혔어요.

윤옥 배제하려고 했던 건 아닌데 왜 그랬대요?

희정 고려 대상이 아니었으니까, 배제할 것도 없는 거 아닐까요.

지은 혹은 고려하더라도 남자보다 훨씬 쉽게 이 사람 좀 뭐뭐해, 하며 상품 가치가 떨어진다고 판단할 수도 있고, 이 사람 캐릭터가 좀 그렇지 않나, 하며 후보에서 제외시킬 가능성이 높은 것 같아요. 이름이나 얼굴이 알려진 여성 후보군이 적기도 하고요. 여성 전문가들도 여성 예능인처럼 기회를 얻기 힘든 악순환이 있는 거죠.

희정 그런 생각을 했었는데요. 제가 출연했던 〈까칠남녀〉 패널도 여성 전문가 섭외가 제일 마지막에 됐거든요. 저도 처음엔 안 한다고 그랬고, 이런저런 페미니스트들에게 연락을 돌렸는데 다들 안 한다고 했던 거죠. 생각해 보면 선뜻 나서지 않게 되는 문화란 게 있었던 것 같아요.

윤옥 그렇죠. 논란의 중심에 설 수 있잖아요.

희정 그래서 저는 방송작가 아카데미나 이런 데 강의하러 가서 여성 지식인 필요하면 저한테 연락 주시라고, 그러면 유시민 씨만큼 똑똑한 사람 소개해 드릴 수 있다고 얘기해요. 다른 한편으로는 또 페미니스트들에게 섭외 오면 제발 좀 나가라, 괜찮다, 이런 얘기하거든요. 이쪽에서도 적극적으로 나서는 것이 필요한 것 같아요.

지은 사실 저는 한국 페미니즘의 역사를 깊게 알지는 못하지만, 과거에 본의 아니게 이름이 많이 알려졌다가 엄청나게 오랫동안, 그리고 집요하게 공격받았던 페미니스트들이 있었다는 이야기를 들으면서, 왜 이분들이 매체에 많이 나오지 않는지 알겠더라고요. 한국에서 여성이 "나는 여성주의자다" "나는 페미니스트다"라고 정체화하고 방송에 나와 대중을 상대로 뭔가를 한다는 건 너무 리스크가 크다는 생각이 들었어요. 하지만 그럼에도 불구하고 저는 가능하면 많은 여성이 기회가 왔을 때 잡아 주기를 바라는데, 또 이들이 그 앞에서 주저할 수밖에 없는 이유를 너무 잘 알고 있으니까요. 그러다 보니까 이제는 시청자로서도 여성을 응원하고 관대하게 평가하고 싶다는 생각이 들더라고요.

윤옥 꼭 연예계나 예능 분야뿐만 아니라 일상생활에서도 저는 서로에 대해 좀 그랬으면 좋겠다는 생각을 참 많이 해요.

— 그 밖의 몇 가지 패턴들

지은 그 밖에도 아재 엔터테인먼트의 패턴이 더 있는데요. 혹시 보면서 불편하다고 느끼셨던 게 있으세요?

윤옥 젊은 여성 연예인이 나왔을 때 중년 남성 연예인들이 농담을 거는 것들이 불편했어요.

지은 그 경우는 정말 흔하죠. 젊은 여성, 걸그룹이면 여러 명이 같이 나오기도 하고, 혹은 여성 한 사람을 다수의 연상 남성들 앞에 데려다 놓고 놀리는 거죠. 대표적으로 〈아는 형님〉이 그런 형식인데요. 김희철 씨가 담배를 소재로 여성 출연자들을 놀리는 모습을 몇 주 연속으로 보여 주기도 했어요. 사실 담배는 기호품이잖아요. 하지만 여자는 피우면 안 된다는 거죠. 그렇게 빠져나가기 힘든 질문을 던져 놓고는 뭔가 조신하지 못한 여자인 것처럼 몰아서 약점으로 치부하는 거죠. 그러면 이 사람은 일순간 약점을 가진 사람이 되는 거예요. 가치가 깎이게 되고.

희정 아니, 담배가 뭐라고!

지은 여기서 중요한 건 담배를 피우느냐 안 피우느냐도 아니에요. 담배 이야기가 나왔을 때 여성 게스트가 당황하는 모습을 보면서 즐거워하는 거, 그 자체가 볼거리가 되는 거고요. 또 그럴 때 여성이 별로 당황하지 않거나 세게 받아치면, 그다음부터는 '노는 여자'라는 이미지를 강조하면서 또 깎아내리기 시작해요. 뿐만 아니라 거구의 강호동과 여성 연예인을 커플로 설정해 놓고 상황극을 하기도 하는데, 여자 친구를 오래 기다려서 화난 강호동이 주먹을 휘두르는 등의 데이트 폭력 상황을 재현하면서 그걸 웃음거리로 삼는 거죠. 그런 것들이 예능에서 너무 많이 나와요. 그걸 재밌다고 생각하는 제작진이나 시청자들도 문제라고 할 수 있겠죠.

희정 제작진이 너무 경각심이 없는 것 같아요.

지은 애초에 프로그램 패턴을 짤 때에도 이런 식의 폭력적인 상황은 빼려는 의지가 있어야 하는데, 그런 의지를 찾아보기 힘들죠. 지난 방송에서 대중문화 비평이 왜 필요한지에 대한 이야기가 나왔는데, 제가 옹달샘 사태 이후에 관련 클립들을 찾아보면서 좀 놀랐던 게, 코미디 프로그램에 '명품백'을 사 달라고 남자를 들볶는 여자에 대한 이야기가 진짜 많이 나오더라고요. 황현희 씨가 했던 "남성인권보장위원회"도 사실 그런 이야기였죠. "니 생일에는 명품백, 내 생일엔 십자수냐" 이런 구호를 외치면서 엄청난 인기를 끌었잖아요. 막무가내로 명품백 내놓으라는 여자와 그로 인해 허리가 휘는 남자, 이런 콘셉트인 거예요.

"남성인권보장위원회"

KBS 〈개그콘서트〉의 한 코너로 2009년부터 2010년 사이에 방영됐다. 코미디언 황현희, 최효종, 박성호가 출연했다. 황현희는 노조 간부, 박성호는 정치인 강기갑, 최효종은 사회주의 지식인을 패러디 하면서 '남권 운동'을 표방하는 구호를 외치면서 큰 인기를 끌었다. 특히 여성을 김치녀 프레임 안에 가두고 '억울한 남자들'의 목소리를 대변하면서 큰 인기를 끌었지만, 이는 사실 2000년대 중반부터 강화된 온라인 여성 혐오 담론이 지상파로 진출한 것에 불과했다.

결국 '우리가 여자들에게 억울하게 착취당하고 있다'라는 심리로 만든 코미디들이 너무 너무 많았거든요. 그런데 이게 결국 젊은 여성에 대한 혐오와 연결돼 있다고 생각해요. 그래서 대중문화에 대해 조금 더 비판적으로 바라보는 게 필요하지 않나 싶었어요.

희정　오늘 〈까칠남녀〉 이야기를 자꾸 하게 되는데. 이 프로그램 녹화할 때 남자 패널들이 "너무 방송이 여자 편향적이다" 이런 토로를 해서 "그러면 뭘 다뤄 줬으면 좋겠냐" 했더니 제일 처음 나온 대답이 '명품백'이었어요. 여자들 명품 밝히는 문제 좀 다루자고. 그게 그렇게 억울한 모양이죠. 그러니까 우리가 이렇게 죽는 이야기, 디지털 성범죄, 낙태죄 같은 이야기를 할 동안, 당신들은 명품백 이야기를 못해서 그렇게 한이 맺혔나 싶더라고요.

지혜　실체 없는 명품백.

지은　대부분의 인간관계가 그렇지만 연인끼리도 항상 공정할 수만은 없는 것 같아요. 한쪽이 다른 한쪽을 착취하는 관계들이 실제로 존재할 수 있죠. 그런데 그게 상대가 남성일 때도 있고 여성일 때도 있고. 무엇을 착취하느냐, 성적으로 착취하느냐, 물질적으로 착취하느냐, 감정적으로 착취하느냐가 다 다른데 남자들에게는 '명품백'이 너무나 중요하고 거의 유일한 화두로 존재하는 거예요.

윤옥 저는 이렇게 설명할 수 있을 것 같아요. 사실 IMF 이후 남성의 지위가 '추락'하는 건 여성이 남성의 몫을 빼앗아서가 아니라 신자유주의에 의해 노동시장이 유연해지고 남성 노동자의 지위가 허약해졌기 때문이거든요. 하지만 그걸 여자들 탓으로 돌리는 거죠. 사실 구조를 바꿔야 하는데, 그건 하지 않고요.

지은 그리고 그것을 대중문화가 계속 조장해 온 셈이고요.

윤옥 그러니까 너무 쉽게 먹잇감을 찾고, 그런 먹잇감을 비난하고 혐오하면서 정신 승리하려는 거죠. 그리고 그걸 비판하면 또 억울해 하고요. 대결 구도가 아니라 상생의 방법을 찾으려고 해도 대화 자체가 잘 안되니까요.

희정 한 고등학교 교사와 이런 얘기를 나눈 적이 있어요. 수업 시간에 교실에서 남자애들이 자꾸 역차별을 얘기하고, 여자애들이 명품백 사달라고 그런다면서 '꽃뱀' '김치녀' 이런 얘기를 하길래 "그러면 너는 여자를 만나 봤니?"라고 물었더니 "나는 아니지만"이라고들 했다는 거예요. 대한민국 10대 남성이 사실 "여자를 만난다"라는 문화 행위 혹은 성적 행위를 하기에는 쉽지 않은 조건들이 있잖아요. 그런데 그냥 뭐 온라인 커뮤니티에서 아는 형이, 건너서 아는 김 군이 그랬다는 식인 거예요. 그러니까 저는 우리가 문화적으로 경험하는 것만큼 명품백 사건도 많지 않을 거라는 생각이 들거든요.

지은 거의 도시 괴담처럼 너무 오랫동안 퍼져 온 거죠.

희정 이 답답한 마음을 누르고, 이제 마지막 패턴으로 넘어가 볼까요?

지은 〈냉장고를 부탁해〉(이하 '냉부') 아시죠. 굉장히 인기 있고 확실히 자리 잡은 프로그램인데요. 이것도 사실은 아재 예능에 가깝다고 볼 수 있죠. MC와 출연하는 셰프들이 거의 다…….

윤옥 전부 다…….

지은 남자. 물론 여자 셰프가 출연한 적이 없는 건 아니에요. 2014년, 프로그램 시작한 지 1년 3개월쯤 지나서 박리혜 씨, 그러니까 박찬호 씨의 부인이기도 한 분이 특별 출연으로 나왔던 거로 알고 있어요. 하지만 〈냉부〉 출연해서 스타가 된 여성 셰프는 없죠.

윤옥 세상 셰프는 다 남자인 줄 알겠어.

지은 그나마 〈3대 천왕〉에는 여성 셰프들이 많이 등장해서 그걸 보는 재미가 좀 있었거든요. 〈냉부〉는 혼자 사는 여성, 비혼 여성이 출연하면 냉장고를 열어 보면서 남자의 흔적이 있는가를 찾고, 그러면서 엄청 놀려요. 담배랑 비슷한 셈이죠. 기혼 여성이 출연하면 남편 위해 뭘 차려 주는지를 본단 말이죠. 세계적인 발레리나 강수진 씨가 출연했는데, 요리 잘하냐고 물어보면서 말이에요. 반면 남성이 출연하면 냉장고가 부인의 요리 실력을 가늠하는 장이 되어 버려요. 배우 이선균 씨가 출연했을 때, 부인이 배우 전혜진 씬데, 그 냉장고가 전혜진이라는 사람이 관리해야 하는 물건이 되더라고요.

윤옥 '예능 할당제' 해야겠어요. 진짜.

지은 영향력을 가진 여성 예능인이 훨씬 많이 필요해요. 〈비보〉 이후에는 김숙 씨가 한국의 여성 예능을 견인하다시피 했고, 2018년에는 송은이 씨가 기획자로 인정받으며 점차 그 반향이 넓어지고 있죠. 우리에게는 훨씬 많은 김숙과 송은이가 필요해요. 저는 박미선 씨 이야기를 안 할 수가 없는데요. 정말 10년 전의 박미선 씨는 최고의 예능인이었고, 정상급 예능인 가운데 한 사람이었어요. 그런데 이 사람의 진행 능력이 퇴색한 것도 아닌데, 자리가 계속 없어지는 거예요. 〈해피투게더〉를 비롯해, 함께 잘 나가던 남성 예능인들은 여전히 프로그램에서 한 자리를 맡고 있는데 박미선 씨 자리는 줄었어요.

윤옥 그러니까 잘나가는 여자를 못 봐주는 거야.

지은 돈을 많이 버는 것도 싫어하고 너무 정상에 오래 머무는 것도 싫어하고…….

윤옥 싫고. 남자들은 뭔가 자기가 계속 빼앗겼다는 그런 피해자 서사를 가지고 있고, 그걸 한국 사회가 계속 '우쭈쭈' 해주니까요. 그렇게 여자의 목소리를 배제하는 것이 일관적인 흐름이었던 것 같아요. 2015년에 오죽하면 여성들이 거리로 뛰쳐나왔겠어요. 배워 온 민주주의와 체감하는 현실이 너무 다르니까.

지은 그래서 여성 예능인들 같은 경우에는, 아니 일하는 여자들은 다 그런 상황에 놓이는데, 나이를 먹으면 이 사람의 커리어가 쌓이는 게 아니라 상품 가치가 떨어지는 상황이 되는 거예요. 그러니까 커리어가 쌓일 수록 오히려 입지가 불안해지죠. 방송계는 특히 심하고요.

윤옥 그건 일반 기업도 마찬가지죠.

지은 젊은 여자를 원하고.

윤옥 맞아요. 왜냐하면 저 하나 쓸 자리에 젊은 여성 두 명 쓴다 이거 있거든요.

지은 나이 든 여자는 만만하지도 않거든요. 그러니까 자기들이 원하는 역할, 꽃 병풍이라든지 러브 라인이라든지, 우리가 맨스플레인mansplain 할 수 있는 대상도 아니고, 굳이 여자를 모시기가 싫은 거죠. 그래서 남성 예능인들은 도박이나 음주 운전 등, 온갖 사회적인 물의를 일으켜도 어느 정도 시간이 지나면 굉장히 자연스럽게 쓱 복귀하잖아요.

—— 예능 판에 대한 새로운 상상

윤옥 오늘 남성뿐인 예능, 아재 예능에 대해 이야기 나누면서 거기에는 어떤 패턴들이 있는지 살펴보았는데요. 마무리하기 전에, 그럼 어떻게 해야 할지 이야기해 볼까요. 청취자들 중에 오늘 비판한 예능 프로그램들을 재밌게 보는 분들이 많을 텐데, 이런 프로그램을 계속 즐겨야 하나 싶은 마음이 들 것 같아요.

지은 저도 개인으로서 할 수 있는 일이 무엇인가 고민을 많이 했던 것 같아요. 그리고 뭘 시도해도 그렇게 결과가 만족스러웠던 것 같지 않고요. 또 우리가 어떤 방송을 봤을 때 재미를 느끼는 것, 그것 자체를 어떻게 막을 수는 없다는 생각이 들기도 하거든요. 머리로 '나쁘다'고 생각한다고 해서 그게 바로 '싫어'지는 것은 또 아니니까요. 다만, 이 정도에서부터 시작할 수 있을 것 같은데요. 우리부터 스스로 '여자에게는 너무 엄격하고, 남자에게는 너무 관대한 것은 아닌가' 하고 질문을 던져 보는 거요. 내가 여성에게 어디까지, 그러니까 남성과 동등한 수위에서 어디까지 허용하고 있는가. 내 나름대로의 공정한 잣대를 가지고 있는가를 살펴보는 거죠. 내가 너무 남성 중심적으로 방송을 보고 있는 것은 아닌지, 그런 성향이 예능 시장에 어떤 영향을 주고 있는지 좀 더 생각해 볼 필요가 있는 것 같아요. 예컨대 '옹달샘 사태' 때 광고 불매 움직임이 있었는데요. 이들이 출연하는 프로그램에 광고를 하거나 제작 협찬을 하는 업체 리스트를 여성 시청자들이 공유하고, 그 기업에 문제를 제기하는 움직임이 있었어요. 물론 이게 눈에 띄는 효과를 거두지는 못했지만, 어떤 문화적 각성의 계기를 만들 수는 있다고 생각해요. 여성 혐오 발언을 하는 사람이 공공 기관이나 공익 캠페인의 홍보 대사를 할 때 문제 제기할 수도 있고요. 물론 저의 고민은 우리가 소비자로서 행동하는 것 외에 다른 방법은 없는가 하는 점이죠. 소비자 정체성에만 국한되지 않은, 또 다른 방식으로 힘을 가질 수 있는 가능성을 찾아봐야 할 것 같아요.

윤옥 여성에게는 너무 엄격하고 남성에게는 관대하지 않은가 하는 이야기는 참 중요한 것 같아요. 또 한편 촛불 혁명을 통해 국민 주권을 이야기했듯이, 방송 주권에 대해서도 이야기해야 할 것 같고요.

희정 답을 내리기가 쉽지 않죠. 소비자 운동은 정말 중요하지만, 한편으로는 그것이 우리만의 무기는 아니어서요. 안티 페미니스트들도 얼마든지 '불매'를 무기로 페미니즘과 여성을 공격할 수 있으니까요. 그럼에도 불구하고 더 많은 말이 만들어지는 건 정말 중요한 것 같아요. 전에도 이야기한 것처럼, 사실 한 사람이 무엇을 재미있다고 느끼는 건 습관이고 관습이기도 하거든요.

그래서 저는 한편으로는 익숙한 것을 보고 즐기는 재미에서 그런 익숙한 것들을 비판적으로 보고 새로운 것을 상상하는 재미로 옮겨 가야 한다고 생각해요. 그렇게 다른, 새로운 재미를 찾으면서 또 방송문화도 바꿔 가면 어떨까 싶어요.

지혜 좀 더 신중하게 TV를 봐야 할 것 같아요. 사실 저는 예능을 잘 안 봐서요. 오늘 방송 준비하면서 이것저것 찾아봤는데, 얼마 전엔 〈아이돌학교〉라는 프로그램에서 만들어 놓은 분홍색 내무반 세트를 보고 정말 경악했거든요. 각자의 개성을 다 말살시키고, 군사주의를 재생산하는 저런 환경에서 무슨 '배움'을 주겠다는 것인지, 도대체 알 수가 없더라고요. 손희정 선생님이 말한 것처럼 그런 내무반 세트는 정말 익숙한 것의 재현인 셈이죠. 〈진짜 사나이〉 같은 예능을 통해 내무반이 예능적 공간이 되어 버린 것 같아요. 그러나 결코 예능적 공간이 아니잖아요? 거기에다 '소녀=분홍색'은 또 얼마나 진부한 재현인가요? 그걸 합쳐서 여자 아이돌을 교육시키는 분홍색 내무반이라니. 정말 고정관념이 이런 식으로 비틀어지면서 또 잘못 재생산되는구나 싶었어요. 예능 제작진들이 너무 생각 없이 프로그램을 만드는 것 같아요. 사회적 책임감을 가져야 하지 않을까 싶습니다.

윤옥 대중문화라는 게 그 사회의 가장 일반의 척도를 보여 주는 거잖아요. 그러니까 지금 한국의 현실을 정확하게 반영하게 되는 것 아닌가 싶어요. 이제 방송을 마무리할 시간이 된 것 같은데요. 생생한 이야기를 나눠 주신 최지은 기자님부터 한마디씩 소감을 듣고 마무리할까요?

지은 아, 너무 재미있었고요. 항상 이런 고민을 하면서 다른 사람들도 같은 고민을 하고 있겠지, 아직 고민하지 않은 사람들도 이제 함께 생각을 해주겠지, 하는 기대를 하게 되거든요. 그렇게 많은 분들이 문제의식을 가지고 함께해 주셨으면 좋겠습니다.

희정 저는 그동안 〈을당〉에 참여하면서, 그저 듣고 싶은 사람이 이 방송을 들으면 된다고, 우리끼리 "아이 좋아" 하는 것으로도 꽤 만족했던 것 같아요. 하지만 오늘은 문득 '안 되겠다, 100만 명이 들을 때까지 더 열심히 해야겠다'는 생각이 드네요. 가능할까요?

윤옥 그럼요. 뭐든지 첫걸음이 소중하니까.

희정 그래서 더 열심히 하는 것으로. ☺

지혜 예전에 〈무한도전〉에서 새 멤버를 뽑을 때, 여자 후보로 홍진경 씨가 들어갔었어요. 그때 '여자가 들어가면 어떨까'라는 생각을 했었어요. 낯설어도 더 재밌어지지 않을까 생각했었는데 결국 못 들어갔죠. 실제로도 그런 일들이 좀 벌어지는 예능 판이었으면 좋겠습니다.

윤옥 저는 정말 대중문화가 세상을 그대로 투영하는구나, 싶었어요. 한국여성노동자회는 노동시장 안에서 성차별에 대해 계속 이야기해 왔는데, 예능에도 할당제가 필요하다 싶을 만큼 불평등한 상황이네요. 그리고 저는 이 "사라져 버린 여자들 이야기"란 말이 너무 슬퍼졌어요. 정말 수없이 사라지고 있잖아요. 그래서 정말 이런 현실을 타파할 때가 되었다는 생각이 드네요. 그럼, 저희는 다음 방송으로 찾아뵈겠습니다. 수고하셨습니다!

+ 최지은이 덧붙이는 말

〈알쓸신잡〉 시즌3을 보며 시즌1, 2와는 다른 기분을 느낀 것은 첫 여성 출연자인 김진애 박사 때문이었다. 지성과 권위를 필요로 하는 자리에서 여성의 얼굴을 보는 드문 경험은 이렇게 말하자면 좀 서글프지만 부정할 수 없을 만큼 벅찬 기분을 남겼다. 이 세계에서 나의 존재가 치워지지 않았다는 확인 같았다고나 할까. 김진애 박사는 자신의 SNS를 통해 "'여성 첫' 같은 거 흔쾌하지 않답니다. 〈알쓸신잡〉 시즌4가 있다면 여성 두 사람의 케미와 남녀 동수의 케미가 보이면 좋겠죠?"라고 덧붙이기도 했다. 물론 방송사들은 아직도 당연하다는 듯 전원 남성, 혹은 선심 쓰듯 딱 한 명의 젊은 여성을 포함한 프로그램을 잘도 내놓는다. 남편들의 일탈 같은 진부한 코드의 아재 예능이 또 만들어지고, '다양성'을 의식한 듯 외국인 남성을 넣으면서 한국인 여성을 자연스레 삭제하기도 한다. 여성 예능인들의 약진에도 여전히 여성에게 주어지는 자리는 턱없이 적고, '아재'들의 밥줄은 흔들리지 않거나 새롭게 돋아난다. 그들이 언제까지 그럴 수 있을지 지켜보고 있다.

‘딸바보’ 시대의 여성 혐오

게스트 **허윤**

이화여자대학교 국문과 및 동 대학원을 졸업하고 「1950년대 한국 소설의 남성 젠더 수행성」으로 박사 학위를 받았다. 한국뿐만 아니라 중국, 일본, 미국의 영화와 드라마, 예능, 아이돌 문화에 두루 박식한 대중문화 연구자이기도 하다. 『젠더와 번역』 『#혐오_주의』 『성스러운 국민』 『그런 남자는 없다』 『문학을 부수는 문학들』 등의 공저와 『일탈』 등의 공역서가 있다. 2018년 박사 학위논문을 단행본으로 정리한 저서 『1950년대 한국소설의 남성 젠더 수행성』을 출간했다.

오늘의 주제

윤옥　오늘을 살아가는 여성 노동자들의 어려움을 속 시원히 파헤쳐 줄 평범한 여성 노동자들의 비범한 이야기 〈을들의 당나귀귀〉!! 안녕하세요, 임윤옥입니다. 앞서 한국의 남성 중심 예능 산업에 대해 이야기해 보았는데요. 예능 산업을 다루면서 계속 궁금했던 그 이야기를 오늘 해보려고 합니다. 손희정 선생님, 오늘의 주제, 소개해 주실까요?

희정　〈을당〉의 히트작이었죠. 최지은 기자님이 출연하셨던 "아재 엔터테인먼트" 편에서 가족 예능이 너무 많다는 것을 지적하면서 아빠들의 육아 프로그램이 인기를 끌고 있다는 이야기를 나눴는데요. 오늘은 바로 그 가족 예능과 아빠들이 나오는 육아 프로그램, 그리고 거기에서 종종 나오는 '딸바보' 서사에 관해 이야기 나눠 볼까 합니다. 아빠 예능 전문가이자 남성성 분석의 대가인 연세대학교 젠더연구소의 허윤 선생님 모셨습니다.

윤옥　큰 박수로 맞아 주세요! 손희정 선생님 주변의 최고 전문가라면 그냥 한국의 최고 전문가라고 해도 될까요? 😀

희정　뭐, 저는 그렇게 얘기하고 싶지만, 허윤 선생님이 너무 부담스러우실 수 있으니, 그냥 제가 아는 최고 전문가인 것으로 할게요.

윤옥　저희가 가족 예능 중에서도 아빠 예능을 해부해 보려고 하는데요. 허윤 선생님, 어서 오세요.

윤　네, 안녕하세요. 연세대학교 젠더연구소의 허윤입니다.

덕후의 예능 탐구

윤옥 선생님은 가족 예능, 아빠 예능에 왜 그렇게 관심을 가지게 되셨는지, 거기서부터 시작해 볼까요?

윤 제가 원래 아이들이 나오는 예능 프로그램을 너무 좋아해서 〈GOD의 육아일기〉를 보면서 성장하기도 했는데요.

〈GOD의 육아일기〉

MBC에서 2001년 1월 9일부터 2001년 5월 12일까지 방영되었던 관찰형 육아 예능 프로그램. 손호영, 박준형, 윤계상, 김태우, 데니안을 멤버로 했던 보이그룹 GOD가 두 살 배기 아기 재민이를 돌보면서 벌어지는 좌충우돌 육아기를 담고 있다. GOD가 국민 그룹으로 거듭나는 데 중요한 계기가 되었다. 특히 '왕 엄마' 손호영의 인기가 높았다.

〈아빠! 어디 가?〉나 〈슈퍼맨이 돌아왔다〉(이하 '슈돌')가 방송을 시작했을 때가 사실 제가 한참 박사 논문을 쓰던 시기였어요. 그래서 뭔가 고3 때 다른 짓하면 제일 재밌듯이 이런 육아 예능 프로그램을 보는 것이 너무 재미있고 즐겁고 그랬던 거죠. 매주 이 영상들을 보면서 행복했고요. 무엇보다 제가 사랑이를 너무 좋아해서 사랑이 편만 따로 편집된 동영상을 다운받아 외장 하드에 소장하고 있어요. 그게 몇십 기가가 됩니다. ☺ 아침에 눈뜨면 밥 먹고, 사랑이가 나오는 〈슈돌〉 한 편 보고 나서야 논문을 쓰는 루틴이 생긴 거죠. 그야말로 사랑이와 함께 쓴 논문이라고 할 수 있을 것 같아요. 그래서 학위 따고 "사랑이 덕분에 박사 논문을 썼다"면서 사랑이 소속사에 논문을 보내 줄까, 이런 생각도 잠시 했었죠. 어쨌거나 가족 예능을 참 좋아했어요.

희정 허윤 선생님의 아빠 예능 연구를 가능하게 했던 큰 추동력은 사랑이였던 것 같아요. 아직도 사랑이가 화보 찍으면 저한테 사진 보내 주거든요. "이거 봐라" 하면서요.

윤 저의 아이돌이죠.

희정 보통 연구자들이 그런 이야기를 하는데요. 성실한 사람이 즐기는 사람을 못 이기고, 즐기는 사람이 덕후를 못 이긴다. 연구자의 최고 정체성은 '덕후'인 셈이죠. 아마 오늘 그 덕후의 연구력을 확인할 수 있을 것 같습니다.

—— 아빠 육아 예능의 인기

윤옥 이제 본격적으로 이야기를 해보죠. 가족 예능 중에서도 아빠 육아 예능에 대해 이야기하려고 하는데요. 어디서부터 실마리를 풀어 보면 좋을까요?

윤 시작은 '도대체 왜?'였던 것 같아요. '이 시기에 왜 이렇게 아버지들이 자꾸 대중문화에 등장하는가?' 하는 궁금증이 제 안에 있었던 거죠.

윤옥 이 시기라고 하면 언제?

윤 2013년부터 현재까지 계속 이어지고 있는데요. MBC 〈아빠! 어디 가?〉2013~2015를 필두로 해서 KBS 〈슈퍼맨이 돌아왔다〉2013~현재, SBS 〈아빠를 부탁해〉2015, 채널A 〈아빠본색〉2016~현재 이런 프로그램들이 계속 나왔어요.

희정 왠지 안 궁금하네요. 〈아빠를 부탁해〉 〈아빠본색〉이라니.

〈아빠를 부탁해〉

2015년 SBS에서 제작한 예능. "평소 표현이 서툰 아빠들이 딸과 함께 지내며 좌충우돌하는" 관찰 예능 프로그램이다. 이경규, 조재현, 고故 조민기, 이덕화 등이 출연했고 '딸바보'라는 별명을 얻었다. 이후 조재현, 조민기는 미투 운동에서 위계에 의한 성폭력 가해자로 고발되었다. 이는 '딸바보'라는 이미지의 허상에 대해 고민하게 한 사건이기도 했다.

윤 그런 식의 프로그램들이 계속 나왔고 〈슈돌〉은 아직도 방송하고 있고요. 일요일 황금 시간대 예능이죠. 〈추블리네가 떴다〉라고, 추성훈과 사랑이네 가족이 출연하는 예능 프로그램 역시 2017년에 토요일 〈무한도전〉 시간대에 붙었었죠. 그리고 〈아빠! 어디 가?〉의 경우에는 포맷을 중국으로 수출했어요. 중국판 〈아빠! 어디 가?〉도 엄청난 인기를 모았고요.

희정 중국 버전으로 따로 제작을 한 거예요?

윤 2017년 9월 기준, 시즌5가 촬영 중이에요. 포맷은 한국판과 비슷해요. 올림픽 금메달리스트, 영화감독, 모델, 이런 사람들이 자녀와 함께 집 밖에 나가 생활하는 형식인데, 엄청나게 인기 있었어요. 저는 이런 가족 예능 프로그램이 일종의 동아시아적 현상이라고 볼 수도 있다고 생각하는데요. 〈슈돌〉에 출연했던 이동국과 자녀들의 경우에는 태국에 갔을 때 공항에 팬들이 나올 정도였어요.

희정 한류의 중심에 있었던 거군요?

윤 네. 한류 프로그램인 거예요. 그래서 "방송국 효자 상품"이라는 평을 들었죠. 실제로 예능계에서 큰 힘을 발휘하고 있고요. 그래서 KBS가 〈슈돌〉의 송일국 가족을 담은 '삼둥이 달력'이나 '사랑이 달력'도 제작해 엄청 팔았고요.

윤옥 지금 저희가 '아니 그렇게 많은 아빠 예능이 판을 쳤단 말인가?' 이런 표정으로 지금 넋 놓고 허윤 선생님을 쳐다보고 있는데요. 아빠 예능을 해부한다고 했을 때 뭐 그게 그렇게 많을까 했는데, 잘 안 보니까 몰랐던 거군요. 그리고 그냥 반짝하는 유행이 아니라 일종의 트렌드로 계속되고 있는 거네요. 〈슈돌〉도 〈아빠! 어디 가?〉 같은 내용인 건가요? 어디 놀러 가고 그런?

윤 아니에요. 〈슈돌〉은 처음에는 아빠가 육아를 하는 일상을 보여 주는 거였는데, 집에만 있으면 화면이 너무 지루하잖아요? 그래서 자꾸 데리고 나가죠. 어쨌거나 〈아빠! 어디 가?〉가 집 밖으로 떠나는 콘셉트였다면 〈슈돌〉은 집을 둘러싼 일상을 보여 준다는 점에서 분명한 차이가 있었죠.

희정 사실 저는 〈아빠! 어디 가?〉에서 기억나는 건 아빠가 아이들과 어떤 관계를 맺는가보다, 대체로 아들들을 데리고 떠나는 와중에 딸이 한 명 섞여 있는 거였어요. 송종국 씨 딸이었는데요. 이 딸과 아들들 사이의 긴장 관계가 있잖아요. 딸은 계속 뭔가 수동적이고 '공주'고, 이런 이미지로 만들면서 남자애들한테 '네가 얘한테 이렇게 해줘야 남자지' 하면서 '상남자' 서사를 만드는 내용과 자막들이 굉장히 불쾌하고 불편했거든요.

윤 〈아빠! 어디 가?〉가 겨울에 방송을 시작했는데요. 첫 회가 강원도 산골로 들어가는 내용이었어요. 너무 춥고 바닥이 얼음이고 진흙탕이니까 아이들이 걷는 게 어려워서 불편해하고 있는데

송종국 씨가 자기 딸을 안고 1시간인가를 걸은 거예요. 산길을. 딸이 흙 안 밟게.

희정 남자아이들은 흙을 밟는데?

윤 네. 상징적인 장면이긴 했어요. 그때 아마 그 딸이 7살인가 6살 정도 됐거든요. 꽤 큰 아이였는데.

희정 송종국 씨도 결국 '딸바보'라는 이름을 얻었나요?

윤 그랬죠. 딸바보로 인기를 끌었는데요. 다만 〈아빠! 어디 가?〉 이후에 스캔들이 터지고 이혼을 하는 과정에서 얻은 자원을 다 잃어버리게 되죠. 사실 '딸바보'라는 이름이 지금 한국에서는 엄청난 방송 자산이거든요. 그걸 다 잃었죠.

윤옥 그러면 아빠들이 육아를 하는 〈슈돌〉도 출연자들은 아이들인가요?

윤 〈슈돌〉에서 제일 어린아이들은 생후 백일 정도에 시작을 했어요. 이휘재 씨가 백일 된 쌍둥이 아들을 데리고 출연했었죠. 장윤정 씨 부부는 첫 아이의 출산 과정을 〈슈돌〉을 통해 공개하기도 했고요.

희정 아니. 어쩜 이렇게 다 대답을 하시죠? 깜짝 놀랐는데.

윤 죄송합니다.

윤옥 진짜, 그러네요. ☺

윤 "덕후는 죽지 않고 돌아온다"는 명언과 함께 이야기를 이어 가겠습니다. 보통 유아에서부터 초등학교 저학년 정도까지 있었는데요. 〈슈돌〉은 의도적으로 자녀들의 연령을 낮추는 편이에요. 아이들이 좀 크면 시청자들이 보기에 재미없다는 거죠. 그래서 3~5살 정도의 아이들을 보여 주는 편이고요. 〈아빠! 어디

가?〉는 유치원에 들어간 직후인 6, 7살부터 초등학교 3학년 정도까지였어요.

희정 그러면 요즘 아빠 예능에서는 자녀들의 나이가 점점 많아지고 있긴 하네요. 예컨대 아빠들이 딸 연애하는 거 구경하는 그런 예능도 있잖아요.

윤 자녀들이 성인인 경우는 SBS에서 2015년에 잠깐 했던 〈아빠를 부탁해〉라는 예능이 있었고요. 그 프로그램의 확장판이 지금 케이블 방송에서 하고 있어요. E채널 〈내 딸의 남자들: 아빠가 보고 있다〉2017~현재라고요. 김태원, 최양락, 장광, 홍서범 등이 출연해 왔고, 현재는 신현준, 김수근, 김희철, 소진의 진행으로 시즌4를 방송 중이에요. 20대인 딸들이 어떻게 사는지 밀착 카메라를 붙여 놓고 아빠들이 스튜디오에서 지켜보면서 이야기 나누는 프로그램이에요. 이런 프로그램 같은 경우에는 금수저 논란이 너무 심했어요. 딸들이 편하게 산다는 비판이 많았던 거죠. 아빠들이 일궈 놓은 것을 누리면서요. 아빠 예능 주요 시청자가 20, 30대 미혼 여성과 50, 60대 중년층이라고 알려져 있는데요. 20, 30대 여성들은 이런 이야기는 보고 싶지 않은 거예요. 그래서 시청자 수가 줄어들게 되는 거죠.

—— 아빠 예능과 딸바보의 등장

윤옥 어쨌든 자녀들을 키우는 아빠들의 모습이 리얼리티 예능의 대세로 자리 잡고 있다는 건데요. 사실 그동안 아빠들이 집에서 자녀들과 관계 맺기를 계속 실패하는 그런 권위적이고 가부장적인 남성성을 탈피해야 하는데 너무 관계 맺을 줄 모른다는 비판이 많았죠. 요즘 아빠 예능은 그런 문제의식을 반영했다고 볼 수 있지 않을까요?

윤　처음 시작할 때 콘셉트는 지금 말씀하신 그런 부분이 컸어요. 그래서 가족 내에서 잃어버린 아버지의 자리를 찾는다는 것이 〈아빠! 어디 가?〉의 기획 의도였고, 〈슈돌〉도 마찬가지였거든요. 하지만 정말 관계 맺는 것을 보여 주는가에 대해서는 비판할 지점들이 여전히 남아 있죠. 실제로 성인이 된 자녀의 경우 아버지와 관계를 맺는 게 아니라 아버지한테 감시받게 되고, 미성년 자녀의 경우 아버지와 관계를 맺는다기보다는 주 양육자가 잠시 아버지가 될 뿐이지, 사실상 엄마는 1박2일 후에 다시 만나는 거니까요. 그렇기 때문에 기획 의도와는 거리가 멀었다고 볼 수 있을 것 같아요.

희정　저는 여전히 딸바보 캐릭터에 관심이 많거든요. 왜 이렇게 딸바보들이 등장하게 되는가? 그러니까 아빠 예능일 수 있고, 육아 예능일 수 있는데. 사실 아빠와 아들 관계가 그렇게 화제가 되는 건 잘 못 봤거든요. 유독 아빠랑 딸이 관계를 맺는 것이 굉장히 인기를 끌고 관심을 끄는 것 같아요.

윤　그렇죠. 아빠와 아들 관계가 주목받았던 건 〈아빠! 어디 가?〉의 윤민수-윤후 정도가 유일했는데요. 윤후가 너무나 예능 보석 같은 존재여서, 너무 예쁜 말을 하고 재미있고 순수한 아이였던 거예요. 지금까지 방송에 없던 캐릭터라 엄청난 인기를 모았죠.

희정 윤민수 씨가 윤후 때문에 떴죠.

윤 그전에는 윤민수 씨가 누구인지 모르는 사람이 많았는데 윤후를 통해 셀럽으로 거듭나게 된 부분도 있었는데요. 관계를 주목해 보면 압도적으로 '딸바보'가 많았던 것 같아요. 〈아빠! 어디가?〉의 송종국 씨가 그랬고, 그다음에 추성훈 씨가 사랑이와 함께 큰 인기를 끌었죠. 사실 2010년대 초반부터 딸바보라는 단어가 만들어지고 인터넷에 유통되기는 했는데요. 방송에서 그걸 정확하게 확인할 수 있는 롤모델이 없었어요. 그런데 추성훈 씨가 '딸바보란 이런 거구나' 하는 걸 처음 보여 준 셈이죠. 저는 딸바보 인기에 좀 양가적인 측면이 있는 것 같은데요. 시청자 중에 상당수가 20, 30대 여성이니까 이 여성들 마음에 '저런 아빠가 내 아빠였으면 좋겠다'는 욕망이 한편에 있었고요. 추성훈처럼 그렇게 안정적인 경제적 기반에서 2박3일 딸과 시간을 보낼 수 있는 아버지란 현실적으로 불가능하니까요. 그리고 또 하나는 '저런 남자와 결혼하고 싶다'도 있었던 것 같아요. 저렇게 살림 잘하고 육아 잘하는, 아이를 맡겨도 문제가 없는, 그런 남자가 이상적이라는 판타지가 있었던 거죠. 그렇게 되고 나니 어떤 일이 벌어졌냐면 자녀가 없는 남자 연예인도 아역 배우와 함께 사진을 찍으면 "딸바보 ○○○" 이런 식으로 홍보되는 거예요.

희정 왜죠? 자기 딸이 아닌데?

윤 딸이 아닌데 앞으로 얘는 딸바보가 될 거야, 이 다정한 모습을 봐, 눈에서 꿀이 떨어져, 이런 식으로 자신의 매력 포인트이자 셀링 포인트로 가져가는 거죠. 그렇게 '딸바보'가 핫 키워드가 됩니다.

희정 딸바보가 남성 연예인의 셀링 포인트, 판매 전략이나 자원이 된 상황이 펼쳐진 거네요.

윤 그래서 '딸바보'라고 하면서 남자 코미디언들이 나왔다가 철퇴를 맞고 사라진 장면들이 좀 있었는데요.

희정 무슨 일이 있었어요?

윤 요즘은 SNS에 딸이랑 찍은 사진을 올리고 다정한 내용을 쓰면 화제가 되잖아요? 그런데 적절하지 못한 내용을 올려서 사랑받기보다는 공분의 대상이 됐던 거죠. 예를 들면 한 남자 코미디언은 풍선을 딸 가슴 부분에 넣고 '딸바보 사진'이라는 식으로 올려서 비판받았어요. 그건 사실 딸을 성애화하는 거잖아요. 어쨌거나 남자 연예인들이 한 번쯤 어필해 보고 싶은 이름이 되었지요. "나 딸바보예요"라고요.

윤옥 그러면 한쪽에서는 여성 시청자의 욕망이 있고, 다른 한쪽에서는 남성 연예인의 자원화가 있었던 건데요. 이렇게 딸바보가 하나의 트렌드가 된, 사회심리학이라고 할까요, 그런 사회적 배경이 무엇일까요?

윤 사실 아빠 예능 자체가 맞벌이 부부 시대의 롤모델을 보여 주는 거거든요. 전업 주부인 사람이 거의 없는 상황에서 애를 맡길 수 있는, 밥 차려놓고 기다리는 남자라니 이 얼마나 좋은가 하는 욕망이 있었던 거죠. 요즘 국가에서 미는 정책 중 하나가 남성의 육아휴직을 늘리는 거잖아요. 2017년 상반기에 민간 기업에서 육아휴직을 사용한 남자가 5101명으로, 2016년에 비해 52퍼센트가 증가했다고 해요.[*] 남성 육아를 인정하고 자연스러운 것으로 여기는 그런 분위기가 사실 너무 절실한 시점이고, 그런 상황이 영향을 미치고 있는 것 같아요. 또 여자들이 나만 죽어날 수 없다는 깨달음을 얻고 있다 보니 아빠가 1박2일 정도는 애를 볼 줄 알아야 한다는 생각에 대한 공감대가 형성되었던 거죠. 저희 부모님 세대만 해도 아빠에게 자녀를 맡기고 엄마가 1박2일 집을 비운다는 게 불가능한 일이었잖아요. 하지만 시대가 바뀐 거죠.

윤옥 맞아요. 한국여노도 맞벌이는 있는데 왜 맞돌봄은 없냐고, 독박 육아에 대한 문제 제기를 계속해 왔어요. 가사나 양육에서 평등 육아, 평등 돌봄을 이야기해 온 거죠. 그러면 아빠 육아 예능이나 이런 것들이 한국 사회의 어떤 변화 지점들을 정확하게 읽고 있다거나, 또 긍정적인 역할을 하고 있다고 봐도 될까요?

윤 부분적으로는 그럴 수도 있다고 생각하는데요. 예를 들어 〈슈돌〉의 이휘재 씨가 백일 된 쌍둥이들을 데리고 나왔잖아요. 첫 회에서 애들이 자꾸 울고 심지어 열이 오르는 거예요. 그래서 이휘재 씨가 애들을 안고 응급실로 뛰어가서 병원에서 우는 것으로 첫 회가 끝나거든요. 하지만 점점 더 능숙하게 육아를 하게 되지요. 기저귀도 제대로 못 갈던 아빠에서 다른 집 애들도 봐주고, 다른 아빠들에게 육아 코치도 하는 사람으로 거듭났어요. 이 프로그램으로 연예대상도 받고요. 5년 넘게 출연했어요.

[*] 김대우, "남성 육아휴직 의무화…… 휴직 급여 인상도 필요", 〈헤럴드경제〉(2018/06/02).

희정 맞벌이만 있고 맞돌봄이 없었기 때문에 여성들이 슈퍼우먼이 되어야 하고 심지어 과로사 하는 상황에 다다랐고, 그래서 남성들로 하여금 사적 영역으로 돌아가서 돌봄 노동도 하라는 사회적 요구가 육아 프로그램에 반영되는 건 좋은데요. 하지만 아빠들은 '라테 파파'가 되지만, 엄마들은 여전히 '맘충'이잖아요.

윤옥 '라테 파파'?

희정 북유럽에서 온 용어인데요. 아빠들이 커피 한잔 들고 유모차를 끌고 다니는 걸 '라테 파파'라고 하죠. 멋있는 남자, 좋은 아빠의 이미지랄까요? 하지만 한국에서는 여자가 유모차를 끌고 커피를 들고 가면 '맘충'이 되잖아요. 그러면 육아하는 남성은 높이 사면서 왜 육아하는 여성은 이렇게 계속 벌레로 만드는가 하는, 고민이 들거든요.

윤 그런 부분을 예능으로 연결해서 생각해 보면, 엄마 예능도 있긴 있었어요. 현재 방영하고 있는 SBS 〈미운 우리 새끼〉가 엄마 예능인 거죠. '새끼'가 좀 나이가 많아서 그렇지. ☺ 지상파에는 그 정도밖에 없는데 케이블 방송에서는 엄마들이 나온 예능을 꽤 방영했었어요. 최민수 씨의 아내인 강주은 씨나 황신혜 씨, 조혜련 씨 등이 자녀들과 방송에 나와서 똑같은 방식으로 관찰 카메라를 붙이는 예능을 했었죠. 하지만 거기에서도 한국의 엄마 역할이 집중적으로 그려졌던 것 같아요. 공부하라는 엄마, 가르치려는 엄마, 밥 먹으라고 채근하는 엄마. 별로 매력적이지 않았죠.

희정 현실에서 늘 보는 건데 방송에서까지 보고 있을 이유도 없겠고요.

윤 그러니까요. 다들 대단한 커리어우먼이고 또 슈퍼우먼인데, 이 엄마들도 우리 엄마랑 큰 차이가 없는. 그러니 예능에서 큰 매력을 못 갖게 되는 거죠.

윤옥 전복성이 없구나.

희정 늘 하던 일이니까.

윤 네. 그래서 별로 재미없거나, 혹은 엄마 역할을 잘 못하는 걸로 화제가 되기도 하죠. 강주은 씨 경우가 그랬는데요. 이분이 요리를 너무 못하는 거예요. 그런 에피소드들 있잖아요. 약간 '불량주부' 같이 당연히 갖추고 있어야 하는 능력치에 미달하는 주부로서의 에피소드들이 강조되는 방식이었어요. 물론 강주은 씨는 이 프로그램을 통해 인지도가 올라가고 팬도 늘었다고 해요. 최민수 씨를 포함해 엉뚱한 아들 셋을 키우는 여장부 엄마라는 캐릭터가 매력적이기도 했고요. '그 최민수'랑 같이 살려면 저런 여자여야 한다는 식의 이야기들도 많이 나왔죠. 그렇지만 같이 나왔던 조혜련 씨 같은 경우에는 아들과 사이가 안 좋다는 것으로 구설수에 오르기도 했어요. 자녀들과 갈등하는 장면들을 보여 주는 것이 엄마 예능의 특징이기 때문에 더 그랬죠. 그래서 엄마 예능은 오래가는 프로그램이 없어요.

—— 문제적 아빠 예능과 딸바보 분석

윤옥 저희가 남성들의 육아 예능이 왜 사회적 트렌드인가를 짚어 봤는데 그중에서도 딸바보라는 건 굉장히 문제적인 맥락이 있다는 거잖아요? 그 부분에 대해서도 얘기를 좀 해주세요.

윤 〈슈돌〉의 첫 번째 에피소드가 "오빠가 아빠가 된다"는 제목이었어요. 그다음이 "위기의 아빠들"이었죠. 오빠가 아빠 되고, 아빠가 슈퍼맨이 된다는 이야기인 셈인데요.

희정 엄마가 그냥 늘 하는 일을 아빠가 하면, 그 사람은 슈퍼맨이 되는 거네요.

윤 그렇게 아빠가 2박3일이나 아이를 봤어, 정말 훌륭한 아빠야, 라는 이야기를 하는 와중에, 사실 아빠는 계속 아이에게 "하룻밤만 자면 엄마가 올 거야"라고 해요. 그리고는 엄마들이 돌아오면 아빠는 엄마에게 아이를 맡기고 뻗어 버려요. "당신이 정말 보고 싶었다"면서 훈훈한 가족애가 그려지는 것이 엔딩이죠. 그래서 아빠가 육아를 담당하는 2박3일은 특별한 일일 뿐이고, 다시 주 양육자는 엄마가 된다는 메시지. 또 거기에는 사실상 '슈퍼맨 아빠'라고 하는 한국의 정상가족 이데올로기가 강화되는 부분도 있고요. 또 한 가지는, 아빠가 육아를 하니까, 그 아빠의 아빠인 할아버지가 또 등장하죠. 이휘재, 이동국, 추성훈, 다 그런 식이었죠.

희정 굉장히 정확하게 아버지에서 아들로, 아들에서 아이들로 이어지는 부계 라인이 그려지는 거네요? 엄마들은 싹 다 지워 내고.

윤 맞아요. 할머니들은 또 잘 안 나오거든요.

희정 가정 안에서 아빠의 자리를 만들어 주는 건 좋지만 다시 또 어머니의 노동과 자리는 비가시화되는 거네요. 역사를 박탈당하는 방식인 것 같은 느낌이.

윤 할머니들은 아주 가끔 등장하는데요. 그러면 이분들이 또 워낙 가사나 육아에 능숙하니까 별 재미가 없는 거죠.

윤옥 그러니까 이게 여성에게 전담된 가사나 양육을 평등한 육아로, 사회적 인식이 바뀌어야 한다고 나온 건데, 현실은 그렇지 않았던 거네요? 그러면 거기에서 딸바보의 위치는 또 어떻게 되는 건가요?

윤 딸바보로 가장 크게 성공한 건 역시 추성훈 씨죠. 딸바보인 데다가, 그의 단단한 육체성이 큰 시너지를 불러일으켰어요. 사실 그가 보여 주는 근육질의 강한 육체성이란 것이 이제 한국 사회에는 잘 없는 것이기도 하거든요. 그래서 '이거야말로 남자다움이다'라는 과시가 좀 있었죠. 게다가 이 사람이 UFC 격투기 선수인데, 시합에 출전하는 에피소드가 두 번쯤 나왔거든요. 몸을 단련하고, 말 그대로 가족을 위해 피 흘리며 싸움을 하고, 역경을 뚫고 승리하는 아버지의 이야기가 스펙터클하게 펼쳐지는 거죠. 그러면서도 딸에게는 한없이 부드러운 아빠이고요. 이런 것들이 가장의 위치를 가시화하는 데 정말 효과적이라고 생각해요. 사람들이 "피땀 흘려 버는 돈"이라는 말을 일상적으로 많이 쓰잖아요. "아버지가 뼈 빠지게 돈을 벌어 오는데 집이 이게 뭐냐" 뭐 이런 식으로요. 그걸 추성훈은 실제로 보여 줄 수 있는 인물인 거죠.

윤옥 그렇게 또 딸바보로 큰 사람은 누가 있을까요? 육아 예능 출연자 중에?

윤 육아 예능 출연자 중에서는 약간 성공적인 이미지를 남긴 게 추성훈 씨 정도가 있는 것 같고요. 원조 딸바보는 역시 이경규 씨라고 생각하는 분들도 있기는 해요. 이경규 씨 딸 예림 씨가 아주 어렸을 때 〈일요일 일요일 밤에〉에 잠깐 나왔었잖아요. 그런데 그 예림 씨를 데리고 〈아빠를 부탁해〉에 또 나왔거든요. '버럭 경규'라면서 주위 사람들이나 출연자들에게 호통 치는 사람으로 유명하지만, 자기 딸에게는 다정한 아버지라면서 딸바보 이미지를 보여 줬죠. 그런 식의 반전 이미지가 효과를 발휘했는지 〈아빠를 부탁해〉 이후에 딸과 함께 광고를 찍기도 했어요.

희정 사실 더 중요한 건 딸바보 서사 자체가 얼마나 잘 팔리는가인 것 같아요.

윤옥 이게 그냥 예능이 아니라 우리가 일상생활에서도 딸에게 좀 다정하면 "어머 딸바보신가 봐요" 이런 말을 많이 하잖아요. 굉장히 정서적이고 친근한 아버지상으로, 딸바보가 어떤 긍정적인 남성상의 또 다른 대체 용어처럼 많이 쓰이는데요. 어떤가요?

윤 그래서 그다지 딸바보가 아닌 사람한테도 그냥 습관적으로 딸바보라고 붙여 주는 것은 아닌가 싶을 정도예요. 제가 제일 이상하다고 생각했던 장면이 〈아빠! 어디 가?〉에서 성동일 씨가 예전에 아내랑 데이트했던 식당에 딸을 데려가는 장면이었어요.

희정 딸하고요?

윤 네. "딸하고 데이트"라는 표현은 아빠 예능에 굉장히 많이 나오는 건데요. 사실 성동일 씨는 딸바보 아버지의 다정하고 상냥한 이미지와는 거리가 좀 있었거든요. 이게 성동일 씨 개인사와도 연결되는데, 스스로 아버지는 가장으로서 돈을 벌어 오면 충분하다고 생각하기 때문인데요. 7살 아들에게 아버지가 없으면 네가 엄마와 여동생들을 보살펴야 한다고 하는 사람이에요. 그러니 성별 규범이 엄격하게 정해져 있는 것은 더 말할 필요도 없겠죠. 성동일 씨 딸이 굉장히 명랑한 아이인데요. 성동일 씨가 계속 딸에게 "좀 여자답게 앉아라"라는 말을 해요. 뛰어다니지 말고 조심스럽게, 예쁘게 앉으라는 거죠. 이런 '여자답게'가 사실상 아빠 예능이나 육아 예능에서 핵심적인 키워드이기도 해요. 여자아이니까 공주 옷을 입히고 예쁘게 꾸며 주겠다는 거예요. 결국 남자와 여자가 성별화되는 과정을 어린아이들에게 학습시키고 있는 거죠. 아무튼, 딸과 데이트를 하면서 부인과 갔던 식당에 갔는데, 거기가 국밥집이었거든요. 딸을 부인이 앉았던 자리에 앉힌 다음에 그날 부인이랑 처음 만났을 때 했던 대화를 딸에게 시키는 거예요. 그래서 둘이 그 대화를 주고받았어요. 너무 이상하죠?

희정 아니, 왜?

윤 엄마를 처음 만났을 때 이랬다면서 굉장히 낭만적으로 설명했지만, 사실상 딸을 대상화한 거잖아요. 그런데 이거랑 비슷한 장면이 〈터널〉이라는 드라마에도 나와요.

〈터널〉과 타임 슬립

2017년 OCN에서 제작한 16부작 드라마. 1980년대 여성 연쇄 살인 사건의 범인을 찾던 주인공이 2016년으로 타임 슬립해서, 과거와 현재의 연결 고리를 발견하며, 다시 시작된 30년 전 연쇄 살인 사건을 해결해 나가는 범죄 수사물. 타임 슬립이란, 판타지 및 SF 장르에서 사용되는 서사적 장치로, 등장인물이 알 수 없는 이유로 시간을 거슬러 과거 또는 미래에 떨어지면서 벌어지는 상황을 말한다. 의도적으로 시간을 거스르는 '시간여행'과는 구분된다.

아버지가 타임 슬립해서 20~30년 후의 세계로 떨어지고, 성인이 된 자기 딸과 만나게 되는 내용이거든요. 이 딸은 어렸을 때 아버지가 실종됐기 때문에 자기 부모가 누구인지 항상 궁금했는데 아버지가 미래로 오는 바람에 만나게 된 거죠. 나중에 서로 아버지와 딸이란 걸 알게 된 다음에, 마찬가지로 엄마와 데이트하던 중국집에 가서 엄마가 좋아하던 만두를 먹으면서 너네 엄마는 이런 사람이었다, 얘기를 나누는 거예요. 근데 이게 시간을 건너뛴 이야기이기 때문에 아빠와 딸이 마치 연인처럼 보이는 거죠.

희정 진짜 괴이한 장면이네요.

윤 그런데 그 아버지가 딸한테 계속 잔소리를 하는 거예요. "밤에 문단속 조심해라" "밥을 잘 챙겨 먹어라" 이런 얘기를 막 하는데 사실 이 대화는 한국 드라마에서 흔히 남자가 여자 친구에게 하는 대화처럼 보이기도 해요. 드라마에서 딸은 대학교수로 나오는 엘리트 여성인데, 그를 어린아이 대하듯 하는 거죠. 즉 아버지와 딸의 관계 맺는 방식이 연인이 관계 맺는 방식과 흡사해요. 한국에서 다정한 아버지와 딸이 데이트를 한다면 이런 모습이겠지, 하고 굳어진 문법인 셈인데요. 그런 걸 보면서 이것은 딸을 여성으로 성애화하는 방식이 아닌가라는 생각이 계속 들었어요. 딸바보는 사실상 딸을 여자로 대상화해서 "여자는 일찍 다녀야 하고, 술 먹으면 안 되고, 연애는 이렇게 해야 한다"는 식으로 계속 감시의 대상으로 놓는 거죠. 동시에 아버지는 그 딸의 연애나 섹슈얼리티를 통제할 수 있는 인물로 남는 것이고요.

윤옥 육아를 통해 아버지들을 가정으로 다시 불러들이기는 했지만, 거기에서 어떤 관계를 맺을 것인가에 대한 고민은 없었던 거네요.

윤　그런 거죠. 그래서 딸바보 아빠란 딸의 남자 친구가 몇 살 인지, 뭐하는 놈인지, 그런 거나 파악하려고 하는 아빠. 〈내 딸의 남자들〉이란 프로그램이 그런 내용이거든요. 딸이 연애하는 과정을 카메라로 중계해서 보여 주고, 아버지들은 스튜디오에 나와서 그걸 보며 대화를 나누는 거예요. 그렇게 딸을 미성숙하고 독립되지 않은 존재로 만들고, 사랑꾼 애인이나 딸바보 아버지의 보호가 필요한 대상으로 그리는 거죠.

윤옥　대체 가족이란 뭘까요? 왜 이렇게 못 벗어나는 걸까요? 왜 한국 사회는 다른 관계를 상상하지 못하는 걸까요?

윤　아까 잠깐 "왜 아들바보는 없냐"는 이야기가 나왔었는데요. 말씀 들으면서 생각났는데. 김건모 씨 어머니가 〈미운 우리 새끼〉에서 굉장히 많이 한 말이 "우리 건모 정도면 굉장히 훌륭하다, 훌륭한 아티스트다, 훌륭한 사람이다"거든요. 하지만 그런다고 해서 아무도 '아들바보'라고는 안 하죠.

희정　그건 너무 전통적이고 오래된 이야기니까요.

윤　그러니까 아들바보는 너무 평범한 거예요. 모든 어머니들이 다 아들바보여서 따로 명명할 필요도 없는 거죠.

희정　언제나 우리에게는 새로운 현상 혹은 좀 이상한 현상에 이름을 붙이는 습성이 있습니다. '딸바보'는 그렇게 생긴 이름인 걸로.

—— 이순재를 통해 보는 아버지 형상의 변화

윤옥　확실히 딸바보는 없던 현상인데요. 그러면 '아버지'는 대중문화에서 어떻게 그려져 왔나요? 어떤 과정 속에서 딸바보까지 오게 된 것인지 좀 궁금해요.

윤　그 이야기를 하기 위해 1990년대로 거슬러 올라가 보고 싶어요. 대중문화가 그려 내는 아버지의 형상에 변화가 좀 있었거든요. 아버지, 하면 많이 떠올리는 것이 '대발이 아빠'일 것 같아요.

희정　〈사랑이 뭐길래〉?

윤　그렇죠. 1990년대 메가 히트작이었던 드라마 〈사랑이 뭐길래〉의 이순재 씨 캐릭터.

희정　오오, 저 그거 다 봤어요!

윤　최민수 씨가 '대발이'로 나오고 하희라 씨가 똑부러진 신세대 여성 '박지은'으로 나왔던, 김수현 작가의 〈사랑이 뭐길래〉. 한국 드라마 사상 시청률 최고위를 기록한 드라마거든요. 평균 시청률이 59.6퍼센트였고 최고 시청률이 64.9퍼센트. 게다가 중국 수출도 했던 작품이라, 최초의 한류 드라마라고도 부를 수 있겠고요.

윤옥　진짜 히트한 드라마네요.

윤　네. 〈사랑이 뭐길래〉는 대발이와 지은이가 연애하고 결혼하는 이야기인데, 대발이네는 매우 보수적인 집안이고 지은이네는 굉장히 민주적인 신세대 집안이라 두 집안 사이의 갈등이 주요 에피소드였죠. 그래서 대발이만큼이나 인기 있었던 캐릭터가 이순재 씨가 연기한 '대발이 아버지'였어요. 정말 가부장적인 아버지인데, 이 아버지가 신세대 며느리를 만나면서 점점 변해 가는 이야기이기도 했거든요. 사실 이건 일종의 1990년대적인 현상이라고 할 수 있죠. 왜냐면, 이 시기가 여성들로 하여금 "밖으로 나와라"라고 이야기하면서 "일하는 여자가 아름답다" "일·가정 양립" 이런 이야기가 사회적으로 나오던 때였거든요.

희정 아, 슈퍼우먼 콤플렉스, 신세대 주부, 이런 말이 유행하던 시기기도 했죠. 그렇게 본다면 대발이 아버지의 변화란 한국 사회의 변화이기도 한 셈이겠네요.

윤옥 저는 지은이네 엄마가 인상적이었어요. 윤여정 씨가 연기했는데요. 그때는 침대가 일반적이지 않았는데 윤여정 씨는 침대를 사용했었어요. 뭐랄까요, 버터 냄새 나는 그런 집이었달까요?

윤 신식 가정?

윤옥 네, 말하자면 신식 가정으로 보였죠. 눈 뜨자마자 남편에게 아침밥 안 차려 줘도 되고, 내가 하고 싶은 말 다 하고. 저렇게 살 수 있으면 좋겠다 싶더라고요.

윤 그렇게 신식 가정에서 자란 지은이가 완전 보수적인 대발이네 집으로 '시집을 가서' 문화 충격을 겪게 되는 이야기가 바로 〈사랑이 뭐길래〉인데요. 윤여정 씨가 맡은 캐릭터가 '딸은 나랑 다르게 살아야 된다. 나처럼 주부로 살면 안 된다'라고 생각해서 대학 교육시키고, 딸에게 살림 강요 안 하고 가르치지도 않는 신세대 어머니.

희정 그런데 이 신세대 어머니 이름 뭔지 아세요? '한심해'예요.

지혜, 윤옥 !!!

윤 반면에 김혜자 씨가 맡은 대발이 어머니의 이름은 순자였는데요. 순자는 거의 머슴살이 하다시피 하면서 집을 보살피는 헌신적인 주부로 나오죠. 그 집 딸이 이성실인데요. 순자는 맨날

성실에게 오빠 이불 개어 줘라, 밥 차려 줘라, 빨래해 줘라, 하고요.

지혜 딸은 아들의 머슴살이를 하는 거네요.

희정 그런데 이 딸은 모델 지망생이어서, 아버지에게 옷이니 뭐니 치장하는 거로 매번 지적당하면서 혼이 나요.

윤 되게 문제아처럼 말이죠. 반면 대발이는 소아과 의사였나 그랬을 거예요. 그야말로 의사 아들. 이런 상황에서 며느리인 지은이가 이제 이 집으로 이사를 오게 되는 거죠. 음? 어머, 이사 온대. 무의식이 나왔나 봐요. '시집을 오게' 되죠. 😀

윤옥 결혼은 이사다. 😀

윤 그러니 이런 문화 차이 속에서 엄청난 갈등이 시작되겠죠? 이 드라마의 대장정은 대발이 엄마가 아파서 앓아누우니까, 대발이 아버지가 부엌에서 밥을 하는 장면으로 끝나요. 그야말로 '밥상 엎는' 전통적인 가부장이 신세대 며느리와 좌충우돌하면서 살짝 좋은 가부장으로 거듭난다는 이야기인 거죠. 그야말로 1990년대적이죠. 덕분에 이순재 씨는 1990년대에 '훌륭한 남성 지도자', 스승, 아버지, 이런 이미지를 가질 수 있었어요.

희정 그 한국의 전통적인 남성의 이미지로 민주자유당 국회의원까지 하시잖아요.

민주자유당

1988년 4월 제13대 국회의원 선거로 여소야대與小野大 정국이 형성되자 여당인 민주정의당은 여소야대 구도를 근본적으로 변화시키고 보수연합 구도를 구축하기 위해 국민의 의사와 대치되는 위로부터의 정계 개편을 추진하였다. 그 결과 1990년 1월 22일 민정당의 노태우 대통령, 통일민주당의 김영삼 총재, 신민주공화당의 김종필 총재가 3당 합당을 선언함으로써 거대 보수 여당인 민주자유당이 탄생했다. 약칭은 민자당이다. 3당 합당의 요인으로는 당시의 상황적 요인과 더불어 보수정당이라는 이념적 동질성, 대중적 기반이 취약한 엘리트 정당, 최고 지도자 개인에게 집중된 당권 등의 구조적 요인을 지적할 수 있다. 3당 합당으로 민자당은 국회에서 개헌선인 2/3를 넘는 218석을 확보하고, 지역에 기반한 4당 구조를 보수 대 혁신의 양당 구조로 바꾸어 놓았다.

윤 연예인들이 국회의원을 하던 시기였어요.

희정 가수 이선희 씨도 1990년대 초에 최연소 시의원을 했었죠.

윤 맞아요. 그런데 그런 이순재 씨가 2000년대에는…… '야동 순재'가 되죠.

희정 〈거침없이 하이킥〉?

〈거침없이 하이킥〉

MBC에서 2006년 11월 6일부터 2007년 7월 31일까지 방영했던 일일 시트콤. 〈순풍산부인과〉 〈웬만해선 그들을 막을 수 없다〉 등으로 한국 시트콤의 역사를 다시 썼다고도 평가받는 김병욱PD의 작품이다. 당시 20퍼센트의 시청률을 넘기면서 큰 사랑을 받았다. 특히 '야동 순재' '꽈당 민정' 'OK 해미' 등의 닉네임을 얻으면서 출연진들이 큰 인기를 끌었다. 〈거침없이 하이킥〉의 인기로 이후 김병욱 PD는 MBC에서 〈지붕 뚫고 하이킥!〉2009~2010, 〈하이킥! 짧은 다리의 역습〉2011~2012 등의 연작을 제작한다.

윤 네, 맞아요. 그래서 이런 생각이 들었던 거죠. 〈사랑이 뭐길래〉에서 이순재 씨의 변화라고 하는 것이 한국 사회의 변화, 그러니까 전통적인 가부장제에서 신세대 문화를 받아들인 가부장제로의 변화를 반영하고 있는 것이라면, 〈거침없이 하이킥〉은 2000년대 한국의 어떤 모습을 반영하고 있는 것일까? 민자당

국회의원이 됐던 한국의 가부장은 왜 2000년대에 들어 건물주, 한의사가 된 걸까? 그랬을 때 흥미로웠던 것은 〈사랑이 뭐길래〉의 대발이는 그야말로 잘나가는 의사였는데, 〈거침없이 하이킥〉의 아들들은, 말하자면, 잘 못 나가는 사람들이라는 점이었어요. 하나는 백수로 놀고 있고, 하나는 이혼당하고 아버지 집에 얹혀사는 상황인 거죠. 그러니까 또 아버지는 그렇게 아들들을 타박하고. 여기서 눈여겨볼 만한 것은 며느리는 또 굉장히 똑부러진다는 거예요.

희정 그게 박해미 씨가 연기한 한의사 며느리 캐릭터.

윤 너무 잘나가는 며느리를 만나서 의사로서의 실력도 며느리에게 뒤지고요. 원래 병원 이름이 "이순재 여성 전문 한방병원"이었는데 중간에 며느리 이름을 넣어서 "이&박 한방병원"으로 바뀌어요. 환자들은 모두 박해미만 찾고, 이순재를 찾는 환자가 하나도 없는 거죠. 그런 식으로 무너지는 가부장의 모습을 그렸달까요?

윤옥 선생님, 이거 특별히 다 자료 찾아보신 거죠? 다 기억하고 계시는 건 아니죠?

윤 팩트 체크는 했죠.

윤옥 정말…… 기억력이.

윤 이 와중에, 이 할아버지가 손자 컴퓨터로 야동을 보려고 하는데, 보통 "파일을 불러낸다" 이렇게 표현하잖아요. 그래서 이순재 씨가 컴퓨터에 대고 "야동, 야동" 하고 부르는 장면. 기억나시죠? 그러다가 가족들한테 걸리는 거죠. 그러면서 드디어 '야동순재'라는 별명이 등장하게 됩니다. 어쨌거나, 이순재 씨는 권위가 떨어진 가장이 되었고. 계속 아들과 아내를 구박하고 호통을 치지만, 온 식구가 다 무시해요. 이게 한편으로는 어떤 이미지와 만나냐면, IMF 이후 유행했던 유머 중에 '간 큰 남자 시리즈'가 있었어요. 그 시리즈의 아버지들 모습과 만나고 있었어요.

윤옥 집에 와서 밥 세끼 다 차려 달라고 하는 남자?

윤 그리고 주말에 부인에게 어디 가자고 조르는 남자. 이런 남자들은 간 큰 남자들이라고 하는 내용이었죠. 사실 이 유머는 '고개 숙인 가장'에 대한 연민이기도 한 거잖아요. 그렇게 말도 못하는 남자가 참 안타깝고 불쌍하다, 하는. 그런데 〈거침없이 하이킥〉의 이순재 씨 캐릭터가 바로 이런 간 큰 남자 유머랑 너무 비슷했던 거죠. 그런 이순재 씨가 2010년대가 되면 〈꽃보다 할배〉로 다시 주목을 끌게 됩니다. 그러면서 '직진 순재'라는 별명이 생겨요. 큰 그림을 보고, 앞만 보고 직진하는, 한국 가부장의 모습으로 되돌아온 셈이라고나 할까요?

윤옥 오, 흥미진진하네요!

윤 이 드라마 장르가 시트콤이잖아요. 근데 한국 시트콤의 가장 큰 특징이 '가족 서사'라는 점이거든요. 특히 "거침없이" 시리즈의 김병욱 사단이 만든 모든 드라마가 다 가족 서사거든요. 그리고 그 가족에서 가부장을 희화화하는 방식으로 등장한 건데요. 그 서사의 바탕은 사실 아까 말씀드린 그 똑똑한 며느리를 약간 적대적으로 그리면서 구성돼요. 그래서 "거침없이" 시리즈에서 가장 유명한 또 하나의 장면.

희정 나문희 씨의 "호박고구마"?

윤 바로 그 장면이죠. 그런 이미지로 강력한 여성에 대한 적대감 혹은 반감 같은 것을 여전히 남겨 놓는 거죠. 하지만 한편으로는 이런 생각도 해볼 수 있어요. 사실 지치고 힘든 사람들에게 '나한테도 박해미 같은 아내가 있었으면 좋겠다'는 판타지도 있었을 거라고요. 정준하 씨가 연기한 첫째 아들 이준하처럼 빈둥거리면서 살고 싶은데, 박해미가 부인이라면 그렇게 살 수 있을 텐데, 하는 이런 양가적인 감정이 투사되면서 그렇게 강렬하게 증오하지 않았을까.

희정　그렇죠. '셔터맨'. 셔터맨으로 살고 싶지만 그걸 말하지 못하는 그 '남자다움'의 굴레가 양가적으로 작동했을 수도 있겠네요.

윤　재밌는 건, 1990년대 말에 정말 인기를 끌었던 『가시고기』라는 소설을 보면, 부인이 이혼한 후 프랑스로 떠나 버리거든요. 그래서 이 남자가 아픈 아이를 혼자 키우면서 아이는 완치되고 자기가 암에 걸렸는데, 자기가 죽는다는 이야기는 안 하고 아이를 부인에게 보내거든요? 그러고는 혼자 죽어요.

희정　아니, 왜?

윤　아이를 사랑하니까. 하지만 우리는 질문해 봐야 하죠. 그럼 여자는 아이를 버리고 간다는 건가? 그런데 1990년대와 2000년대에 그런 이야기들이 좀 있었어요.

희정　영화에서도요. 1990년대 정말 인기 있었던 〈미스터 맘마〉 같은 경우에도 영화의 시작 자체가, 주인공인 최민수의 아내가 아이와 남편을 버리고 미국으로 유학 가는 거로 시작해요. 영화는 남겨진 남자의 좌충우돌 육아기에 다른 여자와의 연애와 결혼까지를 다루죠. 2000년대로 넘어가면 아예 엄마들은 사라지고 아빠들이 딸을 구하는 이야기로 점철되죠. 〈괴물〉이나 〈아저씨〉 〈부산행〉 같은 영화들 있잖아요. 이 재난에서 딸을 구할 수 있는 것은 아버지뿐이라고 말하는 것 같은 영화들.

윤　진짜 그 시기에 '여자들이 나를 버리고 떠날 거다' 같은 공포가 있었나 봐요. 〈거침없이 하이킥〉에서도 이민용의 부인인 신지가 쪽지 써 놓고 나가는 그런 사연 나오지 않나요?

지혜　러시아로 유학 간다고 했죠. 음악 공부 한다고.

윤　아이는 버리고.

희정　그러네요. 그게 되게 전형적인 서사인가 봐요.

윤옥　그리고 굉장히 여성 혐오적이네요. 어우, 그렇게 수없이 애를 버리고 도망가는 남자들은 다루지도 않으면서.

희정　애를 버린 아버지는 흔하지만 애를 버리는 어머니는 잘 없기 때문에 포착되기만 하면 욕먹는 거죠.

윤　그 비슷한 시기에 나왔던 이야기가 "아버지가 양육하면 똑똑해진다"는 거였어요. IMF 직후부터 아버지가 양육에 동참해야 아이의 균형 잡힌 발달에 좋은 영향을 미칠 수 있다는 책들이 나오기 시작하고요. 그러면서 박세리 씨나 김미현 씨의 '골프 대디'가 주목을 받죠.

윤옥　골프 대디?

윤　아버지들이 헌신적으로 뒷바라지해서 딸을 골프 스타로 키우는 거죠. 그런 헌신의 서사가 큰 인기를 끌게 돼요. 특히 박세리 씨는 기억하시잖아요? 1998년에 US 오픈에서 연못에 빠진 공을 쳐올리면서 우승하는 장면. 그게 IMF 시기랑 딱 맞물려서 고난을 극복하는 한국인의 이미지로 떠올랐거든요.

희정　양말 벗고 물에 들어가서 쳐낸.

윤 그게 광고로도 나오고요. 근데 그런 박세리 씨의 우승이 아버지의 헌신적인 뒷바라지 때문이라고 주목받았죠. 아침 방송에도 많이 나왔고요. 그 이야기가 엄청 인기를 끌었는데요. 골프 선수 뒷바라지는 엄마들이 하기는 어렵다고 해요. 짐도 많고, 해외 장기 체류도 해야 하고요. 엄마들은 그렇게 집을 떠날 수가 없는 거죠. 그래서 '골프 대디'가 많은 건데요. 그런 이야기 속에서 아버지는 딸을 너무 자랑스러워하고, 딸은 아버지에게 너무 고마워하는 이야기가 언론에 많이 보도되었어요. 그런데 이 아버지들이 자랑스럽게 하는 이야기가 뭐냐 하면, 내가 딸의 연애를 감시했다, 딸이 술을 마시거나 남자를 만나는 것을 엄격하게 금지했다, 이런 거예요. 운동에만 전념할 수 있게 했다는 거죠. 그런데 만약 아들이었다면 아버지가 이렇게 따라다니면서 아들의 연애를 단속했을까 하는 생각이 들어요.

희정 이거 딸바보 서사랑 바로 만나네요.

좋은 아버지라는 환상

윤 요즘에는 정말 아버지의 권위를 바로 세우고, 좋은 아버지를 찾으려는 욕망이 확연해 보여요. 〈아버지가 이상해〉 보셨나요?

〈아버지가 이상해〉

KBS에서 2017년 3월 4일부터 8월 27일까지, 총 52부작으로 제작된 주말 드라마. 최고 시청률 36.5퍼센트를 찍으면서 큰 인기를 누렸다. 가족 내에서 아버지의 위상과 가치를 다시 생각해 보자는 취지로 만들어진 드라마로 오랜만에 나온 웰메이드 주말 연속극이라는 평가를 받았다. 특히 이유리가 연기한 첫째 딸 변혜영이 '사이다' 캐릭터로 인기를 끌면서 '결혼 인턴제' 같은 유행어를 만들어 냈다.

희정 그 똑똑한 언니 나오는 장면은 좀 봤어요.

윤옥 이유리.

윤 여기서는 이유리 씨가 연기하는 변혜영이 등장해요. 큰 아들은 만년 고시생이고요. 계속 고시에서 떨어지다가 드라마 중간 즈음에 합격해요. 둘째가 변혜영이고, 셋째가 고등학교 때 왕따당한 기억 때문에 매사에 자신감이 없는, 엔터테인먼트 회사에서 비정규직으로 일하는 딸, 넷째가 요가 지도사를 하는 명랑하고 예쁜 딸이에요. 이렇게 사남매인데, 얘네들이 자기가 다 변 씨인 줄 알고 살았는데 알고 봤더니 아버지가 이윤석이라는 다른 이름의 사람이었던 거죠. 이 사람이 과거에 억울한 누명을 쓰고 수감 생활을 하고 나온 뒤 자신의 과거를 숨기기 위해 다른 사람 이름으로 살았다는 설정이에요.

지혜 아, 그런 내용인가요?

윤 네, 이 드라마 서사 자체가 변 씨였던 아버지가 이 씨인 자기 이름을 찾아가는 과정이거든요. 이 과정에서 자녀들이 아버지의 과거를 알게 되고, 아버지는 자신의 죄를 고백한 후 경찰서에 자수를 하러 가는 등의 사건이 연결되는데요. 핵심은 그가 너무 좋은 아버지라는 거. 좋은 아버지가 그런 억울한 누명을 썼다니 가족인 우리가 도와야지, 하고 변혜영이 나서면서 결과적으로는 누명을 벗을 것처럼 재심을 시작하는 것으로 끝나요.

희정 그거 영화 〈7번 방의 선물〉이랑 똑같은 내용인데요?

윤　그런 이야기가 50부작으로 펼쳐지는 거죠. 너무 화목한 가정의 좋은 아버지. 그의 권위와 이름을 다시 찾아 주는 이야기.

윤옥　내용이 정말 노골적이더라고요. 주제 의식이 그렇게 명확할 수가 없습니다. 딱 세 편 봤는데, 드라마의 주제와 의도를 충분히 파악하겠더라고요.

희정　〈7번 방의 선물〉도 열심히 살지만 너무 순진하고 영악하지 못한 아버지가 누명을 쓰고 감옥에 가서 결국 죽게 되나 그래요. 그리고 엄마는 다른 영화들처럼 또 없죠. 결국 딸이 나중에 변호사가 되기 위해 공부하면서 임시 법정에 서게 되는데. 자기 케이스로 아버지의 사건을 들고 와요. 그래서 무죄를 밝히고, 아버지에게 이름을 돌려주는 이야기거든요.

지혜　트렌드네요.

윤옥　저는 이런 생각이 드는 거예요. 여성들이 지금 노동시장에서 정말 고군분투하고 있잖아요. 차별당하고. 그런데 이런 얘기들은 어디서도 찾아볼 수가 없는 거예요. 그리고는 다 엄마의 자리, 딸의 자리만 있고요. 드라마들이 새로운 가족 질서를 상상하지 못하고, 남성 중심적인 가족 서사만 계속 만들어 내고, 그러면서 그 질서가 공고해지기만 하니까. 정말 현실을 반영하지도 못하는 것 같고.

윤　사실 드라마들이 아주 현실적으로 그려지다가도 갑자기 행복한 결론을 위해 무리한 방향으로 달리기도 하죠. 우스갯소리로 주말 드라마니까 다 결혼하고 행복해질 거야, 그런 말들을 하잖아요.

지혜　이 드라마도 달리고 있는 중인가요?

윤　끝났어요. 끝났는데 마지막 회에 어떤 사건이 있었냐 하면 비정규직이었던 셋째 딸과 넷째 딸이 모두 적성을 찾아 취직하는 것으로 끝나요.

윤옥　판타지 중의 판타지다.

윤　네. 너무 큰 판타지를. 내내 비정규직이거나 아르바이트생, 백수였는데 말이죠. 그래서 선한 가부장의 선한 자녀들. 혹은 가부장의 권리를 찾아 주기 위해 노력하는 선한 자녀들의 서사가 너무 많이 나온다는 생각이 들더라고요.

— 어떤 상상이 가능할까

윤옥　이제 마무리해야 될 시간인데요. 드라마든 예능이든, 가족의 욕망에 갇혀 있는 것이 너무 답답하잖아요. 어떤 이야기들이 나오면 좋을까요?

희정　사실 저는 아빠, 그러니까 지친 아빠들을 위로하는 거 대중문화가 해야 한다고 생각하거든요. 그러니까 남성 가장들 안 힘든 거 아니잖아요. 그런데 문제가 뭐냐면, 그것밖에 없다는 게 문제인 것 같아요. 그래서 좀 다른 아버지, 다른 어머니, 혹은 다른 가족들을 좀 볼 수 있으면 좋겠어요.

윤　사실 "한남 엔터테인먼트" 때도 이야기 나누셨겠지만, TV를 틀면 너무 남자들만 나와요. 남자들이 여행 가는 얘기, 남자들이 혼자 사는 얘기, 남자들이 학교 가는 얘기, 뭐 이런 거죠. 아빠가 힘든 얘기도 한참 하고 아빠의 권위도 찾아 주고 그런 얘기들이 계속 나오는 와중에, 나머지는 뭐하고 있나 하는 의문이 생길 수밖에 없는 거죠. 기본적으로 정상가족의 틀을 너무 못 깨는 것, 그래서 결과적으로 되게 똑똑한 여자들도 선한 딸로 돌아와야 하고 똑똑한 며느리여서 이혼 위기에 처한 시부모를 구해야 하는, 이런 서사들이 나오는 거예요. 한 번도 가족 바깥에 있는 여성을 상상해 본 적이 없나 하는 생각이 들 만큼 가족 바깥의 여성을 보는 것이 어려워졌어요. 기억하시는지 모르겠는데, 2000년대 초반에 〈아줌마〉라는 드라마가 있었어요. 그 드라마에서 평생 남편에게 무시당하던 주인공 오삼숙이 마지막에 남편과 이혼하고 혼자 살아가는 것을 결심하면서 끝나요. 지금 드라마라면 이혼 후 연하의 실장님이 나타나 연애하거나 재혼하는 것으로 이어졌겠지만, 그때는 이혼하고 혼자 사는 여자들도 멋있게 그려지곤 했던 거죠. 그런 점에서 오히려 가족주의가 더 강화되지 않았나 하는 생각을 지울 수 없습니다.

윤옥 정말 이렇게까지 집중적으로 젠더의 렌즈를 가지고 대중문화를 들여다본 적이 없었는데요. 들여다볼수록 안 하고 있는 얘기가 얼마나 많은지. 그렇게 또 가려진 이야기를 생각해 보는 것 자체가, 그게 좀 숨구멍이 되어 주는 것도 같고요. 이런 공간들 속에서 새로운 가능성이 열릴 수 있기를 바랍니다.

희정 그 희망은 언제쯤 이룰 수 있을까요?

윤 방송국을 차리는 게 빠를 수도.

윤옥 우리가 팟캐스트를 한 것도 그런 다양한 목소리 가운데 하나죠. 오늘의 방송은 여기서 마치겠습니다!

+ 허윤이 덧붙이는 말

2018년 '미투' 운동이 전 사회로 확산되면서, 〈아빠를 부탁해〉의 '딸바보' 아빠들이 차례로 고발되었다. 이들은 가르치던 제자, 함께 공연한 배우에게 성폭력을 행사한 것으로 알려졌다. '딸바보' 가부장의 이미지가 여성을 소유하고 교환하는 구조의 알리바이로 작동하고 있음을 방증한 셈이다. 여전히 가족 예능 프로그램의 아버지들은 딸을 "내 진짜 애인"이라거나 "시집보내기 아깝다"고 말하며, 딸의 섹슈얼리티를 소유하려 든다. 〈슈퍼맨이 돌아왔다〉의 간판 '딸바보'는 축구 선수로 바뀌었지만, '공주님처럼 예쁜 딸'과 보호자 아버지의 구도는 변함없이 반복된다. 아버지들은 5살 남자 아이에게도 '예쁜 여자는 친구와 경쟁해서 얻는 것'이라고 말하는 것을 서슴지 않는다. 그렇게 예쁜 여자아이를 두고 경쟁하는 '오빠들'의 삼각구도는 대물림되며 강화된다. 결국 가족 예능에서 '딸'은 독립된 주체로 상상되지 못하며, 인간이라기보다 그저 '여자'로만 남게 된다.

'김숙'이라는 현상

게스트 심혜경

시대를 막론하고 한국의 스크린을 둘러싼 일들에 대해 언제나 촉각을 세우는 영화연구자이다. 드라마와 예능 프로그램을 비롯한 대중문화의 새로운 경향을 파악하는 데 비상한 촉을 가지고 있는 대중문화 연구자이기도 하다. 최근에는 페미니스트의 시각에서 팟캐스트를 빠딱하게 듣고 이에 대해 글을 쓰고 있다. 『조선영화와 할리우드』『할리우드 프리즘』『소녀들』 등을 함께 썼다.

오늘의 주제

윤옥 오늘을 살아가는 여성 노동자들의 어려움을 속 시원히 파헤쳐 줄 평범한 여성 노동자들의 비범한 이야기 〈을들의 당나귀 귀〉!! 오늘 방송을 시작하겠습니다. 손희정 선생님, 오늘의 주제는 무엇일까요?

희정 지금까지 한국의 남성 중심 엔터테인먼트에 대해 이야기 나눴는데요. 너무 답답하고, 이런 현실을 어떻게 타개할 것인가 하는 고민이 깊어졌어요. 오늘은 그런 아재 예능에 균열을 내고 있는 대표적인 여성 예능인에 대해 이야기해 보려 합니다. 그런 이야기를 가장 잘해 주실 수 있는 분으로, 최근 팟캐스트를 열심히 들으신다는 대중문화 연구자 심혜경 선생님을 모셨습니다.

혜경 안녕하세요, 저는 페미니스트 손희정의 친구, 그래서 손희정이 하라는 건 다 하는 심혜경이라고 합니다. 저는 이것저것 다양한 대상에 대해 연구하고 있는데요. 오늘은 또 굉장히 매력적인 인물을 여러분께 소개하려고 이 자리에 나왔습니다.

윤옥 아, 반갑습니다. 하라는 건 다 하는 친구라니. 무엇을 해주실지 궁금한데요.

희정 한참 남성들만 드글거리던 예능 판에서 2016년에 "새로운 여자 예능"이라는 이름으로 예능 프로그램이 하나 런칭됐어요. 바로 KBS2에서 금요일 밤 11시에 방영된 〈언니들의 슬램덩크〉라는 프로그램인데요. 본격 여성 예능을 표방하면서 당시 대세였던 김숙, 라미란, 홍진경, 민효린, 소녀시대 티파니, 그리고 제시를 불러 놓고 방송을 만든 거였죠. 그러면서 〈비디오스타〉 등의 프로그램이 함께 등장했고요. 그런 흐름 속에서 김숙의 절친이면서 김숙의 부상을 견인했던 송은이가 〈판벌려〉 〈영수증〉 등을 제작하면서 예능인이자 제작자로 주목받는 중입니다. 오늘은 이런 여성 예능 시대를 열었던 김숙의 '가모장숙' 캐릭터를 페미니즘 안에서 들여다보려고 합니다.

윤옥 오, 궁금하네요. 그런데 사실 저는 〈언니들의 슬램덩크〉가 별로 재미없었어요.

희정 저도 김숙 씨를 너무 사랑해서 참고 봤는데요. 이런 아쉬움이 좀 있었던 것 같아요. 기존의 방송 프레임으로는 이토록 다양한 개성을 가지고 있는, 에너지 넘치는 여자들을 잘 포착할 수 없었던 거죠. 송은이라는 여성 제작자의 능력이 발휘되는 부분이 바로 여기인 것 같은데요. 기존 방송국과 제작사가 이들을 '여성다움'이라는 편견 안에 묶어 내려고 했던 반면, 송은이 씨의 기획들은 그렇지 않았어요. 여자들의 다양한 모습, 다양한 에너지를 보여 주는 새로운 관점들이 송은이 표 예능의 장점이었어요.

송은이와 콘텐츠랩 VIVO의 콘텐츠

2015년 4월, 예능이 점차 남성 중심으로 흘러가면서 더는 자리가 없어진 송은이, 김숙이 팟캐스트에서 〈송은이 김숙의 비밀보장〉이라는 방송을 시작한다. 이것이 화제를 불러 모으면서 송은이, 김숙은 송은이를 대표로 하는 '콘텐츠랩 VIVO'를 설립하고 〈김생민의 영수증〉, 웹 예능 〈판벌려〉를 제작했다. 이 〈판벌려〉에서 결성된 것이 송은이, 김신영, 신봉선, 안영미, 김영희를 멤버로 하는 그룹 '셀럽파이브'다. 셀럽파이브는 2018년 "셀럽이 되고 싶어"라는 노래를 발표했는데, 복고풍 패션과 메이크업, 열정적인 안무로 큰 인기를 누렸다. 이후 올리브TV와 합작으로 기획된 새로운 형태의 '먹방' 〈밥블레스유〉가 여성들 사이에서 화제가 되면서 인기를 모았다.

윤옥 우리 사회가 흔히 말하는 '센 여자들'을 모아 놓고, 그것을 제대로 포착해 내지 못한 거죠. 얼마든지 그 전복성을 잘 보여 줄 수 있었을 것 같은데요.

희정 그 '센 기'를 포착할 방식을 상상하지 못하는 것 같아요. 〈언니들의 슬램덩크〉는 각각의 멤버가 품고 있는 꿈을 다 함께 노력해서 실현하는 콘셉트였는데요. 이 여성들을 '꿈'과 '계'라는 프레임 안에 가둬 놓은 거죠. 더 큰 문제는 당시 제작진들이 이 프로그램을 도대체 누구한테 보여 줘야 할지 몰랐던 것 같아요. 시청자 타깃 설정이 잘못된 거죠. 남성 시청자를 대상으로 하는지, 여성 시청자를 대상으로 하는지 혼란스러워 하면서 어떤 일이 벌어졌나면, 출연자들이 예능인으로 훈련받지 못했다고 생각했는지, 1화에서 선배 예능인들을 모아 놓고 면접 보는 방식을 취해요. 문제는 '선배'라고 불러 놓은 사람들이 모두 남자들이었던 거죠. 그냥 이런저런 예능에서 좀 두각을 드러냈던 예능 몇 년차 남자들을 불러와서는, 김숙 씨나 홍진경 씨처럼 어마어마한 선배들한테 훈수를 두게 하는 거예요. 아니면 젊고 예쁜 여자들, 그러니까 민효린 씨나 티파니 씨 앞에서는 정신을 못 차리는 남자들을 보여 주는 그런 상황이 펼쳐진 거죠.

윤옥 너무 고루하네요.

희정 여성 예능인의 활동 영역 자체가 그렇게 꾸려지니까. 사실 출연자가 남성의 시선에 맞춰야 할지, 아니면 자신의 주체성을 드러내는 존재, 즉 여성 시청자들이 동일시할 수 있는 존재가 되어야 할지 좀 혼란스러웠겠죠. 이런 어려움을 어떻게 타개하는가가 〈언니들의 슬램덩크〉 출연진의 숙제였을 것 같아요. 물론 오늘 이야기를 나눌 바로 이 사람, 김숙 씨는 현명하게 자신의 자리를 찾았던 것 같고요. 〈언니들의 슬램덩크〉에서 김숙 씨가 이루고 싶다고 말한 꿈이 정말 재밌었어요.

윤옥 뭐였는데요?

희정 대형 운전면허를 따서 관광버스를 모는 것. 그 이유가 여자 친구들이랑 다 함께 여행을 가고 싶어서였어요. 이건 사실 '여성 연대'에 대한 상상력이기도 하거든요. 반면 민효린 씨의 꿈은 아이돌이 되는 거였는데요. 그 프로젝트를 돕기 위해 박진영 씨가 프로듀서로 붙는데, 박진영이라는 남성 프로듀서가 원하는 여자 가수의 이미지를 〈언니들의 슬램덩크〉 팀에 입히려고 했고요. 저는 그게 좀 지겹더라고요.

— 김숙 돌풍

윤옥 이제 "'김숙'이라는 현상"으로 쑥 들어가 볼까요? 심혜경 선생님, 우리가 이 주제에 대해 어떤 이야기를 할 수 있을까요? 그냥 여성 코미디언이 재미있으면 좋고, 재미없으면 싫고, 이런 문제일 수도 있는데, 이걸 하나의 현상이라고까지 이름을 붙인 건 도대체 뭐 때문인가요?

혜경 포털에 김숙을 한번 쳐볼까요? 그러면 굉장히 다양한 말들이 튀어나옵니다. 생각나는 용어들을 하나씩 얘기해 주세요.

희정 '갓숙'이요.

혜경 좋습니다. 또?

희정 ‘가모장’.

윤옥 저는 ‘퓨리오숙’. 사실 제가 잘 모르고 있었는데요. 보내 주신 자료를 보니까 상당한 팬덤을 가지고 있는 것 같더라고요.

혜경 이게 굉장히 독특한 현상인데요. 개그가 하나 뜨고 지고, 스타가 하나 뜨고 지는 일은 굉장히 흔합니다. 10년 안에, 글쎄요, 한 1000명쯤 있을 수도 있겠죠. 40년을 살았다고 한다면 그런 코미디언을 몇 명이나 만났는지 기억할 수도 없을 정도인데요. 그렇게 많은 스타 중에도 우리의 숙처럼 이렇게 많은 이름을 가지고 다양하게 해석되는 일은 흔한 경우가 아니에요. 그래서 저는 이걸 하나의 현상이라고 보고 싶었고요. 그렇게 들여다보다 보니까, 정말 우리 사회의 현실과 착 맞닿아 있더라고요. 그 이야기를 ‘갓숙’에서부터 해볼게요. 여기서 ‘갓’은 뭘까요?

윤옥 신!

혜경 네, 바로 그런 존재이죠. 김숙은 2015년부터 ‘갓’이 되었습니다. ‘갓연아’나 ‘갓설현’에게 붙는 ‘갓’이 김숙에게 붙은 거죠. 굉장한 스타라는 의미가 되겠습니다. 그리고 여기에 ‘퓨리오숙’ ‘가모장숙’ ‘숙크러시’ 같은 말들이 함께 등장했어요. 선후는 분명치 않지만, 김숙을 둘러싸고 이런 말들이 함께 사용되지요. 퓨리오숙은 김숙이 갓숙이라는 이름을 얻을 즈음에 〈매드맥스: 분노의 도로〉Mad Max: Fury Road, 2015라는 영화가 개봉하면서 붙은 이름이에요. 〈매드맥스〉를 보고 퓨리오사에 열광할 때, 예능의 퓨리오사 같은 존재, 즉 여전사 같은 존재가 김숙이라고 생각한 거죠. 그래서 퓨리오숙이 됩니다.

〈매드맥스: 분노의 도로〉와 퓨리오사

조지 밀러 감독이 연출한 "매드맥스" 시리즈의 네 번째 작품이다. 핵전쟁으로 폐허가 된 22세기. 물을 포함, 자연 자원을 독점하고 세계를 지배하는 독재자 임모탄의 수하였던 여성 전사 퓨리오사는 임모탄의 노예이자 출산 기계나 다름없던 다섯 명의 여성들을 데리고 그의 소굴에서 탈출한다. 손에 땀을 쥐게 하는 추격전 끝에 퓨리오사는 결국 임모탄을 처치하고, 새로운 미래를 건설하기 위한 혁명적인 첫걸음을 내딛는다. 남성 독재자로부터 여성을 해방시키고, 푸른 땅을 재건하려는 상상력에 힘입어 퓨리오사는 페미니스트 전사로 평가받았다.

희정 가부장제와 싸우는 여성 전사.

혜경 그런 상황이 펼쳐지는 와중에 김숙이 〈님과 함께 2: 최고의 사랑〉(이하 '최고의 사랑')이라는 프로그램에 출연해서 굉장히 시원한 말들을 내뱉기 시작하면서 '가모장숙'이라는 이름이 또 하나 붙었어요. 그런데 재미있는 건 이런 거예요. 우리가 김숙에게 '가모장숙'이라는 이름을 붙이면서 가부장제의 대안으로 가모장제가 있다는 이야기를 하기 시작했지만, 실제로 가모장제는 한국 사회에서 널리 쓰이던 표현은 아니에요. 백과사전 등을 뒤져 봐도 '모권제'라거나 '모계제' 사회라고 하지 '가모장제'라는 말은 잘 안 쓰이거든요. 그렇게 생각하면 가부장제에 대한 대안으로 가모장제라는 용어를 쓰게 된 것도 김숙 현상의 한 특징이죠.

윤옥 그러네요!

혜경 정말 주목할 만한 일 아닌가요? 가모장제에서 시스템을 의미하는 '제'制 자를 빼고 '숙'을 넣은 거죠. 그야말로 대단한 여자입니다. 그렇게 김숙이 한참 퓨리오숙이나 가모장숙이라는 별명을 얻어 갈 즈음에 10대와 20대를 중심으로 〈언프리티 랩스타〉라는 프로그램이 큰 인기를 끌게 됩니다.

〈언프리티 랩스타〉

엠넷Mnet의 "국내 유일 여자 래퍼 서바이벌 프로그램". 2015년에 시즌1과 시즌2가 제작되었고, 2016년에 시즌3이 제작되었다. 힙합과 랩 문화가 남성 중심적이고 마초적인 것으로 이해되던 편견을 뒤집고 여성 래퍼와 힙합퍼를 전면적으로 내세웠던 프로그램이다. 가수 제시 역시 이 프로그램을 통해 재조명받았고, 이 프로그램 덕분에 '걸크러시'라는 말이 유행했다.

〈언프리티 랩스타〉 시즌2에서 제시 같은 센 캐릭터의 여성 래퍼들이 대거 등장합니다. 센 언니들이 속 시원하게 말하는 매력을 뽐내면서 여성 래퍼들이 이끄는 '걸크러시'girl crush 흐름이 등장하게 돼요. 김숙이 또 그 흐름을 타면서 걸크러시를 이끌게 된 거죠. 그렇게 해서 추가된 이름이 '숙크러시'인 셈입니다. 그러니까, 이런 김숙을 어찌 '현상'이라고 말하지 않을 수 있을까요?

윤옥 동의할 수밖에 없는데요? ☺ 저는 지금 사회자의 본분을 잊고 이야기 속에 빠져들었네요. 정리해 보면, 김숙 현상이란 그저 한 명의 여성 코미디언이 다수의 프로그램에 등장하는 상황을 묘사하는 말이 아니라, 그가 하나의 아이콘이 된 상황에 대한 설명이군요. 그런데 이전의 김숙 씨는 어떤 캐릭터였나요? 지금과는 좀 달랐나요?

혜경 사실 김숙 씨는 그렇게 크게 달라지지 않았어요. 15년 전이나 지금이나 비슷하죠. 그래서 재밌는 거예요. 왜 김숙은 변하지 않았는데, 갑자기 각광을 받게 되었는가. 이런 질문을 한번 해보죠. 김숙 씨는 언제부터 이렇게 눈에 띄기 시작했을까요?

윤옥 사실 잘 몰랐는데 〈욱씨남정기〉라는 드라마에서 김숙 씨가 윤정수 씨랑 같이 부부로 출연했거든요. 저는 그때 속이 다 시원해서 '아, 이런 재미가 있구나' 했었어요.

지혜 저는 〈최고의 사랑〉이라는 예능 프로그램을 보면서 김숙에게 붙은 이름들을 듣게 된 것 같아요.

희정 정말 재밌다고 생각한 건 이런 부분이었어요. 김숙의 캐릭터가 어찌 보면 한국 사회에서 '노처녀'라고 불렸던 존재거든요. 그런데 지금까지 노처녀 캐릭터가 방송에 나올 때는 '결혼하지 못한 것'이 계속 웃음의 소재로 사용됐어요. 스스로를 비하하거나 남에 의해 비하당하거나 하는 방식으로. 그런데 김숙 씨는 오히려 호통을 치거나, 가부장제를 미러링mirroring한 가모장제를 연출하거나, 아니면 "결혼 안 한 것이 뭐가 문제냐"라고 질문을 되받아치고 있어요.

— 남성 중심 엔터테인먼트와 〈비보〉의 등장

혜경 김숙 씨가 대중의 눈에 확 들어왔던 건 아무래도 〈최고의 사랑〉이란 프로그램 때문이었어요. 어쩌다가 그런 프로그램에 들어갔을까 생각하지 않을 수 없는데요. 김숙 씨가 방송을 쉬었던 적은 그렇게 많지 않아요. 문제는 유재석 씨나 하하 씨 같은 남성 예능인처럼 김숙 씨를 매주 볼 수 있는 방송 프로그램이 없었다는 거죠. 김숙 씨뿐 아니라, 그와 친한 여성 동료들, 예컨대 송은이 씨나 이영자 씨 같은 사람들도 자신의 예능감을 뽐낼 장이 없었던 거예요.

희정 그게 우리가 지난 시간에 쭉 살펴본 남성 중심적 예능의 현주소죠.

혜경 네, 예능 자체가 아재를 중심으로 하는 남초 현상에 사로잡혀 있었기 때문인데요. 그래서 여성이 출연할 만한 프로그램들이 없었고요. 물론 여자들이 가끔 들어가기도 하지만 여성 코미디언들은 대체로 외모로 승부를 보게 돼요. 너무 예뻐서 주목받거나, 혹은 너무 못생겨서 웃음 포인트가 되는 식인 거죠. 그게 아니라면 결혼을 했어야 합니다. 기혼일 경우에는 여러 프로그램에 고정으로 나갈 여지가 생기거든요. '엄마'라든지 '며느리' 역할로 들어갈 수 있는 거죠.

희정 결국 여자들은 외모나 사적인 관계로만 축소되어 정의되는 셈이네요.

혜경 그렇습니다. 여성 코미디언이 '제3의 성'을 획득하게 되면 〈세바퀴〉 같은 방송이나 종편의 흔한 '시월드' 프로그램에 출연할 수 있게 되는 거죠. 이것은 김숙, 송은이 씨가 〈택시〉라는 프로그램에 출연해서 한 이야기인데요. 자기들처럼 애도 없고 시어머니도 없는 30, 40대의 여성 코미디언은 고정으로 출연할 자리가 없다고 말해요.

윤옥 저는 사회가 보수화되면서 〈개그 콘서트〉나 〈웃음을 찾는 사람들〉 같은 개그 프로그램을 거의 안 보게 되었어요. 그전에는 그래도 사회 풍자를 하는 코너가 있어서 볼만한 것들이 있었는데, 이제는 그런 풍자를 찾아보기 힘들어졌죠. 오히려 사람의 외모나 어떤 소수자 정체성을 비아냥거리고 조롱하는 코너가 더 많아진 것 같아요. 그렇게 생각하면 김숙 씨는 정말 혜성처럼 등장했네요.

혜경 그렇게 혜성처럼 등장해 소위 뜨는 데 6개월 정도 걸렸어요. 결정적인 계기는 바로 팟캐스트 〈비보〉죠. 〈비보〉의 시작은 이랬습니다. 김숙, 송은이 씨도 다른 여성 예능인들처럼 일이 없었어요. 너무 할 일이 없으니까 뭐든 같이 해보자 하면서 송은이 씨가 사재를 털어 마이크와 카메라를 사고, 스튜디오를 만들어 녹음하기 시작한 거죠. 우왕좌왕 팟캐스트 방송을 몇 번 띄웠는데, 이게 큰 반향을 불러 모았던 거예요. 한국 팟캐스트 순위에서 단번에 상위를 기록하게 됩니다.

윤옥 아, 그렇다면 〈비보〉는 〈을당〉의 적수인가요? 😃

혜경 〈을당〉이 〈비보〉의 적수가 될 수 있다면 그건 정말 영광이죠. 😃 그런데 이게 정말 중요한 것은 제도권 예능에서 자리를 못 찾은 여성 주체들이 밖에서 스스로 가능성을 만들어 냈다는 점이에요. 사실 〈나는 꼼수다〉 이후로 팟캐스트의 파급력이 높아지고, 대안적 매체를 찾던 사람들에게 하나의 보금자리가 됐어요. 그러나 팟캐스트도 남초 미디어였는데요. 김숙, 송은이 씨가 들어가면서 그야말로 대안적인 공간이 될 수 있었던 거예요. 그렇게 입소문이 나면서 송은이, 김숙이 다시 회자되기 시작하고, 팟캐스트 순위 1위를 찍기도 하고, 지금까지 대체로 상위권을 지키고 있죠.

윤옥 지혜 처장님, 〈비보〉 좀 들어 보셨죠?

지혜 몇 번 들어 봤어요. 제가 들은 방송의 한 주제는 '여성 흡연'이었어요. 한국 사회가 워낙 보수적이라서 여전히 여성 흡연에 대해 우호적이지 않으니까요. 어디서, 어떻게, 들키지 않고 담배를 필 수 있을 것인가, 이런 대화를 나눴던 것 같아요.

희정 〈비보〉가 청취자들이 고민을 말하면 송은이, 김숙이 답변해 주는 그런 형식이거든요. 일종의 상담 프로그램이에요. 그러니까 흡연에 대한 고민 상담을 다뤘을 수 있죠. 실제로 〈비보〉에서 담배 얘기를 꽤 많이 했어요. 김숙 씨의 절친 중에 '담배녀'가 별명인 친구가 있는데요. 이분이 끼가 김숙 못지않아서 가끔 〈비보〉에 목소리 출연을 하기도 했거든요? 비보 게스트 가운데 제일 인기 있는 일반인이었죠. '담배'로 2행시를 지어 보라고 했더니 "담배가 좋아, 배 아파도 좋고 배고파도 좋고 계속 좋아"라고 했다는 전설의 인물입니다.

윤옥 재밌네요. 사실 여성 흡연을 어디서 이야기하겠어요. "아재 엔터테인먼트" 때도 나온 얘기지만. 담배가 여성과 만나면 언제나 '센캐'라든가 '까진 여자' 같은 왜곡된 이미지로만 사용되니까요.

혜경 그런데 들어 보신 분들은 알겠지만 방송 자체는 굉장히 소소합니다. "저금한 돈을 어떻게 관리할까요" "복권에 두 번이나 당첨되었는데, 돈을 어떻게 쓸까요" 같은 문제에서부터 당장 오늘 저녁에 뭘 먹을지 같은, 거창하지 않은 이야기들을 나눠요. 이런 질문들을 받으면 두 사람이 직접 답해 주기도 하지만, 필요하다고 생각되면 지인 찬스를 쓰는데요. '전문가'에게 전화를 걸어 물어보는 식이지요. 사실 2017년 한국 사회를 강타했던 〈영수증〉도 그렇게 시작됐어요. 재무 상담이 들어왔을 때, 송은이, 김숙 씨의 지인 가운데는 김생민 씨가 그에 가장 능했던 거죠. 그렇게 자산 관리 문제를 상담하다가 독립된 프로그램으로 만든 것이 〈영수증〉이었어요. 그렇게 하다 보니까, 지상파 방송에서 하는 것보다 훨씬 더 다채롭고 더 풍요로운 이야기가 등장할 수 있었던 거죠. 재밌는 건 이 팟캐스트가 2015년 4월에 시작했는데, 그게 너무너무 인기가 많아서 SBS 라디오에 이 포맷 거의 그대로 진출하게 돼요. 〈송은이 김숙의 언니네 라디오〉. 역시 최초로 일어난 일이었죠.

희정 그런데 흥미로운 건 〈비보〉가 페미니즘 이슈가 펼쳐지는 장이라거나 여성만 참여한다거나 그런 건 아니라는 점이에요. 남성 청취자들도 많이 듣고 고민 상담을 많이 청하고요. 그런데 〈비보〉가 등장하게 된 배경과 언니들이 센 캐릭터로 이야기를 펼쳐 나가는 것을 보는 일이 정말 신나고 좋았던 거죠. 그래서 더 궁금하고 이상했던 건 〈비보〉에 나오는 '에레나'라는 캐릭터예요. 팟캐스트 속 코너로 "에레나의 고민 상담"이라는 코너가 있는데요. 여기에서 김숙 씨가 부산 사투리를 쓰면서 '에레나'라는 가상의 캐릭터로 고민 상담을 해주거든요. 이 캐릭터는 도대체 뭘까 궁금했어요.

혜경 에레나 선생님은 결정을 내리기 어려워하는 사람에게 조언해 주고 때로는 본인이 대신 결정해 주는 캐릭터예요. 그 자리에서 바로 결정해 주는 거죠. 좀 다르게 말하자면 '삶의 지혜'를 나눠 주는 언니죠.

윤옥 특히 결정을 못 내리는 사람들에게.

혜경 짬뽕을 먹을까요, 자장면을 먹을까요, 이런 고민들 있잖아요. 그런 5000만 국민들에게 속 시원하게 결정을 내려 주는, 명쾌하고 걸걸한 선생님으로 김숙 씨가 등장해요. 사실 이 에레나라는 캐릭터가 〈비보〉에서 김숙 씨가 먼저 뜰 수 있었던 이유를 잘 설명해 준다고 저는 생각해요. 어떻게 생각하세요? 왜 김숙 씨가 더 인기가 있었을까요?

희정 저는 송은이 씨가 청취자들의 질문들에 대해 굉장히 안전하고 보수적인 답변을 주는 반면, 김숙 씨는 좀 더 도전적인 답을 준다고 생각했어요. 송은이 씨가 굉장히 유머러스하고 뛰어난 진행 능력을 가지고 있지만, 우리의 사고방식을 뒤트는 이야기는 별로 하지 않는 편인데, 그에 비해 김숙 씨는 주저하지 않고 통통 튀는 이야기들을 던졌고, 그렇게 청취자들의 생각을 뒤트는 이야기를 많이 꺼냈던 것 같아요. 두 사람의 케미가 정말 좋았던 것이, 그렇게 김숙 씨가 좀 위험한 수위의 발언을 하면 송은이 씨가 또 균형을 맞춰 주는 거죠.

혜경 말씀하신 것처럼 두 사람 사이에 역할 분담이 있어요. 특히 송은이 씨는 물 흐르는 듯한 진행과 게스트들 사이의 균형을 맞추는 것에 능한 사람이죠. 그리고 잘 알려진 것처럼 종교적 신념이 강한 분이라 어떤 방면으로는 보수적인 부분도 있고요.

희정 너무 웃긴 것이, 송은이 씨가 종종 팟캐스트 방송에서 교회 얘기를 하거든요. 그러면 김숙 씨가 듣다가 "언니, 오늘은 여기까지" 이런 식으로 막더라고요. 그리고 가끔 나오는 에피소드 가운데 이런 게 있었어요. 김숙 씨가 워낙 여행을 좋아하는데, 한번은 송은이 씨가 같이 여행을 가자 그래서 따라나섰는데 알고 봤더니 성지순례였다는 거예요. 그래서 자기 십자가를 지고 걸었다고 뭐라뭐라 하는데, 너무 웃기고 귀여운 거죠.

혜경 두 사람의 케미는 사실 더 말할 것도 없죠. 어쨌거나 그런 가치관의 차이도 있고, 또 송은이 씨는 지상파에서 훈련받은 사람이라 마음대로 떠들어도 되는 팟캐스트라고 해도 자유롭게 아무 말이나 할 수 없는 거죠. 반면 김숙 씨는 마음껏 이야기할 수 있는 것 같고요. 그래서 대안 미디어인 팟캐스트와 더 잘 맞는 것 같아요. 앞에서도 잠깐 얘기하신 것 같은데, 김숙의 에레나 선생님은 기존의 사고방식에 기대어 문제를 해결하지 않아요. "그냥 나는 나고, 왜 혼자 살면 안 돼?" "남자가 꼭 필요해?" 이런 식의, 가부장제를 뒤트는 뉘앙스의 답을 많이 했기 때문에 점점 더 많은 여성 청취자들을 끌어들일 수 있었어요. 그러니까 페미니즘을 표방하지 않았더라도, 여성 청취자들에게 더 어필할 수 있었던 거고요.

〈최고의 사랑〉과 김숙의 반란

윤옥 보통 사회적 통념과 개인적 욕망 사이에 갇혀 고민하게 되면, 결정을 내리기 어려워지는 경우가 많죠. 나는 이렇게 하고 싶은데, 사회적으로는 이래야 되고. 어찌 보면 김숙은 그 경계들을 무너뜨리면서 시원함을 주고, 그런 방식으로 케이블 방송으로 진출하게 된 거 아닌가요?

혜경 네. 그리고 그런 경계를 허무는 역할이 〈최고의 사랑〉으로 이어졌죠. 좀 특이한, 4차원 느낌이 〈최고의 사랑〉 제작진들 눈에 띈 것 같아요.

〈님과 함께 시즌2: 최고의 사랑〉

JTBC 〈님과 함께〉는 2014년 총 48부작으로 방영되었던 가상 결혼 리얼리티 쇼였다. 이혼을 했거나 사별을 한 연예인들을 커플로 엮어 "재혼을 한다면"이라는 콘셉트로 진행됐다. 아나운서 김범수, 배우 안문숙 등이 출연했다. 김숙이 출연하면서 화제를 불러 모았던 〈님과 함께 시즌2: 최고의 사랑〉은 2015년부터 2017년까지 총 120회 방송했다. 〈최고의 사랑〉은 "결혼만 빼고 다 해본 대한민국 대표 만혼 남녀들의 리얼한 가상 결혼 생활을 통해 미혼들은 알 수 없었던 미지의 결혼 세계를 솔직하게 보여 주는 프로그램"이라는 콘셉트로 코미디언 허경환과 오나미, 〈우리 결혼했어요〉에서도 가상 커플로 등장했던 가수 크라운 제이와 서인영 등이 커플로 등장했다. 그중 김숙과 윤정수 커플이 큰 인기를 누렸고, 송은이와 김영철 커플도 사랑받았다.

혜경 〈최고의 사랑〉의 기본 맥락은 이런 것이었어요. 만혼의 남녀들이 많아지는 시대, 만혼 캐릭터들의 만남. 거기에 빚을 진 남자 윤정수와 4차원 여자 김숙이 만나면서 독특한 조합을 폭발시키게 된 거죠. 김숙과 윤정수 커플은 사실 결혼을 주제로 한 다른 가상 커플들과 좀 달랐어요. 뭐냐면, 선남선녀가 나오는 것도 아니고, 낭만적인 사랑을 표방하는 것도 아니었던 거죠. 그리고 결혼이라는 것이 얼마나 허황된 것인가를 처음부터 전제로 깔고 있었고요. 무엇보다 결혼이란 '비즈니스 관계'라는 것을 분명히 했던 거죠. 김숙과 윤정수는 아예 결혼 계약서를 쓰면서 시작했거든요.

윤옥 결혼은 계약이라는 사실을 정확하게 본 것 같아요.

혜경 두 사람은 각자 가지고 있는 결혼상과 결혼에 대한 꿈을 나누면서도 아주 담백했어요. 그걸 꼭 나눠야 한다는 것도 아니었고요. 계약에 들어가는 내용도 재밌었는데 "사랑과 임신은 절대

안 된다"는 조항도 들어갔죠. 그렇게 이 자본주의사회에 결혼이라는 것이 얼마나 계약관계 속에 있는지 보여 주는 거죠.

희정 사랑 없는 결혼이야말로 '최고의 결혼'인 셈이네요.

혜경 그것이 다른 가상 결혼 쇼 커플들과 가장 다른 점이었어요. 〈최고의 사랑〉의 다른 커플이나 〈우리 결혼했어요〉 같은 예능과 비교해도요. 그런 예능에서는 결혼과 돈이 별개의 문제인 것처럼 설정했고, 또 아무리 가상이라고 해도 '사랑'으로 연결되어 있는 것처럼 꾸몄잖아요. 하지만 김숙, 윤정수 커플은 처음부터 가상이지만 가상이 아닌, 실제이면서도 실제가 아닌, 이런 모습들을 그렸죠.

윤옥 그리고 우리 사회에서 흔히 볼 수 있는 성 역할도 다르게 나타나잖아요. 제가 본 건 '주말부부' 편이었는데, 김숙은 소파에 껌딱지처럼 딱 붙어 있고 윤정수가 김숙한테 타박을 받으면서 계속 집안일을 하는 그런 에피소드였어요. 일반 가정의 모습인데, 남녀의 성 역할만 바뀐 거죠.

혜경 바로 그런 장면들이 여성 시청자들의 눈과 귀를 사로잡았던 부분이죠. 그 상황에서 김숙이 윤정수한테 "어디 남자가 아침부터 인상을 쓰고 있어"라든가 "남자 목소리가 담장을 넘어가면 안 된다" 같은 말들을 하고요. 그게 얼마나 인기를 끌었냐면, 3·8 세계 여성의 날에 김숙의 어록이 인터넷에 공유될 정도였어요. 가모장숙의 매력을 보여 주는 여러 멘트들이 상당히 많이 나왔던 거죠. 그런 점들이 여성 시청자들의 가슴을 뻥 뚫어 주는 사이다 역할을 했죠.

희정 "여자 웃음소리가 담장을 넘어야 그게 행복이지"라는 말을 저는 제일 좋아했어요. 그 얘기를 들었을 때 '우리 사회에서 과연 여성이 성애화되지 않고 자유롭게 웃을 수 있었을까?' 하는 의문이 들더라고요. '여자는 웃을 수 있나?' 이런 생각. 저는 남성 중심적인 예능 산업 안에서 여성이 웃음의 주체가 될 수 있을지 고민이 많았는데, 김숙 씨를 보면서 그런 주체적인 웃음이 가능할 수도 있겠다는 생각이 들었어요.

윤옥 남성 중심 사회에서는 여성이 웃으면 교태를 부린다고 하죠. 그런 여성의 웃음은 담장을 넘으면 안 되는 것이고요. 그런데 "여자의 웃음이야말로 담장을 넘어야 한다"니. 정말 속 시원한 관점의 전환인데요!

혜경 그런 의미에서 우리는 '여자의 웃음'이라는 키워드 안에서 김숙을 볼 수 있게 되는 거죠. 여전히 한국 사회에서는 여자와 웃음의 관계가 어색해요. 그랬을 때 여자는 웃으면 안 되는 존재인 걸까요, 아니면 웃기면 안 되는 존재인 걸까요? 어쨌거나 코미디언 김숙은 그 둘 다를 하는 사람이죠. 웃고, 웃기는. 사실 예능이라는 것의 기본이 웃음을 주는 거잖아요. 그 웃음을 주는 공간에서 여성들이 사라지고 있는 거고요. 하지만 직업인으로서 웃기는 여자들이 분명히 존재한다는 거예요. '개그우먼'이라는 이름으로 말이죠.

윤옥 보통은 어디서나 웃을 수 있는 사람은 권력을 가진 사람이죠. 나머지는 눈치 보면서 그 상황에 맞춰 억지로 웃거나 웃지 않거나 해야 하죠. 여성들은 그런 굴레가 좀 더 강한 것 같아요.

희정 그래서 여자가 웃으면 그것은 '웃음을 파는 것'이 되어 버리잖아요? 생각해 보면 '웃음을 판다'는 말은 남자에게는 전혀 쓰이지 않아요. 그러니까 웃음 자체가 매우 젠더화되어 있는 거고요. 한편, 여자가 웃길 수 있을 때는 자신의 못생김을 드러내거나, 결혼하지 못했음을 드러내거나 하는 비하적인 방식이고요. 그렇게 자기 비하가 유독 여성 코미디언의 장기가 되는 것 같아요. 여기에서 또 한 가지 특이한 점이 발견되는데요. 김숙 씨는 자기 비하를 웃음의 소재로 삼지 않는다는 점이에요.

혜경 웃음이 젠더화되어 있다는 지적은 사실 계속 있어 왔죠. 역사적으로 '웃음'이라는 건 계급적으로 매우 천박하다고 여겨졌고요. 또 한편으로 너나없이 웃을 수 있어도 여자의 웃음과 남자의 웃음이 다른 면을 가지고 있다고 여겨졌어요. 남자의 웃음은 호탕하고 호기를 보여 주는, 그러니까 아까 임윤옥 선생님이 말씀하신 것처럼 '좌장'만 크게 웃을 수 있는, 그런 웃음이라고 한다면, 여자의 웃음은 완전히 다르죠. 여자는 그렇게 늠름하고 박력 있게 웃을 수가 없어요. 여자의 웃음은 어떤 방식에서든 남성에게 성애화되고 남성을 유혹하는 방식으로 받아들여졌죠. 설사 우리가 그런 의도로 웃지 않아도 그렇게 읽힌다는 거예요. 이런 이야기 들어 보셨을 거예요. 소개팅에서 여자가 웃으면 그 소개팅은 성공한 것이라고요. 남성은 웃기고 여자는 웃는 것이란 도식이 생기는 거죠. 그리고 그 웃음이란 결국 말하는 사람의 뜻에 동조해 주는 것과 같기 때문에, 여기에는 또 여자는 듣고 남자는 말하고, 그렇게 여자가 남자의 권위를 높여 줘야 한다는 함의가 숨어 있죠. 여기에 '매소부'賣笑婦, 즉 웃음을 파는 여자라는 표현이 있을 정도로 웃음은 성적인 것으로 여겨져 왔죠.

희정 이성애 여성이 남성의 조건을 이야기할 때 유머러스한 남자를 많이 꼽잖아요. 사실 그런 조건들도 웃길 수 있는 사람은 남자라는 사고방식을 반영해 온 것이 아닐까 싶기도 하네요.

윤옥 여성에게는 웃을 때조차도 자기 검열이 작동되는 것 같아요. 여기서 이렇게 크게 웃어도 되는지, 아니면 그냥 방긋거려야 하는지, 그런 통제 속에 있는. 그렇게 보면 김숙이라는 캐릭터는 〈최고의 사랑〉에서도 참 화통하고 시원하게 웃더라고요. "아하하하하" 이렇게요. 게다가 기존의 성 역할을 뒤집어서 보여 주니까요. 남자들이 집에서 하는 일을 여자가 그대로 하면서 "아, 정말 남자들이 저렇게 하지"라는 깨달음을 줬던 것 같고요.

혜경 그런 것이 바로 미러링 효과라고 할 수 있겠죠. 남성 가부장이 하는 짓을 그대로 반사해 보여 주면서 또 전복성을 띠게 되는 것이고요. 김숙이 윤정수한테 종종 하는 말 있잖아요. "남자 짓하고 있네" 같은 말들이요. 아니면 "어디 남자가 그렇게 설쳐" 이렇게 호통 치고. 말하는 주체와 그 말을 듣는 대상이 바뀐 것으로 설정하고, 남자의 독단적이고 마초적인 모습을 뒤집어 보여 주는 페미니즘의 전략이기도 하죠. 하지만 그렇다고 해서 김숙이 또 그렇게 마초적인 행동만 하는 것은 아니거든요. 김숙은 사실 소위 '남자 짓'도 하고 '여자 짓'도 합니다. 김숙은 미러링도 하고 젠더벤딩gender bending도 하고 있는 셈이죠.

윤옥 젠더벤딩은 뭔가요?

젠더벤딩

젠더벤딩은 성별에 따른 기존의 성 역할이나 외모의 전형적인 모습을 의도적으로 뒤집거나, 뒤섞거나, 혹은 드러내지 않는 것을 가리킨다. 성별의 구분이 없는 말투, 차림, 행동 등을 하는 것도 일종의 젠더 벤딩이다.*

혜경 한국 사회에서는 사람이 여자로 태어나면 여자로서의 성 역할이 있다고 생각하잖아요. 그런데 김숙은 여자로서의 행동과 남자로서의 행동, 그 두 가지 선을 다 넘나들고 있어요. 여자이기도 하고 남자이기도 해요. 사실은 그게 사람의 속성이죠. 여성성과 남성성이 공존하는, 그래서 어떤 성질을 '여자' 혹은 '남자'와 같은 성별로 구분하는 것이 크게 의미가 없는, 그런 상태죠. 결국 김숙은 인간이라면 두 모습이 다 공존할 수밖에 없음을 보여 주고 있어요.

희정 그러니까 여성성이나 남성성 같은 것이 운명이 아니고, 소위 '여성다움' '남성다움'이 생물학적으로 결정되는 것이 아니라 얼마든지 연기할 수 있는 것이라는 걸 보여 주는 셈이죠.

혜경 제가 제일 좋아하는 김숙의 멘트는 "그깟 돈 내가 벌면 되지"입니다. 재미있는 건 뭔 줄 아세요? 그 말을 남자 시청자들도 굉장히 좋아한다는 거예요. 사실 남성 가부장이 자신의 권력과 위치를 점유하는 이유 중 99.9퍼센트가…….

윤옥 경제력이죠.

혜경 그런데 사실 가정에서 남성이 혼자 생계를 꾸리는 것도 아니잖아요? 그런데 남자들은 그런 부담감을 너무 크게 가지고 있어요. 김숙이 "그깟 돈, 내가 벌어 오면 되지"라고 하는 순간, 여성

* 페미위키 참조.

과 여성의 경제력이 가시화되고, 여성 시청자와 남성 시청자 양쪽에게 해방감을 준다는 거예요. 그리고 실제로 김숙은 그 역할도 착실히 수행합니다. 돈 열심히 벌어 오고, 빚더미에 앉은 남편 윤정수에게 정말 아름다운 생일 이벤트를 열어 주죠. 정말 많은 화제를 끌었던 '돈 크리넥스 곽'입니다. 계속 돈이 나오는 티슈 곽을 선물했거든요. 그야말로 가모장이죠.

희정 남성다움, 여성다움을 만들어 놓고 "남자만이 가장일 수 있다"고 말하는 것이 결국 남성의 경제력을 인정해 주기 위한 것은 아닌가 싶네요. 하지만 21세기 대한민국은 금수저가 아닌 이상 누구도, 경제력이 안정적으로 보장되지 않는 상황이니까, 그런 '남성 경제력'이 남자들 스스로 부담이 되기도 하는 거구요. 결국은 남자, 여자로 나눠서 남자는 '가외 활동', 여자는 '가내 활동'으로 성 역할을 강제함으로써 억압하는 이 시스템을 넘어설 수 있다면, 남자고 여자고 해방될 수 있는 것 아닐까요. 그나저나 진행자님, 진행 안 하시나요? 시간이 많이 초과한 것 같은데요? ☺

더 많은 '에레나'를 기다리며

윤옥 오, 저 시간 보고 있었어요. 3분 안에 마무리해야 한다고 생각하던 중이었습니다. ☺ 시간 가는 줄 모르셨죠? 오늘 방송에서는 김숙 현상이 어떻게 등장했고 어떤 의미를 가지는지 살펴보았는데요. 마지막으로 어떤 이야기를 하면 좋을까요?

혜경 처음 방송 시작할 때 손희정 선생님이 〈언니들의 슬램덩크〉 이야기를 했었죠. 이건 꼭 짚어 보아야 할 부분입니다. 김숙 현상이 인기가 사라졌던 여성 예능 프로그램을 되살리고 있다는 점이요. 2000년대 후반에 나온 〈여걸식스〉와 〈무한도전〉의 여성판이었던 〈무한걸스〉 이후, 거의 처음이었단 말이죠.

〈무한걸스〉

케이블 방송인 MBC에브리원의 대표 예능 프로그램. 2007년 〈무한도전〉의 여성 판으로 시작해 시즌이 거듭할수록 독자적인 개성을 뽐내며 큰 인기를 누렸다. 1기 멤버는 송은이, 신봉선, 김신영, 정시아, 오승은, 백보람으로 시작해서 이후 오승은, 정시하가 하차하고 황보, 정가은이 합류한다. 2기는 현영을 메인 MC로 김나영, 안영미, 정주리, 솔비, 김은정 등이 함께했고 솔비가 하차한 후에는 이지혜가 합류했다. 그러나 1기만큼의 인기를 누리지는 못했다. 2010년 시작한 3기가 보통 많은 시청자들이 기억하고 있는 〈무한걸스〉 멤버다. 송은이, 황보, 백보람, 안영미, 신봉선, 김신영, 김숙이 출연하면서 많은 사랑을 받았고, 2012년 6월, 드디어 지상파에 입성한다. 하지만 MBC 파업으로 인해 정규 프로그램 제작에 차질이 빚어지면서 시청률 저조 위기를 극복하기 위한 편법이라는 비판을 받았고, 결국 다시 케이블 방송으로 복귀했다. 1기부터 3기까지, 총 250회에 달하는 방송 분량을 선보이면서 여성 예능으로는 가장 장수한 프로그램으로 기록되어 있다.

혜경　소강상태에서 김숙이 그야말로 혜성처럼 등장해서 여성 예능의 새 국면을 열어젖힌 거죠. 그리고 그런 전환이 송은이와 김숙이 함께 설립한 콘텐츠랩 비보에서 제작하는 여러 콘텐츠들로 계속 이어지는 것 같아요. 〈비보〉의 성공을 발판으로 콘텐츠랩 비보는 초창기에 〈나는 급스타다〉처럼 김숙이 출연하는 짧은 영상 콘텐츠를 선보이면서 실험을 이어 갔고, 결국 〈영수증〉 등의 히트작을 내기도 했고, 〈언니네 라디오〉 같은 지상파 라디오로 팟캐스트 포맷이 그대로 이어지기도 하는 놀라운 성과를 냈죠. 이렇게 콘텐츠랩 비보의 행보를 보면서 〈무한도전〉이라는 전설적인 예능 프로그램이 그런 포맷으로 자리 잡고 인기를 얻기까지 얼마나 많은 시간이 걸렸는가에 대해 생각해 보게 되었어요. 여성들의 도전도 시간을 갖고 기다려 줄 필요가 있던 게 아닌가 싶고요. 그러면서 저는 오늘의 이야기를 '에레나 선생님'으로 마무리하고 싶어요.

윤옥 아, 아까 〈비보〉에 등장하는 김숙의 캐릭터요?

혜경 이게 정말 주목할 만한 일이거든요. 김숙이라는 현상에서 중요한 것은 여성이 활동할 수 있는 시스템을 만드는 거였어요. 하지만 그것만큼 중요한 또 하나는 여성 연대가 존재한다는 점입니다. 처음 김숙을 분석할 때 '도대체 왜 에레나일까? 이것의 의미를 어떻게 찾을 수 있을까?' 고민을 좀 많이 했는데요. 사실 여기서의 핵심은 "내 이름은 순이"라는 노래였어요.

희정 아, 〈비보〉에서 에레나 선생님이 등장할 때마다 나오는 시그니처와도 같은 노래라 할 수 있죠.

혜경 이 노래 자체가 사실은 한국 사회에서 성 산업에 투신할 수밖에 없었던 여자들의 역사를 숨기고 있는 노래거든요. 그랬을 때 이들은 우리의 삶을 가능하게 했던 노동 현장에 있던 여성들인 셈이죠. 그리고 그들이 우리의 언니, 어머니가 되어 생활의 지혜를 나눠 주는 거죠. 2016년 김숙은 그렇게 여성 노동자이자 언니들의 이름인 '에레나'가 되어 생활의 전문가, 삶의 전문가로서 그 지혜를 다른 여성들에게 나눠 줍니다. 김숙이 에레나 선생님이 되면서 윗세대 여성들을 소환하고, 그 여성들로부터 우리에게 지혜가 전수되는, 그런 은유를 보여 준다고 생각했어요. 이런 여성 연대야말로 김숙이 상징하는 가장 중요한 가치가 아닐까 싶어요.

윤옥 꼭 들었어야 할 얘기네요. 우리가 흔히 "여자의 적은 여자다"라는 말도 안 되는 이야기를 듣기도 하고 하기도 하는데. 그 에레나라는 이름으로 여성의 아픔을 달래 주고, 고민을 상담해 주는, 그런 역할을 상상할 수 있게 되는 것이 좋아요. 그렇게 확장되는 연대를 생각해 볼 수 있다면 좋겠습니다. 너무 아쉽지만, 이제 마지막 인사를 나눠야 할 것 같은데요. 심혜경 선생님, 오늘 어떠셨나요?

혜경 준비해 온 얘기를 다 못 해서 안타까운데요. 김숙, 그리고 그의 친구들 이야기는 앞으로도 계속될 것 같아요. 다음에 또 이야기할 기회가 있겠지요. 저에게는 굉장히 즐거운 시간이었고요. 앞으로 우리 〈을당〉도 승승장구하시기를 기원하며 떠나겠습니다.

희정 오늘 다 못 한 이야기가 궁금한 분들은 심혜경 선생님이 쓰신 「개그/우먼/미디어: '김숙'이라는 현상」*이라는 글을 읽어 보시면 좋겠어요. 감사합니다!

+ 심혜경이 덧붙이는 말

'김숙'이라는 현상은 이제 '전염병'이 되었다. 이 책의 유능한 필자 최지은이 잘 정리해 준 것처럼 이영자, 송은이, 박나래를 위시한 여성 코미디언들이 여기저기 출몰하며 예능 프로그램

* 심혜경, 『여/성이론』 34호, 여성문화이론연구소, 2016.

의 중심이 되어 가고 있기 때문이다. 몇 년 전에 비하면 호시절이다. 방송국 '놈'들과 엔터테인먼트 산업은 더 많은 여성 예능인을 위한 판을 짜고, 그보다 더 많은 시청자들이 젠더 감수성을 장착한 프로그램에 눈과 귀를 집중한다. 새 주머니에 담긴 새 술을 즐기는 새 시대가 온 것이다. 미디어 플랫폼이 다양해지고 TV 프로그램 포맷도 날로 새로워지고 있지만, 여전히 예능 프로그램의 영향력은 막강하다. 그래서 오늘 나의 관심은 여성주의와 여성 예능인의 갈 길, 혹은 여성 예능 프로그램의 방향(?)을 상상하는 데에 있다. 내 엄마의 삶 속에, 내 친구의 하루에, 나와 함께 일하는 사무실 동료의 뇌리에 성평등 개념을 심어 줄 수 있는 사람은, 아쉽지만 나보다는, 어쩌면 예능 프로그램 속 그녀들일 것이기 때문이다.

2

여성은 어떻게 일하고, 어떻게 상품이 되는가

극한 직업
걸그룹

드라마 속 일하는
여성을 찾아라

불온하고도 화려한 성채,
여성 혁명가와 여공 문학

성매매와 성형 대출,
그리고 여성 부채

극한 직업 걸그룹

게스트 **최지은**

2006년부터 2017년까지 대중문화 웹진 〈매거진T〉 〈텐아시아〉 〈아이즈〉에서 기자로 일했다. 2015년 이후로는 남성 중심적 예능 산업을 비판적으로 보는 기사와 비평문을 발표하면서 주목을 끌었다. 2015년 시작된 '페미니즘 리부트'에서 한국 대중문화의 페미니즘을 견인했던 중요한 필자로서 예능 산업에 관한 새로운 관점을 선사했다. 현재는 프리랜서로 활동하고 있으며, 저서로는 『괜찮지 않습니다』와 공저 『페미니즘 교실』이 있다.

오늘의 주제

윤옥 오늘을 살아가는 여성 노동자들의 어려움을 속 시원히 파헤쳐 줄 평범한 여성 노동자들의 비범한 이야기 〈을들의 당나귀귀〉!! 안녕하세요, 임윤옥입니다. 요즘 "우리에게는 더 많은 페미니스트 교사가 필요하다"를 말하는 운동이 한창인데요. 이 자리를 빌려 그 운동을 응원합니다. 오늘의 주제는 무엇일까요?

희정 오늘의 주제는 걸그룹입니다. (다 함께 환호성) 우리가 이렇게 환호하긴 했지만, 사실 저는 걸그룹을 잘 몰라서요. 혹시 걸그룹에 대해 좀 아세요?

윤옥 저는 딸 때문에 좀 익숙해요. 일단 '마마무'의 "나로 말할 것 같으면" 같은 노래. 그리고 '트와이스'도 알아요. 요즘 워낙 방송에 많이 나오니까요. 제가 좋아했던 걸그룹은 역시 '2NE1'이에요. 굉장히 독보적이었던 것 같아요.

지혜 저는 '여자친구'하고요. YG 소속의 '블랙핑크'를 알아요. 그런데 그냥 아는 정도이지…….

윤옥 들어도 봤어요? 노래를?

지혜 한 번씩 들어봤어요.

윤옥 두 번 들을 노래는 아니었나 봐요?

지혜 제가 걸그룹 노래를 즐기는 편은 아니어서요. 한 번씩만 들어본 것 같아요. ☺

희정 예전부터 〈을당〉에서 걸그룹을 다뤄 보고 싶다는 이야기를 많이 했지만, 사실 어떻게 다뤄야 할지 감을 잡기 어려웠어요. 걸그룹, 보이그룹 가리지 않고 아이돌들이 정말로 극한 노동조건에 놓여 있는데, 특히 걸그룹의 노동은 '죽음 노동'에 가깝다는 생각이 들더라고요. '죽음 노동'이란, 말 그대로 죽을 수도 있는 노동을 한다는 의미인데요. 계속되는 극한의 다이어트를 비롯해 바쁜 일정 때문에 급히 이동하다가 교통사고로 사망하는 등, 그야말로 목숨을 내놓고 노동하고 있고, 그러면서도 계약 조건은 아주 열악하고, 또 대중의 이중 잣대 안에서 괴롭힘당하기도 하고요. 최근에는 팬 사인회에서 남성 팬의 갑질 논란과 불법 촬영 사건이 일어나기도 했어요. 그래서 '본격 노동 팟캐스트'답게, 10대에서 20대 초중반에 이르는 여성들의 노동에 대한 이야기를 좀 나눠 보고자, 오늘의 주제로 걸그룹을 선정해 보았습니다. 그리하여 또 섬광처럼 제 머릿속에 떠오른 게스트, 최지은 기자님이 나와 주셨습니다.

지은 안녕하세요, 최지은입니다.

윤옥 환영합니다. 오늘의 주제가 "극한 직업 걸그룹"인데요. 저는 걸그룹이 우리 사회를 관통하는 하나의 키워드라는 생각이 들거든요. 그런데 걸그룹을 둘러싸고 이런저런 사건들이 있었다니? 이야기 좀 해주세요.

2017 걸그룹 사건 사고

지은 요즘 한국 사회에서 일명 '몰카'라고 하는 불법 촬영과 디지털 성범죄가 큰 문제가 되고 있지요. 2017년 3월 '여자친구'라는 걸그룹 팬 사인회에서도 불법 촬영 사건이 있었습니다. 한 남성 팬이 멤버들에게 사인을 받으면서 안경 형태의 초소형 카메라로 촬영하고 있었던 거죠. 그걸 안 걸그룹 멤버 한 명이 매니저에게 조용히 그 사실을 알리고, 매니저가 그 남자를 현장에서 내보내는 일이 있었어요. 그리고 그는 '여자친구' 관련 행사에 더는 참여할 수 없도록 조치를 당했죠. 이 사건을 통해 "여자 몰카 찍는 남자"의 현존이 그야말로 한국 사회에 드러나게 됐어요. 그리고 걸그룹이 이런 오프라인 행사에서 도대체 어떤 일을 당하고 있는지 실감하게 되는 일이기도 했고요.

윤옥 최초의 일인가요? 이게 이렇게 밝혀진 경우가?

지은 발각은 최초일 텐데요. 치마 속을 몰래 찍는다거나 하는 일은 계속 있었던 거로 알고 있어요.

희정 이 사건 덕분에 안경 형태의 몰카가 대중적으로 알려지게 되었어요. 그래서 안경 형태 몰카 구매율이 떨어졌다고 하더라고요. 보니까 진짜 상상도 할 수 없는 형태의 몰카가 많이 유통되고 있더라고요.

윤옥 어떤 게 있나요?

희정 단추 형태부터 시작해, 넥타이 핀, 칫솔, 명함 지갑 등이 있고요. 옷걸이 모양도 있어서 이걸 파라솔이나 모텔방 같은 곳에 옷걸이인 것처럼 걸어 두면 찾아내기 정말 힘들겠더라고요.

지혜 정말 충격적이었던 것은 텀블러 모양 몰카였어요. 40만 원 정도 하던데요. 대체 몰카 찍겠다고 그런 걸 40만 원이나 주고 사는 사람의 마음은 무얼까요? 이해할 수가 없어요. 그리고 담배갑 형태의 몰카도 있는데, 그걸 쓰레기처럼 집 앞에 버려 놓고 도어락 비밀번호를 알아냈다고 하더라고요.

희정 문 앞에 있는 쓰레기랑 화분, 자전거 같은 물건은 좀 신경 써서 살펴보아야 한다고 그러던데요. 그리고 그런 물건들을 체크하실 때 또 한 가지 체크할 건 집 명패나 벨 옆에, 삼각형 동그라미 이런 식의 작은 표시가 있는지를 확인해 보셔야 해요. 여자 혼자 사는 집인지, 몇 명이 같이 사는 집인지 몰래 조사해서 표시해 놓고, 범행의 표적으로 삼기도 한대요.

지은 이렇게 불법 촬영 범죄가 심각하지만, '여자친구' 사건에 대해서는 또 크게 문제 삼지 않으려는 사람들도 있었어요. 팬 사인회가 사진 찍히러 오는 행사 아니냐, 도대체 뭐가 문제냐 하는 반응이었던 거죠. 하지만 상대가 촬영 사실을 알고 있냐, 아니냐에 따라 완전히 다른 문제가 되죠. 사람들이 불법 촬영에 너무 익숙해지니까, 찍는 건 다 같은 거라고 생각하는 것 같아요.

윤옥 아니, 찍히는 사람의 인권은 생각하지도 않고, 그저 찍는 사람의 입장에서만 생각한다니까요. 또 그런 디지털 성범죄의 결과물을 소비하는 사람들은 찍힌 사람이 모르면 괜찮은 거 아니냐는 식이에요. 하지만 동의 없이 찍는 행위는 그 자체로 이미 범죄죠. 이와 비슷하게 〈효리네 민박〉이 방송을 탄 뒤에 그렇게 사람들이 이효리 씨 집에 찾아가 벨 누르고, 쓰레기 버리고, 담 너머로 집 내부를 촬영하고 그런다고 하더라고요. 그러면서 "연예인은 자기 삶을 파는 건데, 이 정도는 감수해야 하지 않느냐"는 식으로 말한다는 거죠.

〈효리네 민박〉

JTBC 예능 프로그램. 제주에 정착해서 살고 있는 이효리, 이상순 부부의 집을 게스트하우스로 공개해, 다양한 손님이 찾아와 머물고 떠나는 모습을 담은 관찰형 예능이다. 2017년 14부작으로 방영된 시즌1에는 아이유가, 2018년 16부작으로 방영된 시즌2에는 윤아와 박보검이 아르바이트생으로 출연해 활약했다.

희정 〈효리네 민박〉에 대해 어떤 분이 칼럼을 쓰면서 그런 얘기를 하시더라고요. "연예인이 자신의 사생활을 판매한다고 할 때도 내놓은 것 이상을 가져가려 하는 것은 도둑질이다." 연예인이 스스로 보여 주고자 하는 자기의 삶을 보여 주는 것과 시청자가 담을 타고 넘는 것은 다른 문제라는 거죠.

지은 요구해서는 안 될 것을 요구하는 일이라고 봐야죠. 사실 "사생활을 판다"고 이야기하지만, 사생활처럼 보이는 공적 이미지를 파는 것이니까요. 거기에 "저 사람들은 돈을 많이 버니까 그것에 대해 대가를 좀 더 많이 치러도 괜찮지 않나"라는 마음도 있는 것 같아요. 그리고 특히 걸그룹에 대해서는 그 여성의 몸에 대해 내가 권리를 주장할 수 있다고 생각하는 남자들이 많은 사회라서, 이런 상황이 계속 발생하는 거죠. '재네들은 인기를 먹고 살려고 나온 애들이니까 당연히 이 정도는 해줄 수 있어야 하는 거 아닌가'라는 식으로.

윤옥 사실 걸그룹은 합의된 수준에서 노래와 춤으로 활동하는 건데, 사적인 영역까지 다 침범해서 내 것으로 소유해도 된다고 생각하는 건 그야말로 갑질이고 범죄죠. 하아, 아직 초반부인데 벌써 화가 나는데요? 그리고 또 어떤 일이 있었나요?

지은 2017년 6월에는 어떤 남성이 걸그룹 '에이핑크'를 숙소에서 살해하겠다고 협박 전화를 건 일이 있었어요. 또 같은 사람이 "내가 에이핑크 쇼케이스 공연장에 폭발물을 설치했다"고 허위 신고를 하기도 했고요. 결국 이 남자가 방송사에 전화를 걸어서 밝힌 협박 이유가 뭐였는지 아세요? 에이핑크가 일반인과 소개팅하는 프로그램에 출연해서 화가 났다는 거예요. 문제는 이 사람이 캐나다에 체류하고 있는 한국계 미국인으로 알려졌는데, 그래서 잡기도 힘들고, 설령 잡는다 해도 대단한 처벌을 받진 않을 것 같다는 거죠.

윤옥 살해 협박을 하고 행사 진행도 방해했는데요?

지은 남성에게 위협받는다는 것이 여성의 삶에 어떠한 제약을 가져오는지는 겪어 보지 않고는 모른다고들 하잖아요? 심지어 한국 사회는 별로 알고 싶어 하지 않는 것 같고요. 이뿐만이 아니에요. '트와이스'도 살해 협박을 받았어요. 일간베스트 저장소(이하 '일베')에 올라온 협박이었죠. 그런데 이때 소속사에서 강경 대응하겠다고 밝혔더니 "사람들이 '좋아요' 눌러 주니까 그런 거다. 선처해 달라"는 자필 사과문을 올렸다고 하더라고요.

희정 타인에 대한 폭력이 콘텐츠가 되는 세상이라니, 정말 심각한 문제네요.

지은 일베에는 "트와이스가 우리나라를 버리고 일본에서 돈 엄청 번다"는 제목의 글이 올라오거나 "두 번 다시 한국 오지 마라. 공항에서 염산 10리터 대기 중일 테니까" 하는 글이 올라오기도 했죠. 이 역시 소속사에서 강경 대응했다고 합니다. 그런데 여기에서 주목해야 하는 건 "우리나라를 버리고"라는 말이죠. "한국 여자는 한국 남자의 것"이라는 소유격의 해석이 들어가는 셈입니다. 이건 외국인과 사귀는 한국 여자를 맹비난하는 것에서도 볼 수 있는 아주 유구한 역사가 있는 비난이죠.

희정 저는 소속사들이 걸그룹을 대하는 방식에도 이런 소유와 폄하의 태도가 스며들어 있다는 생각이 들어요. 소속사들이 소속 그룹들을 상품으로 만들고 소비하는 방식들을 보면 팬들이 그 그룹을 하대하거나 하찮게 여기는 게 자연스러운 귀결이란 생각이 들거든요. 왜냐하면 소속사조차 소속 연예인들을 소모품처럼 다루니까요. 그래서 무슨 사건이 터지면 그 가수를 '우리 가수야'라고 보호하기보다는 빨리 꼬리를 잘라 없애 버리는 식으로 해결하는 것 같고요.

지은 그러게요. 뭔가 그룹 멤버에게 문제가 생기면 회사 차원에서 해결하기보다는 그 가수를 전면에 내보내서 사과하게 한다거나 스스로 수습하게 한다거나. 안 그래도 아이돌은 대중 앞에서 항상 평가받고 비판받는 사람들인데 이 사람들을 앞에 딱 내세워 버리면 그 공격을 직접 받아야 되잖아요. JYP의 경우 '트와이스'의 대만 국기 사건 때 쯔위가 직접 나서 사과하게 하는 방식을 취했죠.

'트와이스' 멤버 쯔위와 대만 국기 사건

JYP 소속 걸그룹 '트와이스'의 멤버 가운데 대만 출신인 쯔위가 2015년 MBC 〈마이 리틀 텔레비전〉에서 대만 국적기를 흔드는 모습이 방송을 탄다. 대만의 유명한 친중 가수인 황안이 이 장면을 문제 삼아 쯔위가 대만 독립운동을 하고 있다고 선동하고, 중국에서 트와이스에 대한 비난과 반발이 거세진다. 이에 JYP는 쯔위를 카메라 앞에 세워 사과하게 한다. 어찌 보면 대만 시장을 버리고 중국 시장을 선택한 셈이다. 이 사건은 결국 대만 청년들의 반중 정서에 불을 지폈고, 2016년 대만 총통 선거에서 반중 독립파인 민진당의 차이잉원이 총통에 당선되는 것에 적지 않은 영향을 미친 것으로 분석되고 있다.

지은 아이돌 시장과 엔터테인먼트 업계가 결국 사람의 욕망으로 굴러가는 곳이잖아요. 자기가 사랑하는 것에 몰입하고, 정신없이 빠져드는 것을 이용해서 상품을 판매하는 시장이죠. 저는 그런 시장이 항상 윤리적일 수는 없다고 생각해요. 그럼에도 불구하고 계속해서 어떠한 문제가 발생하고 있고, 그 안에 있는 사람에게 상처를 주는 방식이 반복되는 것은 심각한 문제 아닌가 싶거든요. 최근 몇 년 동안 이 케이팝 시장에서 인종 문제와 젠더 문제 등이 계속 수면 위로 올라오고 있어요. 이제 제작사들이 뭐가 인종차별이 될 수 있고, 여성 혐오가 될 수 있고, 성소수자 비하가 될 수 있는지 등을 잘 생각하고 더 치열하게 고민해야 할 것 같아요. 그게 장기적인 리스크 관리가 될 수도 있겠고요.

— 걸그룹의 열정 노동과 죽음 노동

희정 열정 노동에 대해서도 좀 고민해 봐야 할 것 같아요. 10대들인데, 하고 싶은 일을 하기 때문에 이런 위험에 노출돼도 상관없다고 말하는 것은 문제적이죠. '내가 하고 싶은 일을 하겠다'가 '내가 착취당해도 괜찮다'는 아니거든요. 게다가 요즘은 열정 노동으로 먹고살 수도 없는 시절이고요.

윤옥 2017년에 걸그룹에게 무슨 일이 있었는지 살펴보는 것만으로도 문제의 심각성을 알 수 있는 것 같아요. 케이팝이 그저 자랑스러운 것만은 아니구나 싶고요.

지은 더 살펴봐야 하는 것은 그 '준비 단계'가 얼마나 처절한가이기도 한 것 같아요. 아이돌은 데뷔까지 정말 오랜 시간을 보내거든요. 연습에 연습을 더해야 할 뿐만 아니라 외모 관리도 굉장히 엄격하고요. 거식증에 걸릴 정도로 다이어트를 하는 멤버들도 있죠. 보이그룹도 다이어트에서 자유롭지는 않지만, 걸그룹에 요구되는 것처럼 기준이 엄격하지는 않거든요. 사실 최근에는 점점 더 여성 아이돌의 몸집이 작아지고 있죠. 그렇게 최대한 작은 몸을 만들면서 하이힐을 신고 춤춰야 하고, 부상 위험도 상당해 보이죠. 게다가 성형과 시술의 압박으로부터 자유롭지도 않고요. 심지어는 합숙 생활을 하기 때문에 사생활이 보장되지 않는 것은 물론이고, 핸드폰 자체를 사용하지 못하게 하는 경우도 있어요. 그렇게 자신의 10대를 아이돌 데뷔를 위한 준비 기간에 전부 투신하는 건데. 그러다 보니 학교 정규교육도 제대로 받지 못하고요. 그러니까 데뷔에 실패하거나 아이돌로 성공하지 못하면, 이들에게는 다른 선택지가 없는 것이기도 하죠.

윤옥 또 데뷔해도 너무 빨리 사라지잖아요.

지혜 이런 기사가 있었는데요. 10년간 200개 이상의 걸그룹이 데뷔했는데, 우리가 알고 있을 만큼의 인지도를 가지는 그룹은 22개에 불과하다는 거예요.*

지은 10퍼센트네요. 사실 신인 걸그룹이 사랑받는 것은 '반지하를 탈출할 때까지'인 것 같아요.

* 유덕관, "걸그룹, 10년간 200개↑ 데뷔…… 몇 그룹이나 떴을까?", 『한겨레』(2016/10/20).

윤옥 반지하요?

지은 합숙하는 숙소의 여건이 그렇게 좋지 않을 때도 많은 거죠. 그래서 그런 친구들이 등장해 정말 죽기 살기로 열심히 하면 "참 나이도 어린데 씩씩하고 열심히 한다"고 예뻐하죠. '여자친구'라는 팀의 경우 한 멤버가 비오는 날 무대에서 춤추다가 7번 넘어졌는데 8번 다시 일어나서 춤 추는 일이 있었어요. 이 영상을 사람들이 굉장히 많이 봤고, 그것 때문에 인지도가 높아지고 좋은 반응을 얻기도 했어요. 하지만 이런 무대에서는 춤을 추면 안 되는 거잖아요?

윤옥 그런 위험한 노동환경에서는 일할 수 없다고 말해야 하는데…….

지은 그럴 수가 없는 거죠. 그리고 행사 주최 측도 출연자가 다치거나 말거나 그냥 행사를 강행하는 거예요. 그런 무리한 요구에도 웃고 열심히 하는 모습을 보여야 "예쁘구나, 잘되면 좋겠다"는 반응을 보이죠. "못 한다"고 거절하면 그다음은 더는 없다고 생각해도 무방하고. 성공하면 이야기가 또 달라져요. 조금만 덜 웃어도 "뜨더니 싸가지 없어졌다"는 식이 되는 거죠. 이런 사건이 있었어요. 〈라디오스타〉에 '카라'가 출연했는데요. 원래 카라가 신인 때는 그렇게 인기 있고 엄청 잘나가는 팀이 아니었는데, 지명도를 얻는 데까지 시간이 오래 걸렸어요. 노력하는 모습, 열심히 하는 모습, 힘든 상황에서도 굉장히 밝게 웃는 모습으로 인기를 얻었는데요. 그러면서 일본에 진출해서 아시아 스타가 됐거든요. 그러고 나서 〈라디오스타〉에 출연했는데, 그때 진행자들이 갑자기 강지영이라는 멤버에게 애교를 보여 달라고 요구해요. 토크쇼에서 흔히 볼 수 있는 광경이기도 하죠. 여자 연예인들한테 갑자기 애교 보여 봐, 섹시 댄스 춰 봐, 이런 식으로 무례하게 굴잖아요. 근데 강지영 씨가 난색을 표하면서 거절하다가, 갑자기 감정이 격해져서 눈물이 좀 났던 거예요. 그랬더니 또 MC들이 "우리가 더 당황스럽다"는 식의 반응을 보였고요. 방송 이후 강지영 씨가 굉장히 비난받는데요. "일본에서는 시키면 잘 하더니 왜 한국에서는 못 한다 그러냐" "뜨더니 변한 거 아니냐"는 식의 이야기였어요. 그리고 언론에서도 "강지영이 과거에 다른 프로그램에서는 기꺼이 애교를 보여 줬는데 이번에는 왜 안 하냐" 같은 언급들을 했죠.

윤옥 무슨 자판기인가요? 사람이 컨디션에 따라서도 얼마든지 다르게 반응할 수 있죠.

희정 저는 이 '애교' 있잖아요. 정말로 한국 사회가 여성을 성인으로 보지 않는 병에 걸려서 어떻게든지 더 어리고 뭐랄까, 순진하고 철없어 보이고 애처럼 보이게 하는 태도들을 강요한다는 생각이 들거든요. 애교를 요구하는 문화가 그런 병적인 상태를 보여 주는 징후 같아요.

지은 그런 상태에서 이 어린 여성들이 얼마나 취약한 노동조건에 놓여 있는가를 고민할 수밖에 없어요. 그리고 그런 상태가 결국 걸그룹 문제하고도 연결되는 거죠. 또 여자 아이돌에게만 요구되는 감정 노동도 있어요. 방송에서뿐만 아니라 오프라인 행사 같은 데서도요. 이를테면 팬 사인회를 하는데, 팬이 걸그룹 멤버에게 유아용 젖꼭지 같은 거 있잖아요. 그런 걸 주는 경우도 있거든요.

희정 물고 있으라고요?

지은 네. 온라인에 떠돌아다니는 사진을 본 적이 있어요. 아이돌을 유아처럼 행동하게 만들고 싶어 하는 팬들은 분명히 있어요. 보이그룹의 경우 아이돌 멤버가 팬들에게 유아차를 선물 받은 적이 있다는 얘기를 들은 적이 있고요.

윤옥 그건 또 뭐예요?

지은 '우리 애'라고 생각하고, 이런 선물이 귀엽다고 생각하는 거죠.

윤옥 정말 유아차도 너무 뜬금없고 젖꼭지도 정말. 이건 통제하려는 욕망 아닌가요?

지은 하지만 본인들은 인정하려고 하지 않죠. 그리고 팬 사인회에서 외모 지적을 하는 경우도 많아요. 여성 멤버들에게 살이 쪘다거나 이런 식의 말을 하는 팬들도 있어요. 허락 없이 몸이나 얼굴을 만지는 경우도 있고. 예전에 '씨스타'의 효린 씨가 팬 사인회에서 안 웃는다고 욕을 먹었던 적도 있었죠. 근데 한국에는 유독 여자 아이돌이 안 웃는다는 이유로 욕먹는 경우가 많아요.

윤옥 남자 아이돌은 안 웃어도 되나요?

희정 남자 아이돌 표정에는 훨씬 관대한 것 같은데요. 좀 무뚝뚝하게 있어도 "간지 난다"거나 "시크chic하다"고 평가하겠죠. 지난번 방송에서 얘기했던 것처럼 여자와 웃음의 관계는 특별하니까요. 그런데 사실 이런 문제는 보이그룹도 겪지 않냐, 걸그룹만의 문제는 아니다 하시는 분들도 계시는데요. 한 가지 말하고 싶은 건 보이그룹이 팬과 맺는 관계의 양상은 걸그룹이 팬과 맺는 관계의 양상과 좀 다른 것 같아요. 그러니까 걸그룹 같은 경우에는 태도 논란이 늘 있고, 남자 팬이 걸그룹 멤버 몸을 만진다든지, 이런 식으로 위협을 주는 어떤 행동들을 한다면, 흥미로운 건 보이그룹 팬 사인회에서는 반대의 일이 일어나거든요. 보이그룹 멤버들이 팬을 그렇게 대하는 거죠. 나이가 많은 팬이 와도 "오빠가 너의 성공을 빌어 줄게" 이런 메시지를 쓴다든지, 아니면 팬의 머리카락을 잡아당기고 논다든지. 그런 걸 보면 성적 대상화가 보이그룹과 걸그룹 모두에게 진행된다고 하더라도 그 성격이 완전히 다른 거죠. 그래서 보통 이런 얘기들 하잖아요. "왜 그렇게 걸그룹을 성적 대상화하냐"라고 비판하면, "너희들도 남자 복근 좋아하고 근육 좋아하잖아"라고 하는. 성적 대상화는 양쪽 모두에게 일어나지만, 그 효과가 너무 다르게 나타나죠. 걸그룹은 굶어서 죽을 때까지 다이어트를 해야 한다는 식으로 자기 몸의 능력을 최소한으로 줄이는 방식으로 성적 대상화가 일어난다면, 보이그룹은 어쨌든 근육을 키우고 자기의 에너지를 높이고 활동 반경을 넓히는 방향으로 대상화가 일어나는. 그래서 걸그룹 성상품화 이런 얘기할 때 "니들도 '비' 좋아하잖아" 이렇게 받아치는데, 사실 '비'는 성상품화가 됐다고 해서 걸그룹처럼 제약당하지는 않았다고 생각하거든요.

지은 그는 그 근육질의 몸을 통해 오히려 숭배받고 권위를 얻었죠.

걸그룹에 대한 이중 잣대

지은 걸그룹이 방송에서 '활용'되는 방식 중 하나는 역시 '꽃 병풍' 역할인데요. 최근 한 1, 2년 사이에 '먹방'이 굉장히 많아졌잖아요.

그런데 먹방에 어리고 예쁜 여성들을 장식 요소처럼 쓰는 경향이 있어요. 그래서 〈잘 먹는 소녀들〉 같이 걸그룹들을 주인공으로 하는 먹방 프로그램이 나오기도 했고요. 그러니까 걸그룹은 항상 예쁘고 날씬해야 하는데, 동시에 잘 먹어야 해요. 식욕을 돋우는 역할을 하고요.

윤옥　분위기도 돋우고 식욕도 돋우고.

지은　그리고 어떤 예능 프로그램에서는 삼겹살을 보여 주면서 자막에 "설현 빰치는 뒷태 좀 보소" 이런 자막을 넣었었어요.

희정　이건 여성을 먹는 것과 등치시키는 역사 안에서 아무렇지 않게 튀어나오는 말인 거죠.

지은　그야말로 여성을 욕망의 대상, 식욕의 대상으로 삼는 거죠. 요즘에는 '먹방 요정'이란 말이 있어요. 걸그룹 멤버들에게 종종 붙이는 별명인데, 예컨대 '걸스데이'의 혜리 씨가 〈진짜 사나이〉 여군 특집에 나와서 상추쌈을 싸서 입에 밀어 넣는, 그 모습이 예쁘게 보이면서 붙은 별명이죠. 혜리 씨는 여군 특집에서 힘들지만 씩씩하고 밝은 모습을 보여 주면서 큰 인기를 얻었어요. 보통은 "여자가 어디 남자 앞에서 입을 크게 벌리고 밥을 먹냐"고 욕하면서도, 또 어떤 때는 예쁘게 봐주는 거죠.

희정　예쁘고 날씬하니까 상추쌈도 아구아구 먹어도 되는 거죠.

지은　잘 먹는다고 언제나 인기를 얻는 건 아니에요. 다른 시즌에서 '에이핑크'의 보미란 멤버가 "제2의 혜리"라는 콘셉트로 잘 먹는 모습을 보여 줬는데. 그때는 또 작위적이라고 욕을 먹었어요. 또 다른 프로그램에서는 '걸스데이'의 다른 멤버인 소진 씨가 한 인터넷 방송에 출연해서 만두 먹기를 거절했다가, 또 욕을 먹었죠.

희정 지난번에 기자님이랑 예능 얘기할 때 남자들은 숨만 쉬는 것도 콘텐츠가 된다고 얘기했는데요. 뭔가 여자들은 숨만 쉬어도 욕을 먹는 느낌이네요.

지은 여성 아이돌은 날씬해야 하지만 잘 먹어야 하고, 잘 먹어야 하지만 가식적이지 않게 잘 먹어야 하고, 또 절대로 음식을 거절해서는 안 되는 거죠. 그리고 또 한편으로, 그렇게 방송에서 칼로리 높은 음식을 '잘 먹기' 위해서 얼마나 굶고 운동을 해야 하는지는 아무도 신경 쓰지 않죠.

희정 기본적으로 다이어트라든가 외모 가꾸기라고 하는 것이 여성의 자질로 이야기되기 때문에 이들이 너무 '여성스럽게' 다이어트하는 걸 드러내면 안 되는 거예요. 왜냐면 털털하고 터프하고 이런 모습을 보여 주면서 내면적으로는 '남성적인 자질'을 추구하되, 외면은 '날씬한 여성성'을 유지해야 하는 상황이니까요. 말 그대로 이중 잣대에 갇혀 있는 거죠.

윤옥 어우, 살 수가 없네, 진짜.

지은 그리고 사실 이들은 엄청나게 과중한 노동을 하고 있는데 그 와중에 못 먹어야 된다는 게 너무 끔찍한 일이죠. 뿐만 아니라 걸그룹은 방송에서 함부로 대할 수 있는 대상이기도 해요. 국방TV에 〈위문열차〉라는 프로그램이 있는데요. 여기에 걸그룹이 많이 출연해요. 이런 분위기에서는 걸그룹들이 마땅히 군인들에게 공급되어야 하는 존재처럼 다뤄지죠.

희정 마치 군납품인 것처럼 공급되는.

지은 그리고 군인들이 걸그룹에게 열광하고 이들을 욕망하고 이들을 소비하는 것은 팍팍한 일상을 살아가는 이들에게는 당연한 건데 왜 이걸 가지고 뭐라고 하냐, 너네가 못됐다, 이렇게 얘기하는 분들도 많아요. 아무튼 〈위문열차〉라는 프로그램에 '에이프릴'이라는 신인 그룹이 출연했는데 갑자기 무대에 올라온 군인들하고 멤버들을 한 명씩 짝짓기를 시켰어요. 그런 다음 사진 포즈를 취해 보라는 식의 일종의 게임 같은 걸 했던 거죠. 그때 어떤 군인이 걸그룹 멤버의 허리를 갑자기 끌어안은 적이 있었어요. 이게 동의가 없는 접촉이잖아요. 그때 멤버가 깜짝 놀라는 표정을 지었고 이게 SNS에서 논란이 되면서 팬들이랑 시청자들이 방송통신심의위원회에 민원을 넣었어요. 하지만 당시 심의위원들이 전부 남성이었기 때문인지 이 지적에 공감하지 못했고 '문제없음'이라는 결론을 내렸죠.

희정 한편으로 드는 생각은 10년 동안 200개의 걸그룹이 등장해 22개밖에 살아남지 못하는데, 그렇다면 정말 엄청난 주목 경쟁을 하고 있는 거잖아요. 주목을 끌기 위해 더 자극적이고 더 튀는 방식의 퍼포먼스와 의상을 보여 줄 수밖에 없는 거죠. 그런 경쟁 속에서 걸그룹은 더 취약한 상황으로 내몰리게 되는 것 같아요.

윤옥 자본주의사회에서 모두가 무한 경쟁이죠, 사실. 그래서 근로기준법도 필요하고. 사회가 유지되기 위해서는 이러한 제도적인 규제들을 지켜야 한다는 최소한의 합의가 만들어져야 할 것 같아요. 걸그룹의 자발성만으로는 해결될 수 없는 문제이고, 제도적인 안전망이 정말 필요하겠네요.

희정 저는 그 자발성이라는 말도 고민이 되는 것이요. 우리 사회는 직업에 대한 상상력이 정말 고갈된 곳이잖아요. 뭘 해서 생계를 유지하고 잘살 수 있을 것인가 생각하면, 정말 다른 선택지가 잘 안 떠오르는 거죠.

지은 공부를 정말 잘하는 소수의 학생들은 이런저런 전문직을 꿈꿀 수도 있겠지만, 그렇지 않은 경우에는 삶의 안정을 보장해 주는 직업이라는 것이 거의 없는 실정이죠. 삶의 안정을 보장해 줄 수 있는 사회도 아니고요. 그러니까 결국 10대들에게 꿈이 뭐냐고 물으면 아이돌, 공무원, 아니면 인터넷 방송의 진행자BJ 같은 것들만 나오고요. 아니면 '건물주'가 되겠다고 한다든지.

지혜 "건물 산 다음에 빵집을 열겠어."

지은 그때는 그렇게 생각할 수 있겠죠. 근데 그건 연예인들뿐만 아니라 그걸 소비하는 사람들도 마찬가지인 거죠. 예능 산업의 소비자들 역시 너무 극한 상황에 처해 있으면서 이런 연예 상품의 소비자가 되어 있다 보니까 또 심한 갑질을 하는 게 아닌가 싶어요. 그러다 보니, 걸그룹이란 게 대중이라는 고용주 밑에서 일하는 젊은 여성 아르바이트생처럼 느껴진다고 생각될 때가 많아요. 그러니까 사회 초년생인 거죠. 이제 막 사회에 발을 들여서 너무 많은 일을 해야 하고, 어처구니없는 요구를 받아도 할 수밖에 없는. 고용주처럼 구는 대중은 너무 많으니까 그 입맛을 맞추기는 점점 더 어려워지고요. 원래 연예인이나 유명한 사람은 구설수에 오르내릴 수밖에 없는 직업이지만, 걸그룹 같은 경우 일단 나이가 어린 여성들이고, 이 시장에서 자리를 잡지 못한 신인인 경우에는 더 그렇고요.

— 섹시함의 양상

지은 걸그룹이 갖추어야 할 조건의 또 하나는 바로 섹시함인데요. 그런 '섹시함' 발산에 있어 얼마나 주체적으로 여성들이 행동할 수 있는지도 고민해 봐야 할 것 같아요. 예컨대, 2011년에 데뷔한 '스텔라'라는 팀이 있어요. 큰 주목을 받지 못하다가 2014년 "마리오네트"라는 노래를 발표하고 활동을 시작하면서 이슈가 되었죠. 이 뮤직비디오가 엄청나게 선정적이었거든요. 노출이 심한 의상을 입고 가슴에 우유를 흘린다든지 하는 이미지들이 있었어요. 그런데 얼마 전에 '스텔라' 멤버들이 매체와 인터뷰를 했는데요. 그런 이야기를 하더라고요. 오랜 시간이 걸려 데뷔했기 때문에 성공을 위해서는 뭐든지 할 수밖에 없는 상황이기도 했지만, 사실 이 뮤직비디오가 어떤 이야기를 하고 있는지, 얼마나 야한 이미지를 만들어 낼 예정인지, 작업 당시에는 잘 몰랐다는 거예요. 가슴에 우유가 흐르는 것도 '이별의 슬픔 때문에 힘이 없어 우유를 흘리는구나' 정도로만 생각했다는 거죠. 나중에 댓글 반응들을 보면서 그 의미를 알았고, 너무 큰 충격을 받았다는 거예요.

윤옥 촬영의 의도를 충분히 설명해 주지 않으면 어떤 의미인지 모를 수도 있겠어요. 그리고 설사 안다고 하더라도 "이렇게 논란이라도 일으켜서 떠야지"라고 소속사나 기획사에서 강요하면 못 한다 할 수 없겠고요.

지은 그리고 보이그룹의 경우는 작사, 작곡에 재능이 있다 싶으면 되게 일찍부터 키워 줘요. 그래서 막 자작곡도 앨범에 실리고, 이

번 앨범은 우리 중 누가 프로듀스했다는 걸로 마케팅을 하기도 하면서요. 아이돌이지만 아티스트라는 정체성을 조금씩 얻다가 어느 순간 새로운 커리어를 쌓을 수가 있는 거죠. 하지만 걸그룹한테는 그런 걸 요구하지도 않고, 기회를 잘 주지 않아요. 그러니까 성장할 수 있는 기회라는 것이 훨씬 더 적다고 볼 수 있을 것 같아요. 그러니까 더욱더 발언할 힘을 갖지 못하는 거죠. '스텔라'가 그런 이야기도 하더라고요. "싫다는 말을 하면 안 되는 줄 알았다"고요.

윤옥 섹시함이라고 하는 게, 어떤 자신의 매력 가운데 하나가 아니라 완전히 기획된 콘셉트에 의해 싫어도 억지로 드러내야 하는.

지은 싫어도 해야 하고, 그것이 나를 위해 하는 일인 것처럼 되는 그런 이상한 상황이 벌어지는 거죠. 그런데 최근에는 그런 섹시함의 성격이 조금씩 달라지고 있어요. 노골적인 섹시 콘셉트의 수명이 길지 않다는 것이 증명되면서 이제 좀 더 어리고 무해한 소녀 콘셉트가 섹시하다고 보는 경향이 생기고 있죠. 그래서 교복이라든지, 짧은 테니스 스커트를 변형한 의상들이 많아졌어요. 이런 경우 한 바퀴 돌면 치마가 확 펼쳐지면서 속바지가 보이는 거죠. 그리고 되게 짧고 딱 붙는 상의를 입어서 배와 허리가 다 드러나는 경우도 많은데, 사실 이런 의상들은 정말로 조금이라도 살이 붙으면 너무 안 예뻐 보이는 의상이거든요. 그러니까 이들은 계속 죽음의 다이어트를 할 수밖에 없는 거고. 또 소녀라기보다 약간 유아에 가까워지는 콘셉트의 의상들도 있어요.

지혜 턱받이를 하고 나왔던 걸그룹을 봤던 것 같아요.

희정 뭐요?!

윤옥 왜 섹시 콘셉트가 이쪽으로 바뀌는 거예요?

지은 아무래도 더 무력한 대상을 찾아가는 것이 아닌가 싶어요. 그리고 어쨌든 기존의 섹시 콘셉트란 건 좀 더 성인의 느낌이 있고, 나의 섹시함을 보여 주겠다고 하는 주체적인 느낌이 있잖아요. 이효리 씨의 예전 모습도 그런 느낌이었고요. 하지만 이제는 '너희가 보여 주겠다고 하는 건 쾌감이 없다'는 것에 가까운 것 같아요. 테니스 스커트도 노출용이라기보다는 운동용인 것인데, 그 안의 속바지를 보는 것이 즐거움이 되는 거죠. 그렇게 '금기'를 즐기는 것에서 쾌감을 찾는 것이 아닌가.

희정 대상화의 강도가 세지고 있다는 생각이 드네요. 대상화라는 건 상대방의 자율성과 자질을 축소시켜 보려는 태도이기도 하거든요. 그렇게 무기력한 존재로 만들고자 하는 것이 대상화의 주요 내용인데요. 어떻게 보면 성적 주체로서 스스로 이야기하는 10대 여성은 보고 싶지 않다, 내가 너를 대상화해서 내 구미에 맞게 마음대로 소비하겠다는 심리가 더 커지는 게 아닌가 싶네요.

— 〈프로듀스 101〉

희정 이런 흐름을 집약해 낸 것이 〈프로듀스 101〉 아닐까요.

지은 〈프로듀스 101〉 시즌1이 특히 더 그랬죠. 시즌1은 여성 아이돌 버전이었는데요. 시즌2는 남성 아이돌로 옮겨 가면서 시즌1과는 아주 다른 방송이 되었죠. 〈프로듀스 101〉 시즌1도 재미있게 본 사람들이 많았어요. 젊고 아름다운 사람들이 뭔가를 열심히 성취해 가는 걸 보는 건 즐거운 일이기도 하죠. 그래서 시즌1 또한 남성뿐만 아니라 여성 시청자들이 굉장히 좋아했어요. 하지만 이걸 기획한 남성 PD가 정말 충격적인 인터뷰를 하면서 이 프로그램의 이면이라는 것이 분명히 드러났죠.

윤옥 뭐라고 했나요?

지은 "남자들에게 건전한 야동을 만들어 주고 싶었다"고 말했거든요. 그 순간 즐거우면서도 찜찜했던 이유를 알게 된 거죠. 저는 이 프로그램이 무엇보다 '통제의 쾌감'이란 걸 그 원동력으로 삼았다고 생각해요. 〈프로듀스 101〉은 특히 시청자들을 '국민 프로듀서'로 호명하면서 인기를 끌었거든요. 사실 온라인 투표를 하는 것뿐인데, "당신들이 애네들을 키우고 만들었다"고 생각하게 하는 거죠. 말하자면 출연자들은 일종의 '취준생'이고, 그 오디션 심사를 시청자들이 본다는 콘셉트였던 거예요. 그러니까 이 연습생들은 대중이 원하는 모습을 보여 줘야만 했고, 예를 들면 원하지 않아도 체중 공개까지 해야 했던 거죠. 그리고 이들에게 요구되는 어떤 평가 기준들이란 노래, 춤 등에 국한되는 것이 아닌 거죠. 외모는 기본이고, 소속사도 잘 걸려야 하고, 성형은 했나, 학창 시절에는 괜찮았나, '인성'은 착한가, 이 모든 것이 평가의 기준이 되어 버립니다.

희정 하긴 〈아이돌학교〉 같은 경우에는 시작하기 전부터 출연자가 일진이었다는 소문이 나면서 또 시끄러웠죠.

지은 확률적으로 볼 때, 사람을 100명 정도 모아 놓으면 그 가운데

학교 폭력 가해자가 있을 가능성이 당연히 있겠죠. 실제로 있기도 했고요. 래퍼를 뽑는 서바이벌 프로그램이었던 〈쇼미더머니〉나 〈고등래퍼〉 같은 프로그램에 출연한 10대 남자 출연자들은 일진 논란이 꽤 있었어요. 하지만 남성 연습생의 경우에는 일진으로 논란이 되어 한 프로그램에서 하차해도 또 다른 프로그램에 다시 나오고 그랬죠. 여성의 경우는 불가능한 일이에요. 어쨌거나 이런 프로그램들에서는 카메라가 상시적으로 붙어 있기 때문에 일거수일투족이 평가의 대상이 되고, 시청자들은 출연자의 거의 모든 것을 낱낱이 들여다보면서 평가하고 품평할 수 있어요. 그렇게 평가하고 나면 투표를 통해 벌을 줄 수도 있고 보상을 할 수도 있고요.

윤옥　원형 감옥이 떠오르네요. 이건 그냥 감옥이죠. 표를 가지고 아이돌 연습생들을 감시하는.

지은　사실 걸그룹 시장이 〈프로듀스 101〉 같은 프로그램을 거치면서 한층 더 열악해진 셈이에요. 예전에는 팬들이 아이돌을 숭배했다면, 이제는 '내가 키운 아이들'이 되었죠. 이런 경우도 있었어요. 여기서 한 연습생이 데뷔하게 되었는데, 그 팬들이 모인 커뮤니티에서 돈을 모아 선물을 하기로 한 거죠. 그런데 한 남성 팬이 "아이패드를 선물할까? 하지만 애 버릇이 나빠질 수 있으니 안 되지 않을까" 이런 얘기를 했다는 거예요.

희정　'김치녀가 되면 안 된다'는 건가요?

지은　물론 그분은 다른 팬들에게 욕을 많이 먹기는 했어요. 하지만 중요한 건 그렇게 '내가 키웠다'는 생각이 아주 당연하게 자리잡기 시작했다는 점이에요. 보이그룹의 경우 대부분 여성 팬들이 명품 넥타이에서부터 고가의 차에 이르기까지, 정말 조공 공세가 대단했거든요. 그래서 어떤 그룹은 고가의 선물을 받지 않는다고 말할 정도예요. 하지만 이제 여성 아이돌에게는 "버릇 나빠지니까 좋은 선물 주면 안 된다"는 말이 나오는 거죠.

희정 게다가 저는 〈프로듀스 101〉에서 정말 충격받았던 건, 이 서바이벌 끝에 살아남은 사람들이 계약을 해서 'I.O.I'라는 그룹으로 데뷔를 하는데, 이 그룹의 계약 기간이 1년이 안 된다는 거였어요. 어떻게 보면 유연해진 노동력의 끝판 왕인 거죠. 온갖 종류의 죽음 노동, 열정 노동, 감정 노동을 다 하지만, 그 계약을 1년도 보장해 주지 않는다는 거예요. 계약 끝나고 나면 다시 흩어져서 각자도생하라는 거죠.

지은 그렇죠. 고용 안정성은 생각도 할 수 없는 거죠. 지금 엠넷에서 방송하고 있는 〈아이돌학교〉에도 이런 흐름은 이어지고 있어요. 여기에선 '국민 프로듀서'의 자리에 '육성회원'님이 들어왔죠. 출연한 걸그룹 지망생들은 "육성회원님, 좋은 평가 부탁드립니다" 하고 인사를 해요. 이 프로그램에서는 심지어 "춤도 노래도 필요 없다. 마음과 얼굴, 끼가 예쁘면 된다"를 내세웠어요.

희정 여기서 담임은 또 남자 아이돌 출신인 김희철이고 교장은 이순재였죠.

지은 맞아요. 여자 선배들은 트레이너 같은 역할일 뿐, 관리자의 역할을 못하는 거예요. 이 학교의 교가가 "예쁘니까"였어요. 최연소 참가자가 만 12살이고, 나이가 제일 많은 멤버가 24, 25살 정도. 대화의 모든 내용은 "예쁨"에 대한 것이었고요. 안 그래도 10대 여성은 외모에 대한 강박을 엄청나게 강요받는데, 〈아이돌학교〉는 아주 첩첩산중이었어요. 여기에 그 유명한 핑크빛 내무반이 등장하죠. 사실 〈아이돌학교〉는 '학교'를 빙자하고 있지만, 군대나 다름없었고, 이는 일상적인 통제로 이어졌죠. 웃기는 건 이런 거예요. 그렇게 '예뻐라'라고 명령하면서도, 또 예쁘기 위해 가져온 화장품들은 자의적인 기준으로 압수해요. "집에서 들고 온 속눈썹하고 마스카라 가운데 하나만 골라" 이런 식이에요. 통제를 위한 통제. 생활 수칙들도 복잡했어요. 숙소 및 연습실 사용 후 청결 유지, 외부 음식 반입 및 취식 금지, 휴대전화 및 불필요한 전자기기 사용 금지 등이 있었죠.

윤옥　휴대전화는 요즘 군대에서도 준다는데.

지은　벌점 누적 15점 초과 시 퇴교 조치. 이런 식입니다.

희정　결국 이런 것이 욕망 산업이고 이미지 산업인 것이, 욕망이란 것을 대상으로 팔기 시작하면 이건 절대로 안 치워지는 거라서 무한하고, 그렇게 화수분처럼 물건을 팔 수 있다 보니 이 욕망을 계속 창조하는 방식으로 상품이 만들어지는 거죠. 성형 산업도 결국 마찬가지인데요. 성형외과 의사들이 그렇게 얼굴에 유행을 만든다고 하잖아요. 그래서 올해 큰 눈이 유행하면 큰 눈으로 고치고, 그다음에는 앞트임 유행시키고, 그러다가 작은 쌍꺼풀이 유행하면 큰 쌍꺼풀 풀고, 이런 식으로요. 그랬을 때 성형도 내가 내 욕망에 따라 아름다움을 추구하는 것이고, 그건 자기 계발이다, 라고 말할 수 있을지 생각해 볼 필요가 있을 것 같아요.

지은　그러다 보니 화장하는 나이도 점점 더 어려지고 있죠.

윤옥　결국 사회적 기준이 새롭게 만들어지는 거네요.

지은 특정 외모가 이상향이 되는 거예요. 이를테면 '모태마름'이나 '초마름' 같은 말들이 연예인들을 둘러싸고 유행해요. "누구누구는 너무 날씬해서 여름에 땀도 안 흘릴 것 같다" 이런 댓글이 달리고요. 그렇게 청량한 느낌의 마름에 관해 이야기하고 이 사람이 인기를 얻고 매체들의 환호를 받으면 나도 저렇게 되고 싶다고 느끼는 여성들이 많아지잖아요. 〈아이돌학교〉를 보는 어떤 10대 여성들은 '나도 쟤처럼 예뻐지고 싶다'는 욕망을 갖게 되고, '저렇게 예쁘면 사람들에게 찬사를 받을 수 있다'고 생각하는 사람들이 늘어나겠죠. 저는 그게 좀 염려가 돼요.

윤옥 진짜 '이상적인 여성의 몸'이라는 관념을 만들어서 여기에 빨대 꽂아 미용 산업이 성장하고, 누군가는 엄청난 부를 축적한다고 생각하니까 화가 나네요.

지은 그리고 그걸 무한 경쟁으로 만들어 버리니까요. 〈아이돌학교〉에서는 10, 20대 여성을 상품으로 만들고, 그 상품들을 '미모'라는 기준으로 경쟁하게 하고, 그 경쟁 안에서 시청자, 즉 소비자들의 선택에 따라 생존이 결정되게 하죠. 그렇게 생존 경쟁에서 탈락하면 퇴학을 시키는 시스템이에요.

윤옥 그게 무슨 학교인가요!

지은 그러게요. 뭐 좀 못한다고 퇴학시키는 게 무슨 학교야. 그러면서 학생들의 운명이 육성회원들 손에 달려 있다고 하는 거예요. 당신들이 얘들을 살릴 수도 있고 내쫓을 수도 있다, 얘들의 기회는 당신들 손에 달려 있다, 그러니까 투표해라, 돈 내고 투표해라, 하는 거죠.

희정 한편으로는 시청자들도 마찬가지일 것 같은데요. 내 삶이 내 뜻대로 안 되니까 저 세계에서라도 통제권을 갖고 싶다고 생각하게 되는 것일 수도요.

내가 겪고 싶지 않은 일을 누구도 겪지 않는 사회

윤옥 답답하네요. 무엇을 해야 할까요?

지은 같이 일했던 동료가 작년에 "걸그룹 극한 직업"이라는 기사를 썼는데요. 그 기사에서 "지금의 걸그룹은 아이돌이 아니다. 우상이 아니라는 점에서 그렇다. 그들은 동경받기 위해 판타지를 유지하는 것이 아니다. 눈 밖에 나지 않기 위해 웃어야 한다"라고 썼어요. 그 내용에 정말 크게 공감할 수밖에 없었죠.* 아이돌 시장이 워낙 그렇지만, 걸그룹은 유독 그 노동에 대해 존중받지 못하는 것 같아요. 성공했다고 해도 그 수명이 남자 아이돌만큼 길지도 않고요. 걸그룹도 키우고 보이그룹도 키우는 한 회사 관계자가 그런 얘기를 한 적이 있었어요. "걸그룹은 사실 수익을 크게 낸다기보다 방송사와 좋은 관계를 유지하기 위해서 키우는 면이 있다"고요. 보이그룹 같은 경우에는 팬덤이 형성되고 나면 굿즈를 판다거나 공연 수익 등을 통해 돈을 크게 벌 수도 있는데, 걸그룹은 일단 큰 팬덤이 형성되는 경우가 드물고요. 물론 요즘에는 걸그룹 여성 팬덤도 성장하고 있기는 하지만, 보이그룹 팬덤과 그 규모를 비교해 보면 아직 그만큼은 안 되는 것

* 위근우, "걸그룹 극한 직업", 〈아이즈〉(2016/06/28).

같아요.

윤옥 살아남기 힘드네요. 여성 아이돌들도 한 명의 인간이자 아티스트로서 잘 성장하는 걸 봤으면 좋겠고, 그런 환경 속에서 서로 힘을 얻으면 좋겠는데. 서로 정신없이 경쟁해야 하고, 상품으로 소모되고, 그런 무한 경쟁 속에서 뱅뱅 돌아야만 한다니, 마음이 아프네요.

지은 '시장의 법칙은 이런 거니까 네가 알아서 눈치 빠르게 살아남아야지' '못 살아남으면 네 능력이 그거밖에 안 돼서 그런 거야'라는 분위기가 있는 거죠.

윤옥 제가 2014년도에 22명의 여성 노동자를 인터뷰했을 때 20대 여성들이 그랬거든요. 어리다는 이유로 당하는 온갖 수모에, 스트레스, 비전 없음, 내가 하고 싶지 않은 일을 억지로 해야 되는 거, 그런 상황들을 겪다 보면 그냥 '돈 잘 버는 남자 만나 전업주부 하고 싶다'는 생각이 든다고요.

희정 이제는 돈 잘 버는 남자도 사실 없고요. 그게 선택지가 안 되는 상황이죠.

윤옥 기자님은 방송 준비하시면서 이게 대안이 아닐까 하는 생각 혹시 해보셨어요?

지은 사실 우리의 딜레마는 이것이죠. 대중문화 시장에서 소비자로 머물 수밖에 없지만, 그 소비자로서의 권리를 잘 활용해야 한다는.

희정 소비자 갑질은 멈추고 소비자 주체가 되어야 한다는?

지은 그러니까 소비를 하는 사람으로서 목소리를 내야 어떤 방송사든 기획사든 듣는 시늉이라도 하는 것 같아요. 이를테면 '마마무'라는 팀은 여성 팬이 굉장히 많은데, 2016년에 내놓은 뮤직 비디오에 남성이 한 멤버에게 강제적으로 키스하는 장면이 있었어요. 팬들을 중심으로 이 장면에 대한 비판 여론이 생겼고, 소속사가 곧바로 그 장면을 삭제한 다음 재공개했죠. 이런 것처럼, 팬들이 목소리를 내고 그게 시장에 영향력을 갖거나 사회로 퍼져 나간다면 업계에서도 전보다 조심하고 잘못을 시정하려는 일들이 늘어나지 않을까 싶습니다.

윤옥 듣다 보니 의외로 할 수 있는 일들도 많네요. 이제 마무리를 해야 할 것 같은데요. 손희정 선생님은 오늘 어떤 생각을 하셨나요?

희정 저는 이 사회에서 10대들이 약자일 수밖에 없기 때문에 그들을 보호하는 동시에, 그들의 주체성을 보장할 수 있는 제도적인 안전망이 필요하다는 생각을 해요. 걸그룹에 대한 이야기를 나누면서도 그 생각을 한 것 같아요. 10대 여성을 단순히 희생양으로 보고 싶지는 않고요. 자신의 꿈을 찾아 가는 것은 사실 참 근사한 일이잖아요. 좀 더 안전한 환경에서 꿈을 추구할 수 있도록 뭔가 제도적인 변화가 뒷받침되어야 할 것 같아요.

윤옥 저는 사실 지금까지는 걸그룹이 그냥 딴 세상 이야기라고 여겼던 것 같아요. 그런데 오늘 이야기를 나누다 보니, 걸그룹이 경험하고 있는 노동과 삶의 조건이 결국 다 우리와 연결되어 있네요. 최지은 기자님이 말씀하신 것처럼 내가 겪고 싶지 않은 일은 다른 사람도 겪지 않을 수 있는 사회를 만들기 위해 함께 노력했으면 좋겠습니다.

지은 시장의 소비자들이 이 문제에 대해 계속 고민해 주시길 바랍니다. 그래야 생산자들의 고통을 줄인 상태에서 더 좋은 것들과 새로운 것들이 나올 수 있다고 생각해요. 그리고 소속사를 비롯한 해당 업계, 미디어, 법과 제도를 집행하는 기관들이 더 무거운 책임감을 가지고 인권과 노동환경을 개선해 나가기를 바랍니다.

윤옥 오늘 방송은 여기서 마치겠습니다. 수고하셨습니다.

+ 최지은이 덧붙이는 말

여전히 걸그룹은 극한 직업이다. 최근 1, 2년 사이 더해진 것은 이들을 향한 '페미 감별' 공격이다. '에이핑크'의 손나은은 "Girls can do anything"(여자들은 뭐든 할 수 있다)이라는 문구가 적힌 스마트폰 케이스 사진을 인스타그램에 올렸다가, '소녀시대'의 수영과 '레드벨벳'의 아이린은 베스트셀러 『82년생 김지영』을 읽었다는 이유로 남성들의 비난에 휩싸였다. 이에 많은 언론이 '페미니스트 논란'이라는 얼토당토않은 표현을 쓰며 동참했지만, 동시에 부당하게 공격받는 여성 연예인을 지지하는 목소리도 높아졌고, 각자의 자리에서 전과 달라진 모습을 보이거나 여성 이슈에 대해 발언하는 걸그룹 멤버들이 늘어났다. 시장에서 연예인이 상품화될 수밖에 없는 존재라면, 그중에서도 여성 아이돌은 가장 쉽게 성적 객체화의 대상이 된다. 그러나, 현실이 그렇더라도 이를 경계하기 위한 논의는 계속되어야 한다. 팬 사인회에서 일어난 불법 촬영에 침착하게 대처했던 '여자친구'의 예린이 최근 한 인터뷰에서

"이 직업을 가졌다고 해서 사각지대를 용인하기는 싫어요"라고 말한 것처럼, 걸그룹이라는 직업 때문에 무엇이든 감내하며 웃어야 하는 시대는 끝나야 한다.

드라마 속 일하는 여성을 찾아라

게스트 오수경

낮에는 일하고, 밤에는 드라마를 보는 평범한 직장인. '드라마는 아줌마들이나 보는 것'이라는 편견을 깨기 위해 기독교 잡지 『복음과상황』에 드라마 칼럼을 연재한 것이 계기가 되어 여러 매체에 드라마 칼럼을 기고했다. 페미니즘의 렌즈로 드라마를 보는 것에 관심이 많으며 현재 『시사인』 『경향신문』 등에 칼럼을 기고하고 있다. 『일 못 하는 사람 유니온』과 『불편할 준비』를 함께 썼다.

오늘의 주제

윤옥 오늘을 살아가는 여성 노동자들의 어려움을 속 시원히 파헤쳐 줄 평범한 여성 노동자들의 비범한 이야기 〈을들의 당나귀 귀〉!! 안녕하세요, 임윤옥입니다. 오늘은 청취자분들을 모시고 드라마의 세계로 가보려고 합니다. 손희정 선생님, 오늘의 주제를 소개해 주세요.

희정 네, 오늘 드디어 임윤옥 대표님이 계속 하자고 하셨던 그 주제를 다룰 예정입니다. '드라마 속 여성 노동'에 대한 이야기인데요. 사실 제가 드라마를 잘 안 보는 편이라 피해 왔던 주제인데, 이제 더는 피할 길이 없더라고요. 그래서 이분을 모셨습니다. 드라마 덕후 오수경 칼럼니스트입니다.

수경 안녕하세요? 오수경입니다.

윤옥 드라마를 정말 많이 보시는 모양이에요?

수경 안 그래도 제가 하도 드라마를 많이 보니까 "언제 그렇게 드라마를 보느냐?"는 질문을 많이 들어요. 그러면 저는 "책 읽는 시간 줄여서 드라마 본다" 그러는데요. 😃 그냥 매일매일 습관인 것 같아요. 절대 집으로 일을 가져가지 않는 스타일인데, 드라마를 보면서 하루 일과를 정리하는 습관이 있거든요.

윤옥 저는 드라마를 그렇게 챙겨 보는 것도 굉장히 피곤한 일이던데요. 😃 언제부터 드라마를 좋아하셨어요?

수경 제 꿈이 라디오 작가였거든요. 대학을 문예창작학과로 갔는데, 대학에서 재능이 없다는 걸 알게 됐죠. 그래서 좋은 독자, 시청자로 남아야겠다고 생각했어요.

희정 와, 굉장히 스스로에 대해 냉철하게 판단하시네요?

수경 그래야죠. 그래서 그 이후부터는 드라마를 쭉 보게 됐는데 아무래도 남들보다는 작가적 시선으로 보는 것에 좀 더 익숙하지 않았나 싶네요.

희정 그러면 작가님의 인생 드라마가 있을까요?

수경 아, 대답하기 쉬운 질문은 아닌데요. 제가 '금사빠'(금세 사랑에 빠지는 사람)라 드라마를 볼 때는 아낌없이 마음을 주는 편이거든요. 그래서 이 드라마를 꼽자니 저 드라마한테 미안하고…… 그런데요. 그래도 비교적 최근 작품 중 한 편 꼽아 보자면, 2014년에 방영된 정성주 작가님의 〈풍문으로 들었소〉를 정말 좋아했어요. 정 작가님은 그전에는 김희애 씨 주연의 〈밀회〉를 쓰셨던 분이고요. 그리고 그다음에 뽑을 만한 것은 2016년에 방영했던 〈청춘시대〉. 이 작품에 대해서는 글만 4편 정도 쓴 것 같아요. 2017년에는 역시 〈비밀의 숲〉이었고요.

희정 아, 〈비밀의 숲〉. 오수경 작가님 섭외할 때 이 드라마를 언급하시길래 진짜 열심히 몰아서 봤는데요. 정말 경건한 마음으로 볼 수밖에 없더라고요.

윤옥 저도 드라마를 좋아하기는 하는데요. 보통은 한 번에 한 작품 정도 정해 놓고 그걸 주로 보는 편이거든요. 그런데 최근에는 본 것이 없었어요. 워낙 현실이 드라마틱해서 드라마보다 뉴스를 보게 되더라고요. 하지만 방송 준비하면서 〈비밀의 숲〉을 유료 결제해서 다 봤거든요? 재미있더라고요. 그래도 역시 제 인생의 드라마는 〈디어 마이 프렌즈〉였던 것 같아요.

〈디어 마이 프렌즈〉

2016년 5월 13일부터 7월 2일까지 tvN에서 16부작으로 방영된 드라마. 〈세상에서 가장 아름다운 이별〉〈거짓말〉〈화려한 시절〉〈그들이 사는 세상〉 등으로 유명한 노희경 작가의 작품이다. "끝나지 않았다. 여전히 살아 있다"고 외치는 '황혼 청춘'들의 인생 찬가를 그린 드라마로 소개되었다. 고현정, 김혜자, 나문희, 박원숙, 윤여정, 고두심 등 걸출한 여성 연기자들이 출연했고, 노년 여성들의 우정과 모녀 관계 등을 다루면서 화제를 모았다.

수경 저도 정말 좋아했던 작품이에요.

윤옥 그 작품에 나온 여성들의 삶. 길 위에서 죽기를 꿈꾸는 삶. 이런 거 보면서 뭐라고 할까? 삶의 깊이와 죽음에 대한 성찰 같은 것들을 돌아볼 수 있었죠.

희정 〈청춘시대〉와 〈디어 마이 프렌즈〉가 비슷한 시기에 방송이 됐던 거로 기억하는데요. 사실 '가족 관계'나 '연적' 이런 것이 아니라면 여성들 사이의 관계를 그리는 드라마가 별로 없는데, 두 드라마는 20대 여성 공동체와 60, 70대 여성 공동체를 보여 주는 작품들이라 당시 여성들에게 큰 각광을 받았던 것 같아요. 종편이라서 절대적 시청률은 낮았지만, 꽤 흥행한 것으로 평가할 수 있어요.

〈청춘시대〉

2016년 7월 22일부터 8월 27일까지 JTBC에서 12부작으로 방영된 드라마. 대학가 셰어하우스 '벨에포크'에 모여 사는 다섯 명의 청년 여성들의 이야기를 다뤘다. 한예리, 한승연, 박은빈, 류화영, 박혜수 등이 출연했다. 캐릭터 설정과 일상을 살아가는 소소한 묘사들이 매우 현실적이라는 평가를 받으면서 20, 30대 시청자들에게 사랑받았다. 이 인기를 바탕으로 2017년에 시즌2가 제작되었다.

윤옥 인생 드라마 얘기를 해봤는데요. 사실 제가 손희정 선생님을 졸랐던 건 드라마가 우리 삶 속에 참 깊이 스며들어 있는데, 일하는 여성이 주체적으로 그려지는 드라마가 참 없는 것 같더라고요. 그리고 또 한편으로는 여성 노동자의 모습도 찾아보기 힘들고요. 그래서 계속 손희정 선생님을 쫓아다니면서…….

희정 "내놔라. 드라마와 여성 노동 내놔라" 그러셨죠. ☺

윤옥 여기에 대한 문제의식이 있어야 하는데, 왜 그런 비평이 없느냐는 생산적인 질문이었던 거죠. ☺ 그럼 이제 본격적으로 이야기를 시작해 볼까요?

드라마 속 가사 노동

수경 주제를 받아 들고 고민이 많이 되더라고요. 제가 드라마를 꽤 많이 봤는데도 드라마와 여성 노동이라고 하니까 특별히 생각나는 작품이 없는 거예요. 드라마는 특히 대중과 친밀한 영역이기 때문에 세태를 가장 민감하게 반영할 텐데 여성 노동은 가려져 있었던 거죠. 드라마가 그렇다는 건, 현실도 별로 다르지 않다는 것을 의미하죠. 그래서 남성 중심 서사가 힘을 발휘하는 사회에서 노동하는 여성에 대해 인식할 기회는 좀 부족하지 않았나 싶더라고요. 거기에 저도 '여성 노동자'라는 키워드로는 드라마를 보지 않았던 것 같고요.

윤옥 작가님은 왜 드라마를 '여성 노동자'의 관점에서 보지 않으셨을까요?

수경 생각해 보면, 살면서 여성 노동을 크게 인식하지 못했던 건 아닐까 싶었어요. 저희 부모님은 가게를 운영하셨는데요. 엄마가 가게 일을 하시면서 가사도 함께 돌보셨거든요. 그러면 엄마도 바깥일을 하셨다는 건데, 저는 그저 '가정주부'로만 인식했어요.

윤옥 같이 일을 하시는데도?

수경 밖에서는 노동을 하셨을지라도 집에서는 항상 밥하고, 청소하고, 빨래하는 분이셨기에 저에게 엄마는 노동하는 사람이 아니었어요. 한편으로는 제가 이 주제 생각하면서 떠올리게 된 단어인데, '직업여성'이란 단어가 있잖아요? 그런데 이 '직업여성'이란 단어는 일하는 여성을 일컫는 말이 아니라 유흥업에 종사하는 여성들을 완곡하게 일컫는 말이죠. 여성 직업에 대한 한국 사회의 빈곤한 상상력을 보여 주는 셈이에요. 제가 엄마의 역할을 인식했던 것과 더불어 사회의 인식을 생각해 보니 '그렇다면 가사 노동은 노동의 영역이 아닌 건가?'라는 질문이 가장 먼저 생기더라고요.

희정 아, 한국 사회에는 '일하는 여성'에 대한 상상력이 없을 뿐만 아니라, 가사 노동을 일이라고 생각하지 못하는 한계도 있네요.

수경 거기에서부터 오늘의 이야기를 좀 시작해 보고 싶어요. 지금이야 가사에 노동이란 단어를 붙여 인식을 하지만 저희 엄마 세대까지만 해도 그렇지 않았던 것 같아요.

윤옥 맞아요. 그것을 노동이라고 얘기하지 않았죠.

수경 그렇게 잘 안 보이는 여성의 가사 노동을 보여 주는 드라마가 김수현 작가의 드라마들이었던 것 같아요.

김수현

1943년 출생. 한국 드라마의 전설로 기록될 드라마 작가. 1972년 일일극 〈무지개〉로 데뷔했고 1973년 〈새엄마〉라는 작품으로 명성을 날리기 시작했다. 대표작으로 〈청춘의 덫〉 〈사랑과 진실〉 〈사랑과 야망〉 〈사랑이 뭐길래〉 〈목욕탕 집 남자들〉 〈엄마가 뿔났다〉 〈인생은 아름다워〉 등이 있다.

윤옥 아, 〈사랑이 뭐길래〉의 대발이 엄마 같은.

수경 그렇죠. 김수현 작가는 대가족 시스템을 그리는 것에 매우 능한 분인데요. 2016년에 SBS에서 〈그래, 그런 거야〉라는 드라마를 했었거든요. 그 드라마에도 대가족이 나와요. 무려 삼대가 함께 사는데, 그 중심에 있는 어머니가 "미아리 산동네 18평 연립에 살 때부터 시부모를 모시기 시작해서 환갑까지 손에 물이 마를 날이 없는" 캐릭터인 거죠.

희정 손에 물이 마를 날이 없었던, 환갑.

수경 환갑이 되도록 여전히 시어머니의 영향을 받으면서 살아요. 그러니까 딸의 입장에서 보면 그런 엄마가 너무 답답하고 이해가 안 되는 측면이 많잖아요. 그래서 딸이 엄마한테 "엄마 왜 그렇게 사냐"고 물어요. 그러니까 엄마가 화를 내면서 "니들 아빠 부모님 모시는 게 당연히 내가 할 일이었고, 니들 학교 끝나고 와서 '엄마'라고 부르고 아빠 퇴근하고 와서 '여보'라고 할 때 언제나 집에 있는 내가 행복했다"고 말해요. 그리고 이렇게 덧붙이죠. "내 자리에서 내 책임을 열심히 다한 걸 그렇게 노동이라는 말로 가볍게 얘기하지 마." 엄마 입장에서는 '노동'이라는 단어가 주부의 신성한 자기 영역을 비하한다고 생각했던 것 같아요. 딸이 노동 운운하면서 "그렇게 살지 말라"고 하니까요. 아주 오랫동안 여성의 가사 노동은 노동이라기보다 당연하고 신성한 의무로 인식이 됐던 거고, 그게 드라마 속 엄마에게 고스란히 반영된 것이죠.

윤옥 그렇게 신성시하면서 또 동시에 남편은 "내가 돈 벌 동안 너는 뭐 했냐"고 타박하는 이중 잣대.

희정 되게 모순적이네요. 그렇게 신성한 걸 왜 무시해요? 신성한 노동이 오히려 여성들을 차별할 수 있는 근거가 된다니.

수경 '가사 노동' 하니까 가장 먼저 생각난 건 대가족이 등장하는 주말 가족 드라마인데요. 그 가족들 안에서 여성이 어떻게 그려지느냐, 생각하니 몇 가지 장면이 떠오르더라고요. 보통 남성들의 무대는 거실이고, 여성들의 무대는 부엌인 거죠. 그리고 엄마나 아빠가 사라졌을 때 그들의 부재를 다루는 방식도 차이가 나거든요. 남자가 사라지면 엄마는 "그이가 이 생선을 참 좋아했는데" "니들 아버지가 살아 있었다면 니들이 무시를 안 당했을 텐데" 이런 식으로 말하죠.

윤옥 맞아. 왠지 많이 들었던 것 같아.

수경 남성이 여성의 부재를 감각하는 방식은 "여보, 양말 어디 있어?" 하며 찾다가 "아, 이제 없구나" 하는 식인 거죠.

희정 남성이 그냥 존재 자체로 회상된다면 여성은 그 여성이 했던 역할로 회상이 되는 거네요.

수경 어떻게 보면 강자가 약자를 인식하는 보편적인 방식이기도 한 것 같아서 늘 이 부분이 찜찜했어요. 그리고 주로 시어머니의 입을 통해서 "남편은 밖에서 고생하는데 너는 남자가 벌어 오는 돈을 집에서 편안하게 쓴다"라는 말이 나오기도 하죠. 그런가

하면 가정주부가 아닌 여성들이 어떻게 그려지냐 하면, 주로 얄밉고 이기적인 신세대 둘째 며느리, 이런 식으로 그려진다는 거예요. 사치스럽고, 탐욕스럽고, 가사 노동을 무시하거나, 그 의무를 수행하지 않는. 그래서 같은 여성이라도 그런 여성은 '악역'으로 인식하게 되죠. 그런 여성들은 생활감이 없게 그려져요. 집에서도 항상 굉장히 타이트하고 화려한 옷을 입고 있다든가, 머리를 풀 세팅하고 있다거나.

지혜　그렇게 보면 〈을당〉에서도 이야기한 적 있는 〈아버지가 이상해〉는 조금 달랐던 것 같아요. 아버지가 주로 요리를 하고요. 근데 다른 드라마였다면 딸들이 "아버지 제가 도울게요" 막 이럴 텐데, 여기서는 그러지 않거든요.

수경　그게 변화된 세태의 반영이 아닌가 싶어요.

희정　그래서 궁금했는데요. 〈아버지가 이상해〉는 왜 제목이 그런 건가요?

수경　그러니까 아버지가 이상한 이유가 부정적으로 이상한 게 아니라 아버지에게 사연이 있었던 거고 드라마가 그 사연을 중심으로 풀리거든요. 이 드라마가 '이상한' 이유는 말씀하신 대로 아버지가 무려 아내와 자식들을 위해 밥을 한다는 것이고요. 부모님 사이가 너무 좋아요. 저희 부모님은 그 부분을 굉장히 이상하게 생각하시더라고요. ☺ 그리고 아버지는 절대 권위적으로 굴거나 가족들 의견을 무시하지 않고, 중요한 일은 가족이 모여 함께 결정해요.

희정　그러니까 전통적인 가부장의 모습에서 좀 탈피된 새로운 아버지의 모습이어서 "아버지가 이상해"인 것이기도 하군요.

윤옥 가족 드라마에서는 여성의 공간은 부엌, 남성은 거실이라는 이분법이 여전히 공고하고, 공적 주체로서 노동하는 여성은 잘 보이지 않는다는 거네요. 게다가 가사 노동은 당연한 여성의 의무로 여겨지지만, '노동'으로서는 제대로 그려지지 않고요.

드라마 속 여성 노동자

수경 가사 노동의 문제를 짚었으니, 이제 사회에서 노동하는 여성들의 이야기를 살펴봐야겠어요. 제가 관찰한 바에 의하면, 노동하는 여성들이 어색하지 않게 드라마에 일상적으로 나오게 된 건 1997년 IMF나 2008년 세계 금융 위기를 겪은 이후부터인 것 같아요. 남성 가장이 실직을 하면서 여성이 어떻게든지 직업전선에 뛰어들 수밖에 없었고, 사회가 변하면서 사회적 존재로서 자리매김하고자 하는 여성들이 등장했죠. 그러면서 드라마에서는 '맞벌이'나 '커리어우먼' '골드 미스'라는 방식으로 노동하는 여성의 서사가 본격적으로 등장했다고 볼 수 있죠.

윤옥 우리가 남성 생계 부양자 모델이라고 하잖아요. 남성 가장이 돈을 벌고 여성은 가사를 돌보는 그렇게 낭만화된 정상가족 이미지는 IMF 이후에 완전히 불가능해진 거죠. 남성의 수입에만 의존해서는 살 수가 없는 상태인 거고요.

희정 실제로도 남성 가장이 가족의 생계를 부양하는 모델이란 게 한국에서 실현된 게 1970년대랑 1980년대 잠깐이었다고 하죠.

수경 일하는 여성을 생각할 때 제가 주목했던 드라마는 2013년에 방영했던 〈직장의 신〉이었어요. 김혜수 씨가 출연했던. 혹시 보셨나요?

〈직장의 신〉

2013년 4월 1일부터 5월 21일까지 KBS에서 16부작으로 방영된 월화 드라마. 일본 니혼TV의 〈파견의 품격〉2007을 리메이크한 작품이다. 미스 김은 2007년 은행 화재 사건에서 얻은 트라우마로 스스로 비정규직을 선택하여 자격증 170여 가지를 취득한 후 '슈퍼 갑 계약직'이 된다. 그의 직장 생활을 둘러싼 우여곡절을 다룬 블랙 코미디로, 김혜수가 '부장님도 쩔쩔매는 슈퍼갑 계약직' 미스 김을 연기했다.

윤옥 저 봤어요.

수경 역시. 어떻게 보셨어요?

윤옥 저는 상당히 통쾌했어요. 저희가 2002년부터 여성의 비정규직화, 비정규직의 여성화를 말하면서 여성이 비정규직으로 재편되는 신자유주의적 질서에 대해 계속 문제 제기를 해왔는데요. 그 드라마에서 김혜수는 비정규직이면서도 그런 비정규직의 자리에 포획되지 않는 존재였거든요. 판타지인 걸 알면서도 신나더라고요.

희정 그렇게 '노오력'해서 김혜수처럼 되어야지 좀 살아남을 수 있는 건가요?

윤옥 그러니까 김혜수도 결국 아주 예외적인 인물인 거죠.

수경 저도 손희정 선생님의 문제의식에 동의하는데, 이 드라마를 보면서 김혜수 씨가 연기했던 '미스 김'을 제일 좋아하는 건 누구일까 생각해 보면, 사실 사측이거든요. 능력 있지, 처우 개선을 요구하지도 않지, 파업 같은 것도 안 하지. 계약 기간이 끝나면

'쿨'하게 떠나는 거죠.

윤옥 사실 그때는 거기까지 생각 못했어요. 현실에서는 우리가 언제나 피해자인 것이 너무 지긋지긋해서 좋았던 것 같아요.

희정 저는 〈직장의 신〉도 한 30초 본 것 같은데. 그때 느꼈던 것은 미스 김이 너무 로봇 같다는 거였어요.

수경 드라마를 보면 미스 김이 그렇게 될 수밖에 없는 맥락이 있거든요. 드라마 1회 때 "IMF 16년 후. 기간제, 비정규직, 계약직이라는 새로운 인류가 나타났다"는 내레이션이 나와요. 미스 김은 원래 은행원이었는데, 2007년에 비정규직 보호법이 재정되면서 파업이 시작된 거죠. 미스 김이 멘토처럼 따랐던 진 계장이라는 언니가 있었는데, 그 언니가 "나는 파업하는 사람들 편에 서겠다"면서 파업에 동참했다가 그 은행에서 불이 난 거예요. 그래서 미스 김이 도와주러 가려는데, 그때 미스 김을 좋아했던 남자가 미스 김이 못 들어가게 하려고 밖에서 문을 잠가버려요. 결국 진 계장은 그 안에서 죽고, 미스 김은 화상을 입게 돼요. 또 이 진 계장은 드라마에서 계속 미스 김과 얽히는 장규직이라는 정규직 남성 노동자의 어머니죠. 장규직은 당시에는 파업을 진압해야 하는 전경이었어요. 이런 관계 망 안에서 이게 미스 김만의 문제가 아니라, 인간을 정규직과 비정규직으로 나누고 계속 도구화하는 사회 속에서 미스 김이 어떻게 이런 감정 없는 로봇이 되었는가에 대한 이야기였던 거죠. 그리고 이 드라마에는 미스 김만이 아니라 다른 여성 노동자들이 나오는데요. 3개월짜리 계약직 인턴, 5년째 비정규직인 여성. 이 여성의 경우에는 임신을 했지만 정규직 전환이 안 될까 봐 임신 사실을 계속 숨기고 있고요. 드라마에서 여성들은 '금빛나'라는 여성을 제외하고는 전부 비정규직이에요.

희정 현실이기도 한 거죠.

윤옥 그러니까 노동하는 개인 주체로서 여성이 드라마에 유의미하게 등장하는 것은 IMF 이후이고, 〈직장의 신〉은 여성 비정규직화를 다룬 작품인 거네요?

수경 네. 아까 말씀하셨듯이 미스 김은 굉장히 예외적인 케이스예요. 우리가 다 미스 김처럼 170개 자격증을 따고 이렇게 슈퍼갑 비정규 노동자가 될 수는 없잖아요. 그러니까 오히려 이 드라마에서 가장 현실적인 캐릭터는 3개월짜리 인턴 정주리나 임신한 사실을 숨겨야 되는 5년 경력 계약직 박봉희 같은 사람들이죠.

희정 캐릭터 이름들도 너무 재밌네요.

수경 그리고 이 두 여성은 2017년에 방영됐던 드라마들에도 다시 등장해요. 3개월짜리 인턴은 〈자체발광 오피스〉에서 은호원으로, 임신한 사실을 숨겨야 하는 여성은 〈아버지가 이상해〉에서 김유주로. 김유주는 임신한 사실이 밝혀져 회사에서 권고사직 당할 위기에 놓여요. 그러다가 결국 유산하게 되죠.

희정 현실에 존재하는 실례이니까, 계속 드라마로 돌아오는 거네요.

윤옥 지금 한국에서 여성 비정규직 비율이 남성 비정규직의 두 배에 달하거든요. 그리고 그렇게 여성들을 계속 비정규직으로 활용하기 위해 '쪼개기 계약'이라는 것도 횡행하고 있죠. 왜 몇 년 전에 중소기업진흥회였나요? 여성 인턴을 고용해서 2년 버티면 정규직으로 전환해 주겠다고 해놓고, 그 2년 동안 2, 3, 6개월 단위로 7번이나 쪼개기 계약을 하면서 옴짝달싹 못하게 해놨죠. 게다가 그분이 직장 내에서 당한 성희롱을 상부에 고발하자 2년 계약 완수를 이틀 남겨 두고 계약 해지를 한 사건이 있었어요.

희정 결국 그분은 자살하셨고요.

수경 그러니까 과거에는 가정에서 희생했던 어머니의 등을 밟고 사회가 유지됐고, 지금은 비정규직 여성들에게 빨대를 꽂아서 유지되고.

희정 드라마에서 비정규직 여성만 나오는 건 아니지 않나요?

수경 그렇죠. 2014년에 방영되었던 〈미생〉이라는 드라마에 정규직 여성이 등장해요.

희정 아, 〈미생〉은 봤어요.

〈미생〉

만화가 윤태호의 인기 웹툰 〈미생〉을 원작으로 한 드라마. 2014년 10월 17일부터 12월 20일까지 tvN에서 총 20부작으로 방영됐다. 바둑이 인생의 모든 것이었던 장그래가 프로 입단에 실패한 후 무역회사인 원인터에 입사하면서 벌어지는 우여곡절과 직장 생활 도전기를 다룬 작품이다. 임시완, 이성민, 강소라, 강하늘 등이 출연해서 호평을 받았다.

수경 다행이네요. ☺ 〈미생〉은 회사라는 사회와 거기서 일하는 노동자들에 대한 이야기인데요. 사회와 인간관계를 '바둑'에 빗대어 표현했죠. 바둑이 자신의 유일한 사회였던 고졸 장그래가 원인터라는 대기업에서 적응하고 성장하는 과정을 담은 드라마예요.

윤옥 아, 거기에서 또 여성 노동자가 겪는 상황들이 그려졌겠네요. 유명한 대사가 생각나는데요. 왜, "분 냄새 풍기러 왔느냐"던.

수경 드라마에서 주인공인 장그래의 입사 동기가 세 명이잖아요. 그 중에 유일한 여성 입사 동기가 강소라 씨가 연기한 안영이고요. 그 외에 여성 노동자로는 능력 있는 워킹맘 선 차장이 있어요. 그리고 잠깐 나오는 괴물 같은 재무부장이 있고요. 저는 안영이에게 관심이 가더라고요. 안영이는 수석 합격을 할 정도로 능력이 뛰어나지만, 남성 중심적인 조직 안에서 늘 소외되고, 심지어는 불이익도 당해요. 장그래한테는 오상식 과장이나 김동식 대리 같은 좋은 선배 그룹이 있어서 장그래가 실수를 좀 하고 그래도 돌봐 주지만, 안영이는 진짜 혼자였거든요.

희정 저는 이게 여성이 노동 현장에서 경험하는 것이기도 하지만 재현의 문제라는 생각이 들기도 해요. 아까 녹음 시작하기 전에도 잠깐 얘기했지만, 〈비밀의 숲〉은 정말 흥미로운 드라마지만, 배두나 씨가 연기한 한여진 캐릭터를 생각해 보면 정말 다른 여성들하고는 전혀 관계를 맺지 않는 사람으로 그려진 것 같아요. 끌어 주거나 밀어줄 선배도 없이 혼자 고군분투하는.

윤옥 너무 똑같다. 안영이나 한여진이나.

희정 자신의 뛰어난 능력 하나로 버티고 승부할 수밖에 없는. 그래서 실제로 저는 〈비밀의 숲〉 보면서도 조승우 씨가 연기한 황시목보다는 한여진이 더 판타지 같은 느낌이더라고요.

수경 차이점은 한여진은 두각을 나타낼 수 있었는데 안영이는 그렇지 못했다는 거죠. 그러면 같은 여성인 선 차장이 멘토가 되어 줄 수 있지 않느냐라고 생각할 수도 있겠지만, 선 차장도 굉장히 불안한 위치의 워킹맘이었던 거죠.

희정 지금 일 가정 양립하느라 죽을 맛인데 안영이 언제 끌어 주고.

윤옥 게다가 자기 위치 찾기도 잘 안 돼서 계속 '민폐'인 것처럼 취급 당하잖아요.

수경 도대체 왜 안영이가 그렇게까지 미움을 받았나 생각해 보면, 능력이 뛰어난 것도 그렇지만, 잘 웃어 주거나 고분고분하지 않았어요. 그게 남자 동료들이나 선배들을 나쁜 쪽으로 자극했던 거고요. 그러니까 "여자랑 일 못 하겠다"는 둥 "여자가 문제"라는 둥 여자들을 후려치는 말이나 내뱉고 말이죠. 남성들이 '역차별' 이야기할 때 생수통도 남자가 갈아야 한다며 억울해 하잖아요. 그 드라마에 안영이가 혼자 생수통을 들다가 실패하는 장면이 나와요. 근데 사실 전 이해가 안 갔던 게, 키가 작은 저도 생수통을 혼자 갈거든요. 굉장히 비현실적인 장면이라 생각했습니다. ☺

윤옥 저도 갈아요.

희정 그놈의 생수통 진짜. 그냥 버튼 누르면 물 나오고 얼음 나오는 거로 바꿔 달라고.

수경 일단 들고 무릎으로 지탱했다가 꽂으면 되잖아요. 그런데 안영이는 그걸 못하더라고요. ☺ 어쨌든 안영이한테는 너무 많은 기준이 요구돼요. 능력도 좋아야 하고, 여성으로서 고분고분해야 하고, 예뻐야 하고, 예뻐서 그게 또 회사에 도움이 되어야 하고요. 그렇게 많은 능력을 요구하지만 가르치고 이끌어 줄 동료는 부족하죠. 한 번 실수하면 '여자라는 문제'가 되어 버리고, 나락으로 떨어지죠. 만약 안영이가 그 조직에서 되게 잘 살아남았다고 가정해 볼까요? 만약 결혼도 하고 아이도 낳은 워킹맘이 된다면 사정이 조금 나아질까요? 그 모델이 선 차장이죠. 선 차장은 어때요?

지혜　정말 끝이 없네요.

수경　그러니까요. 이번 방송을 준비하며 생각해 보니 여성이 노동하는 인간으로 자리 잡는 게 고난의 연속이더라고요. 서바이벌 게임 같다고나 할까요? 선 차장은 회사에서 능력을 인정받지만, 엄마로서의 역할도 훌륭하게 해내야 되는 이중 노동의 현장에서 분투하는 여성인 거죠.

희정　슈퍼우먼이어야만 하는.

수경　중간에 아이가 아픈 에피소드가 나오는데요. 아이가 아프면 항상 죄책감을 가지고 시간을 내서 돌보는 일이 다 여성에게 전가되잖아요. 그래서 반차나 월차라도 내서 아이한테 달려가면, 또 회사에서는 "이래서 애 있는 여자는 안 되는 거야" 이런 말이 나오는 거죠. 선 차장이 아니라면 '독종'으로 분류되는 재무부장이 있고요. 종합하자면, 능력은 있지만 조직에 섞이지 못하는 청년 여성과 일도 잘하고 엄마의 역할도 소홀히 하면 안 되는 '워킹맘'과 '독종'으로 분류되는 올드미스 정도가 드라마가 그리는 여성 노동자의 평균이 아닐까요.

드라마 속 일하는 여성의 재현

윤옥　지금까지 여성의 노동을 가사 노동과 생산 노동으로 나눠서 어떻게 재현되는지 좀 살펴보았어요. 그리고 여성은 '노동하는 인간'이라기보다는 그저 '여성'으로 인식되는 경향이 있고, 그래서 항상 결정적으로 '여직원'으로 다뤄진다는 것. 그래서 남성과 동등하지 못한 취급을 당하는 식으로 그려진다는 이야기를 했는데요. 이제는 좀 더 구체적으로 일하는 여성이 어떻게 그려지는지 그 유형을 좀 살펴볼까요?

수경 제가 몇 가지를 생각해 봤는데요. 일단 여성은 무엇보다 '잠재적 연애 대상'으로 그려지더라고요.

윤옥 일하는 여성이어도?

수경 이런 말 있잖아요. 미드는 경찰이 나오면 수사를 하고 의사가 나오면 진료를 한다. 일드는 경찰이 나오면 경찰이 교훈을 주고 의사가 나오면 의사가 교훈을 준다. 한드는 경찰이 나오면 경찰이 연애하고 의사가 나오면 의사가 연애한다. 그러니까 어떤 드라마에서든 또 어떤 여성이 어떤 직업을 가졌든 연애 대상으로 그려진다는 거죠.

윤옥 잠재적 연애 대상자. 이건 진짜 온갖 드라마에 적용되는 불변의 법칙인 것 같아요.

희정 그러니까 기본적으로 여성은 남성과의 성적 관계나 혈연적 관계가 아니고는 그 존재를 설명할 방법이 없는 거죠. 한국 드라마의 상상력에서 보면.

수경 그렇죠. 남자의 사랑을 얻지 않았다고 해서 자기 존재가 무너지는 게 아니잖아요? 그 여성에게는 자기 일이 있고, 또 삶이 있는데, 드라마에서는 그런 남자와 무관한 독자적인 삶이 불가능한 것처럼 여겨지는 거죠.

희정 어떻게 보면 현실과 드라마가 밀접하게 영향을 주고받는데, 일하는 여성을 상상하지 못하는 사회는 일하는 여성을 상상하지 못하는 드라마로 이어지고, 이게 다시 현실에 영향을 미치기도 하고, 이러는 것 같아요.

수경 맞아요. 그래서 저는 시청자들이 러브 라인에 관심을 덜 주면 좋겠어요. 두 번째 유형은 '워킹맘' 캐릭터예요. 요즘 굉장히 많이 등장하고 있죠. 앞서 소개했던 〈미생〉의 선 차장이 대표적인 경우겠고, 2017년에 방영한 〈자체발광 오피스〉에서 조석경 과장이 워킹맘이었죠. 사실 생각해 보면 '워킹맘'이라는 단어 자체가 굉장히 이상해요. '워킹파파'라는 말은 없잖아요. 남성이 직업을 가지고 일하는 건 기본값이 되고, 여성은 굳이 '워킹'과 '맘'을 붙여 특별한 존재로 인식하게 하는 것 자체가 차별적 시선이죠.

희정 드라마 중에 〈워킹맘 육아대디〉 있었잖아요.

〈워킹맘 육아대디〉

"출산만 강요할 뿐, 키우는 방법에 대해서는 함께 고민하지 않는 세상에서 부모라면 누구나 겪고 있는 육아 전쟁 백서를 다루는 드라마." 2016년 5월 9일부터 11월 11일까지, MBC에서 총 120부작으로 방영됐던 일일 드라마. 일을 하는 아내들과 육아를 하는 남편들의 이야기를 다룬 작품으로 경력 단절, 육아휴직, 남존여비, 경단녀 등 임신, 출산, 육아를 둘러싼 현실적인 문제들을 다루면서 적지 않은 공감과 호평을 받았다. 홍은희, 박건형, 오정연, 한지상 등이 출연했다.

수경 워킹맘이 이상한 존재인 것처럼 육아대디도 이상한 존재라는 거겠죠. 전문적인 영역인 경찰도 〈미세스 캅〉이라는 제목으로 나왔어요. 주인공이 김희애 씨였는데요. 경찰이라는 전문직에 종사하면서도 결정적인 순간에 "나 아줌마야!" 이런 대사를 반복해요. 그러니까 드라마에서는 변호사건, 경찰이건, 뭐건 일단

'엄마'라는 정체성이 앞서는 셈이죠.

희정 이게 그러니까 직장에서는 워킹맘이 등장하면 '맘'에 방점이 찍히고 집에 오면 '워킹'에 방점이 찍히는 거네요.

윤옥 그러네요. 그 갈등 구조에 여성이 놓이게 되는 거죠. 집에서는 '워킹'맘이기 때문에 죄책감에 시달리고. 또 회사에서는 워킹'맘'이기 때문에 일을 안 한다는 등.

수경 〈미생〉에서 선 차장이 둘째를 임신하게 되거든요. 임신을 알게 된 직원들이 대화하는 장면이 나오는데 "나 이래서 여자랑 일 못하겠다는 거야. 희생정신도 없고 도대체 뭘 기대하겠어?" 이런 식으로 얘기한다든가, "그거 참 또 임신했대. 참 이기적이다" 이렇게 얘기하죠. 그런데 남성들만 수군거리는 게 아니라 여성들도 수군대는.

희정 내면화되어 있으니까요.

수경 이게 되게 웃긴 거죠. 남성 직장인이 둘째 가졌다는 이유로 그런 말을 듣거나 회사에서 잘리기를 합니까? 게다가 요즘은 이혼한 여성들도 드라마에 많이 등장하는데요. 워킹맘인데 이혼녀면 이중 차별, 더 극심한 차별을 받아요. 〈자체발광 오피스〉에서 조석경 과장이 이혼한 워킹맘이었어요. 조석경 과장이 어떤 인물이냐 하면 출산 전날까지 이 악물고 야근해서 애 낳고 2주 만에 출근했다는 전설의 주인공. 그만큼 성취욕도 강하고 뛰어난 업무 능력을 갖춘 여성이에요. 그럼에도 동기들이 부장으로 승진할 때 여성이라는 이유만으로 만년 과장이에요. 그런 상황에서 이혼했다는 소문이 회사에 퍼지니까 "독해서 그렇다"는 이야기가 도는 거죠.

윤옥 여성이라는 이유로 직장에서 차별받고, 또 하는 일 자체도 차별받고. 너무 분하네요. 상담하면서 많이 듣는 이야기가 중장년 여성이 일한다고 하면 "용돈 벌이"라는 식으로 이야기되고, 그렇게 여성이 진지하게 근로에 임한다고 생각되지는 않죠. 그러다 보니 이언주 의원처럼 "밥하는 아줌마가 왜 정규직이 되어야 하냐"는 막말을 하게 되는 것이기도 하고요. 정말 이런 현실이 드라마에서도 그대로 드러나네요.

수경 그리고 그게 전문직이거나 사무직인 경우는 드라마에서 그나마 비중 있게 다루잖아요. 부정적으로든. 그런데 생산직이나 서비스직 여성의 노동이 주요하게 다뤄진 적이 있었을까 하고 생각했더니 별로 없는 것 같아요. 그나마 2015년에 〈송곳〉이라는 드라마에서 대형마트 푸르미 일동점에서 일하는 여성 노동자들이 나오긴 했지만 주인공은 남성들이었어요. 파업을 주도한 이수인 과장과 노동상담소 고구신 소장이었죠. 그러니까 이 여성들의 목소리는 남성들의 문제의식을 통해 재현되었고요.

희정 사실 '남녀평등' 이런 이야기를 하면 사람들이 "그거 역차별이야. 요즘 여자들은 능력 있잖아" 이렇게 얘기하잖아요. 이런 역차별의 감각을 만드는 데 큰 역할을 하는 게 저는 대중문화에서의 '골드미스'라든가, 그런 능력 있는 여성의 재현 방식과 연결되어 있는 것 같거든요. 여성 노동의 피라미드에서 유리천장을 뚫은 1.9퍼센트만 딱 보여 주고는 정말 다양한 결의 여성 노동은 지우거나, 아니면 그런 다양한 직종에 있는 여성들이 굉장히 쉽게 자신의 섹슈얼리티를 본부장이나 금수저 남자들과 교환할 수 있는 것처럼 그리잖아요. 하지만 그게 현실은 아니죠.

수경 이제 마지막 유형인데요. 잠재적 연애 대상, 워킹맘, 그리고 마지막이 '사회성이 부족한 센캐 여성'.

윤옥 드센 언니들?

희정 아, 익숙하다 이거.

수경 어리버리하게 연애 대상으로나 그려지는 20대 여성이나 30, 40대의 워킹맘 사이에서, 이제 이런 센캐 언니들이 존재하는데요. 〈직장의 신〉에서 미스 김이 항상 회식이나 접대 등을 거절하면서 왕따가 되거든요. 〈미생〉의 안영이도 "여자가 뭐 이렇게 빳빳해?" 이런 반응을 듣죠. 그리고 〈욱씨남정기〉라고, 2016년에 방영했던 드라마가 있는데요. 이 드라마에서도 옥다정은 따박따박 남성 중심 문화와 갑질 문화에 문제 제기하는 사람이죠. 그러니까 미스 김, 안영이, 옥다정 이렇게 셋의 캐릭터를 종합해 보면 실력은 뛰어나지만 조직 문화에 순응하는 인물은 아닌, 그래서 회사에서 부정적인 이미지로 비춰지는 그런 인물.

윤옥 그게 바로 남성 중심적인 조직 문화의 결과인 거잖아요. 순응하지 않는다고 사회성이 부족하다고 타박하고. 사실 그런 조직 문화가 말하는 사회성의 상당 부분이 뒷거래하고 부정부패를 일삼는 거면서.

수경 그래서 드라마를 보면 남성들의 접대 문화가 자연스럽게 그려져요. 〈미생〉에서도 그렇고 〈욱씨남정기〉에서도 그렇거든요. 그런 남성 연대의 접대 문화 안에서 여성 노동자가 할 수 있는 일은 많지 않은 거죠. 그러다 보면 조직에서 밀려나거나, 고독한 존재가 되거나, 워킹맘이 되거나, 뭐 그런 거예요.

희정 제가 〈비밀의 숲〉에서 상당히 인상적이었던 대사가 뭐였냐면요. 어디에도 빠지지 않는 이경영이 이 드라마에도 나오는데요. 이 남자가 사위랑 술을 마시고 들어오니까 딸이 물어봐요. "즐거운 시간 보내셨나 봐요?" 그랬더니 "남자들이 마시는 술의 반은 근심이란 말 모르냐" 이렇게 대답하거든요. 술로 정치하고 영업하고 장사하고, 다 하는데. 실제로 술자리에서 맺어지는 남성 연대라고 하는 것은 룸살롱 문화로 대변되는, 여성의 신체를 선물로 교환하는 것으로 가능해지는 그런 연대란 말이죠. 그러다 보니 자연스럽게 여성 동료가 배제되는.

수경 심지어 여자의 적은 여자, 즉 '여적여' 구도에 가둬 버리죠. 그래서 〈비밀의 숲〉을 보면 "여자의 적은 여자라는데……"라며 견제하는 말에 "여자의 적은 여자라는 말에 맞장구치는 사람들은 자기가 지금까지 다른 여자들을 적으로 대해 온 게 아닐까요?"라고 시원하게 되받아치면서 주변을 얼려 버리죠. 요즘 말로 하자면 '갑분싸'('갑자기 분위기가 싸해진다').

조금은 달라진 여성 캐릭터들

희정 드라마가 여성을 문제적으로 그리면 문제적으로 그리는 대로, 또 현실을 반영하면 반영하는 대로, 계속 짜증이 나네요? ☺ 좀 볼만한 재현들도 있을 것 같아요. 뭐가 있을까요?

수경 저도 이 부분에 대해 고민해 봤는데요. 솔직히 말하자면 예능편을 듣고는 그런 생각을 했어요. 드라마가 예능보다는 좀 낙관적이다. ☺ 영화도 그래요. 손희정 선생님이 한국 영화 얘기하는 걸 들으면, 드라마가 영화보다는 아주 조금 낫지 않나 싶거든요.

희정 드라마라도 희망이 있다니 다행이네요. 어떤 작품을 추천해 주실 건가요?

수경 제가 캐릭터 별로 좀 정리해 보았는데요. 첫째는 '성취와 자부심으로 무장한 여성'. 이게 너무 거창하기는 한데요. 미스 김이나 옥다정이 좋은 예가 될 수 있겠고, 〈아버지가 이상해〉의 변혜영 같은 캐릭터도 멋있고요. 사이다 열 잔을 들이마신 것 같은 캐릭터죠. 이들이 멋있는 이유는 자신의 영역을 잘 구축하면서 결국 자신이 속한 곳도 이롭게 하는 역할을 한다는 것이죠. 하지만 이런 여성들이 갑자기 튀어나온 것은 아니고 훨씬 전에 〈올드미스 다이어리〉나 〈내 이름은 김삼순〉 같은 드라마의 30대 여성들이 전신이 되어 준 것이죠. 〈올드미스 다이어리〉의 최미자는 성우였고, 〈내 이름은 김삼순〉의 김삼순은 파티시에였죠. 물론, 그들의 '연애' 과정이 드라마의 주된 줄거리였지만, 자기 영역에서 발전하고 싶은 일하는 여성의 가능성도 보여 줬죠.

〈내 이름은 김삼순〉

2005년 6월 1일부터 7월 21일까지, MBC에서 16부작으로 방영한 수목 미니시리즈. 2005년 최고 시청률인 50.5퍼센트를 기록했다. 2008년 방영된 최강희 주연의 SBS 〈달콤한 나의 도시〉와 함께 한국 칙릿chicklit 드라마의 대표작으로 이야기된다. '촌스러운 이름'과 '뚱뚱한 외모'라는 콤플렉스를 가지고 있지만, 전문 파티시에로 자신의 커리어를 착실히 쌓아 가고 있는 김삼순의 일과 사랑을 다룬 작품. 김선아, 현빈, 정려원, 다니엘 헤니가 주연해 로맨틱 코미디 드라마에 가히 돌풍을 일으켰다고 할 수 있다.

수경 이 드라마들이 2005년 즈음 나왔는데, 그로부터 10년이 흐르면서 일하는 여성들의 모습도 좀 더 다양해진 것 같아요. 뿐만 아니라 사랑도 굉장히 주체적으로 하죠. 예를 들어 〈아버지가 이상해〉의 변혜영은 결혼을 약속한 남자 친구에게 '결혼 인턴제'를 제안하면서 주목을 받았죠. 상호 합의된 계약서를 작성하고 1년 동안 살면서, 계약을 잘 이행했는지 서로 체크한 다음 재계약 여부를 결정하자는 거죠. 어찌 보면, 여전히 결혼 제도를 고수하는 부모 세대와 결혼의 불가능성을 말하는 자녀 세대 사이의 적절한 타협점을 제시한 것 같은데요. 가장 보수적인 시청자를 확보한 주말 가족 드라마에서 이런 새로운 여성들이 등장하고 있다는 점에서 의미 있는 것 같아요.

윤옥 저는 〈욱씨남정기〉를 봤는데, 옥다정의 인맥 관계가 결혼한 남편들로 이뤄져 있는 것이 좀 재미있었어요. 물론 도움을 받아야 하는 대상이 다 남자들이라는 건 좀 짜증나지만, 그게 한편으로는 현실에서 워낙 여성 네트워크가 없는 것을 반영하는 것일 수도 있죠.

수경 그러니까 미스 김도 그렇고 옥다정도 그렇고 결국에는 자기가 원하는 방식으로 회사를 선택하고 그다음에 자리를 옮겨 자부심을 지키면서 성취해 간다는 점에서 긍정적인 캐릭터인 것 같았고요.

윤옥 옥다정은 중소기업에서 일하면서도 대기업에 할 말 따박따박 다 했죠.

희정 엄청난 판타지네요.

수경 그렇긴 하죠? 변혜영도 가정이 위기에 처했을 때 능동적으로 해결할 수 있었던 이유는 변호사라는 직업 때문이기도 했죠.

윤옥 변혜영의 사이다 발언 하나만 소개해주세요.

수경 가장 많이 회자된 건 '역지사지'를 재해석한 거였어요. "역으로 지랄을 해야 사람들이 지 일인지 안다." ☺

윤옥 또 어떤 유형을 볼 수 있을까요?

수경 '욕망에 충실한 여성'이요. 〈파스타〉의 서유경, 〈질투의 화신〉의 표나리를 예로 들 수 있겠네요. 두 작품 모두 서숙향 작가의 작품이었고, 둘 다 공효진 씨가 연기했죠. 서숙향 작가는 성공하고자 하는 욕심 많은 여성이 성공하기 위해 노력하는 이야기를 잘 그려요. 욕심 많은 여성이 야합도 하고, 남자도 이용하고 그러죠. 옛날 드라마라면 악녀로 그려질 만한 캐릭터인데요. 누구보다 긍정적이고 사랑스럽게 잘 표현하고요. 유경은 자신을 괴롭히고 구박했던 헤드 셰프와 결국 사랑에 빠지게 되는데요. 동료가 그런 말을 해요. "너는 일도 성공하고 사랑도 이루고 싶냐? 너무 욕심 부리는 거 아니냐?" 그러니까 서유경이 뭐라고 말하냐면 "일하는 토끼가 사랑도 하는 거다".

희정 이것도 일·가정 양립인가요?

수경 사랑이 가정으로 연결되는 건 아니지만.

희정 아, 그러네요. ☺

윤옥 직장에서 잠재적 연애 대상으로만 존재하는 여성 캐릭터에 대해 비판했는데, 여기서는 여성이 연애나 일을 둘 다 노리는 주체적인 존재로 그려지는군요.

수경 그런 셈이죠? 그리고 또 하나의 캐릭터는 '연애하지 않고 일을 하는 여성'.

지혜 아, 〈비밀의 숲〉이요. 우리가 다 몰아 봤던.

〈비밀의 숲〉

2017년 6월 10일부터 7월 30일까지, 16부작으로 방영한 tvN 드라마. 감정을 느끼지 못하는 검사 황시목(조승우)과 유능하고 정의로운 형사 한여진(배두나)이 협업하여 검찰 내 스폰서 사건의 진실을 파헤친다는 내용이다. 2017년을 풍미하고 있던 '음모론'과 검사물의 인기를 잘 버무리면서 입체적인 사건 설계를 보여 주며 큰 사랑을 받았다.

희정 그런데 사실 한여진 경위와 영은수 검사, 두 명의 여자가 나오는데. 둘 다 황시목을 좋아하지 않나요? 다만 황시목이 감정을 못 느끼기 때문에 안 이뤄지는 거죠. 영 검사는 굉장히 좋아했고, 한 경위는 좀 애매했던 것 같은데.

수경 그래요? 저는 한 경위의 감정은 황시목에 대한 인간적인 연민이라고 느꼈는데.

희정 아, 그렇게 볼 수도 있겠네요.

수경 영 검사나 한 경위뿐만 아니라, 황시목 검사실에서 일하는 여성이 나오는데요. 저는 그분이 일을 되게 잘해서 좋았어요. 어떤 일이든 척척 해내고. 비중이 작았지만, 그래도 서사의 큰 흐름 안에서 늘 존재했던 것 같아요. 또 연애하지 않는 여성으로 〈시그널〉의 차수현. 김혜수 씨가 연기했죠.

〈시그널〉

2016년 1월 22일부터 3월 12일까지, tvN에서 방영된 16부작 드라마. 2015년 프로파일러로 활동하고 있는 박해영(이제훈)이 1980년대부터 2000년대까지 활동하다가 실종된 형사 이재한(조진웅)과 시간을 초월해 교신할 수 있는 무전기를 발견하면서 벌어지는 사건을 다룬 추리 스릴러물. 박해영의 상관인 차수현(김혜수)은 10여 년

전 이재한과 함께 활동했었고, 갑자기 실종된 그를 여전히 찾고 있는 중이다. 세월호 이후 한국 사회에는 과거로 돌아가 사고나 재난으로부터 피해자를 구하고 사건을 해결하려고 노력하는 '타임 슬립' 물이 유행했다. 〈시그널〉은 정확하게 타임 슬립은 아니지만, 현실에서 과거에 개입하려고 한다는 점에서 포스트 세월호의 대표적 텍스트 가운데 한 편이라고 할 수 있다.

희정 왜요. 옛날에 조진웅이 연기한 이재한 형사를 좋아하잖아요. 실제로 차수현이 연애를 안 하는 이유는 이재한이 사라졌기 때문이잖아요. 아닌가?

수경 아니, 중요한 건 연애를 했느냐 아니냐는 아닌 것 같아요. 핵심은 여성의 일이 어떤 관계 안에서 그려지느냐, 그리고 억지스러운 러브 라인이 자꾸 만들어지느냐, 아니냐인 것 같거든요. 그리고 시청자들도 그런 러브 라인에 좀 질리기 시작한 것 같고요. 여성이 더는 남성의 보조적 존재가 아니라 서사의 중심에서 그 이야기를 이끌고 갈 수 있다는 것이 중요한 거죠.

희정 음, 그러네요.

수경 이제 마지막 캐릭터인데요. 요즘 'N포 세대의 입장을 잘 대변하는 여성' 캐릭터입니다. 〈풍문으로 들었소〉의 서봄, 〈자체발광 오피스〉의 은호원. 그리고 〈쌈 마이 웨이〉의 최애라가 그런 캐릭터였죠. 물론 〈청춘시대〉의 '하메'(하우스메이트)들도 그랬고요. 이렇게 미래가 불확실한 비정규직 여성들의 이야기가 많아지고 있다는 점을 주목하고 싶어요. 〈풍문으로 들었소〉는 사실 일하는 여성의 얘기는 아닌데 제가 팬심으로 언급해 봤는데요. 이 드라마에서 서봄(고아성)은 고등학교 3학년일 때 대대로 법조인 집안 장남인 한인상(이준)과의 하룻밤 일로 임신을 해서 그 집의 며느리가 돼요. 하지만 그 안에서 순응하는 것이 아니라 나름의 투쟁을 시작하죠. 그래서 혁명을 일으키게 되는데요. 그때 그 세계의 약자들, 즉 비서, 가정부, 집사와 연대를 하는 거죠.

희정 가정부와 집사가 있을 만큼의 '갑' 집인 거군요?

수경 드라마의 배경이 되는 장소 자체가 또 하나의 메시지이기도 한데요. 어두침침한 고택에 메이드 복장을 한 가정부나 집사들이 있는 거예요. 그래서 이 사람들이랑 서봄이 뭘 하냐면, 같이 노동법을 배워 '갑'에게 저항하죠. 그런데 그 노동법 강의가 꽤 오래 화면에 잡히는 거죠. 결국 이들은 그 세계를 뛰쳐나와 새로운 공동체를 형성하게 되는데요. 이후 서봄은 사법시험 준비를 하게 되고, 아이는 그 공동체의 공동 육아로 돌보게 되거든요.

희정 봐야겠네요.

윤옥 급 당깁니다. 지금.

수경 이 드라마는 정말 볼만해요.

희정 영업에 성공하신 것으로. ☺

수경 그다음에 〈자체발광 오피스〉 은호원은 굉장히 저스펙에 비정규직 노동자거든요. 그래서 드라마를 보면 '아, 서봄이 남편인 한인상과 결혼하지 않고 대학 가서 졸업을 했다면 은호원이 됐겠구나' 하는 생각이 들어요. 왜냐하면 서봄 집은 되게 가난했거든요. 은호원은 자소서를 100통쯤 쓴 다음에 '하우라인'이라는 가구 회사에 취직을 하고 그 안에서 여러 부당함과 맞서거나 타협하며 성장하죠.

희정 그런데 듣다 보니까 재미있는 게 〈풍문으로 들었소〉의 서봄도, 〈자체발광 오피스〉의 은호원도 다 고아성 씨가 연기하잖아요.

근데 고아성 씨가 영화 〈오피스〉에서도 비정규직 여성 인턴으로 등장하거든요. 그런데 그 회사에 따돌림당하는 무능한 만년 과장이 자살을 해요. 그 과장 혼령이 마찬가지로 열악한 위치에 있었던 고아성에게 빙의하면서 사건이 벌어지는 호러물이에요. 고아성은 N포 시대 비정규직 여성의 얼굴인 건가요!!

수경 전 사실 고아성 씨 눈빛을 굉장히 좋아해요. 제가 그 눈빛을 "지지 않는 눈빛"이라고 별명을 붙였는데요. 이글이글 타오르는 눈빛은 아닌데, 직시하면서 할 말을 다 하는, 그런 눈빛이에요.

N포 세대의 얼굴

윤옥 N포 세대 비정규직 여성들이 직장 내에서 저항하고 자기 목소리를 내는 캐릭터도 등장했다는 이야기까지 했어요.

수경 그런데 이 여성들이 발랄하게 저항한다고 하지만 사실 세상이 변하지는 않는 것 같아요. 어찌 보면 이들은 계속 언제 잘릴지 모르는 위기에 놓여 있거나, 워킹맘이 되거나, 하는 순환 구조 안에 있거든요.

윤옥 그렇죠. 여성 노동자의 생애 서사에서.

수경 세상이 여전히 정규직, 비정규직으로 갈라져 있고. 뿐만 아니라 가장 열악한 비정규직 노동의 자리에는 청년 여성들이 가게 되니까요. 그런 상황을 외면하고 '노력을 충분히 하지 않았다'며 개인을 탓하거나, '수저론'을 들먹이며 자신이 처한 계급을 탓하게 하는 사회가 되었죠. 그리고 거기에 비정규직 여성 청년들이 폭력과 착취에 놓이는 상황들이 재현되고 있어요. 〈청춘시대〉에 등장하는 윤진명이 그런 캐릭터였죠. 생계형 아르바이트를 뛰는 윤진명의 꿈은 취직해서 평범한 삶을 사는 거였어요. 투잡, 쓰리잡을 뛰는 이 친구의 유일한 낙은 일요일 밤에 맥주 한 캔 마시는 거. 그런 삶이라도 유지하기 위해서 모든 인간관계를 절연하고 돈벌이에 몰두해야 하는 거죠. 그렇게 열악한 상태에 놓여 있으니까, 또 직장에서는 성희롱을 당해도 그걸 감수해야 하고요. 〈쌈 마이 웨이〉의 최애라는 백화점에서 안내 데스크 일을 하는데요. 사람들이 굉장히 무시하잖아요. 그래서 갑질의 희생양이 되어 결국 회사를 나오게 되거든요. 하지만 최애라는 저항하는 여성이기도 해서요. 결코 절망하지 않아요. 면접 보러 간 자리에서 "남들 스펙 채울 때 뭘 했습니까?" 이런 질문을 받는데, 최애라는 눈을 동그랗게 뜨고 "저는 남들 그렇게 할 수 있을 때 돈 벌었습니다" 이렇게 말하거든요.

윤옥 박수 보내고 싶네요. 주눅 들지 않고, 이게 내 탓이 아닌 거잖아, 그런 이야기를 할 수 있어야 한다고 생각해요. 이제 마무리를 해야 할 것 같은데요. 마지막으로 하고 싶은 이야기가 있을까요?

수경 사실 이 주제를 처음 생각했을 때 가장 먼저 떠오른 드라마가 있는데요. 〈막돼먹은 영애 씨〉였어요.

〈막돼먹은 영애 씨〉

tvN의 개국공신이라고 불리는 코믹 드라마. 2007년 4월 20일 첫 방송을 시작해, 지금까지 총 17개의 시즌을 방송한 장수 드라마이다. 이름은 '이영애'이지만 '대한민국 평균 이하'인 영애 씨(김현숙)가 고군분투하면서 일과 사랑, 우정 그리고 삶을 추구하면서 벌어지는 우여곡절을 다루고 있다. 10년 넘은 드라마답게 넓고 단단한 팬덤을 구축하고 있다. 2011년에는 드라마 속 영애 씨인 김현숙 씨가 주연한 동명의 뮤지컬로도 제작되었다.

수경　오늘은 별로 이야기할 기회가 없었지만, 2007년에 시작해 열일곱 번째 시즌까지 방영한, 〈전원일기〉 이후 최장수 드라마가 아닐까 싶은데요. 이 드라마는 제목이 드러내듯, 이영애를 중심으로 이야기가 전개돼요. 10년 사이 이영애는 4번의 이직, 2번의 자진 사퇴, 2번의 해고를 경험하며 '일하는 여성'으로서 무르익어 가는데요. 이 드라마를 분석한 〈아이즈〉 기사*에 따르면, "광고 디자이너지만 경리 일도, 차 심부름도, 청소도 자연스레 여직원의 몫이 되어 버리는 10인 이하 영세 사업장에서 직장 생활 대부분을 고용의 불안정과 직결되는 환경에서 보내고, 사장 개인의 변덕이나 무능, 독단을 막을 시스템은 존재하지 않고 연봉은 제자리걸음에 월급이 연체되기도 일쑤다. 시즌12에서 경력 12년 차 디자이너인 영애의 월급은 203만 원에 불과했다"라고 '일하는 여성, 이영애'의 현실을 압축해서 소개해요. 앞서 여러 '일하는 여성'을 소개했지만, 이 드라마 속 이영애가 가장 현실적인 여성이 아닐까 싶어요.

윤옥　그러네요. 지금 우리나라 남성 평균임금과 여성 평균임금이 100대 64라고 하는데, 제가 자료를 봤더니 작년 여성 평균임금이 186만 9000원이고 남성 평균임금이 291만 8000원이에요. 정말 100대 64가 그대로 관찰되고 있는데요. 10인 미만 사업장

* 최지은, "막돼먹은 영애 씨, 살아남은 영애를 위하여!", 〈아이즈〉(2015/08/19).

의 경우에는 훨씬 더 상황이 열악하죠. 12년 차가 되었다고 해도 월급이 203만 원이라는 건 아주 현실적인 설정이죠.

남녀 평균임금

통계청·여성가족부가 2017년 6월에 배포한 「2017 통계로 보는 여성의 삶」에서 인용한 고용노동부 자료에 의하면, 2016년 1인 이상 여성 월평균임금은 186만 9000원이고, 남성 대비 임금수준은 68.4퍼센트이다. 같은 자료에서 이 남성 대비 임금수준 비율은 2006년에는 64.3퍼센트였고, 10년간 불과 4.1퍼센트밖에 상승하지 않았다.*

수경 그러니까 많은 여성이 사실은 '이영애'인 거죠. 그런 의미에서 이 드라마가 정말 좋은 드라마였던 것 같고요. 이 드라마가 장수해서 이영애가 동시대 여성들과 함께 나이 들어 갔으면 좋겠어요.

윤옥 저도 한번 봐야겠네요. 창업을 했으니 얘기가 좀 달라지겠다.

수경 그런데 또 그것을 말아먹은 것 같아요. 어디에 자진 입사를 한 것 같은데 드라마를 보지 못해서 잘 모르겠네요. 어쨌거나 드라마는 대중의 변화에 가장 민감한 장르이니 비교적 빠르게 변화할 가능성이 있지 않나 싶어요. 게다가 한 번 시작하면 16부작은 기본이고, 20부작, 24부작까지 이어지니까. 그 사이에서 여성 서사가 안 보일 수는 없는 거거든요. 물론 긍정적인 면만 볼 수는 없지만, 최근 몇 년 사이 드라마 속 여성들의 서사가 달라지고 있다고 생각해요. 아직 부족하지만요. 드라마가 더 많은 여성들을 보여 주고, 참고할 롤모델을 많이 등장시켜 주면 좋을

* 「2017 통계로 보는 여성의 삶」, 통계청·여성가족부, 2017

것 같아요.

윤옥 저는 인생에서 두 가지가 제일 중요하다고 생각해요. 무슨 일을 하고, 누구와 살 건가. 그러니까 일과 사랑, 두 가지는 정말 중요한 거죠. 지금까지 드라마는 '누구랑 살 것인가'나 '누구를 사랑할 것인가'에만 주목했던 건데, 이제는 '무슨 일을 할 것인가'에 대해서도 이야기할 때가 된 것 같아요. 그래서 드라마가 우리가 어떤 삶의 방식을 따를 것인가, 평등한 삶이란 무엇인가, 이런 이야기를 좀 더 다룰 수 있었으면 좋겠네요. 그런 의미에서 드라마에서의 여성 재현을 페미니즘의 관점에서 분석하고 이야기 나눠 본 것이 좋았던 것 같아요. 〈을당〉에서도 계속 이런 문제 제기를 하기로 해요.

지혜 제가 〈비밀의 숲〉을 몰아 보면서 한여진의 대사에 꽂힌 것이 있었는데요. "눈감고 침묵하니까 이러는 거다. 누구 하나만 제대로 짖어 주면 바뀔 것이다" 이런 대사가 나오거든요. 우리 〈을당〉이 그렇게 '제대로 짖는' 역할을 하고 있는 게 아닌가 싶기도 하네요.

수경 이런 의미 있는 자리에 불러 주셔서 감사합니다.

윤옥 수고하셨습니다!

+ 오수경이 덧붙이는 말

'페미니즘 리부트'와 '미투' 운동 이후 드라마 속 여성들도 많이 변했다. 드라마 안에서 여성은 〈미스티〉의 욕망하는 아나운서,

〈미스 함무라비〉의 사회정의를 고민하는 법조인, 〈라이브〉의 위험에 처한 약자를 구하는 경찰로, 열심히 일하며 성장하고 있다. 물론 한계도 많다. 〈밥 잘 사주는 예쁜 누나〉의 윤진아는 '일하는 여성'의 현실을 비교적 잘 재현했지만 결국 '부모의 집'에서 탈출하지 못했고, 〈남자친구〉에서 차수현은 능력 있는 호텔 경영인이 되었지만 '로맨스 대상'이라는 클리셰cliché를 반복했다. 〈알함브라 궁전의 추억〉에서는 아예 여성이 남성 서사를 위해서만 존재하는 것처럼 보였다. 이처럼 드라마는 사회 변화에 역동적으로 반응하는 것 같아 보이지만, 한편으로는 사회 관습과 보편 정서라는 한계에 부딪히기도 한다. 이런 한계를 어떻게 극복할 수 있을까? 이제는 여성 서사의 양적인 측면에 관한 고민을 넘어 질적인 문제에 관해 고민해야 하지 않을까? 드라마 속 여성이 주체적인 존재로 살아가도록 페미니즘 비평이 더 많아져야 한다.

화려하고 불온한 성채, 여성 혁명가와 여공 문학

게스트 오혜진

문화연구자. 한국 근현대 문화론을 전공했다. 한국 문학사의 지배질서에 의해 결정된 '문학성'의 신화를 해체·탈구축하는 데 관심이 있다. 논문 「'심퍼사이저'라는 필터」「카뮈, 마르크스, 이어령」, 평론 「퇴행의 시대와 'K문학/비평'의 종말」「비평의 백래시와 새로운 '페미니스트 서사'의 도래」 등을 썼다. 저서로는 평론집 『지극히 문학적인 취향』과 공저 『문학을 부수는 문학들』『그런 남자는 없다』『민주주의, 증언, 인문학』 등이 있다. 『한겨레』 "2030 잠금해제" 란에 칼럼을 연재했다.

오늘의 주제

윤옥 오늘을 살아가는 여성 노동자들의 어려움을 속 시원히 파헤쳐 줄 평범한 여성 노동자들의 비범한 이야기 〈을들의 당나귀 귀〉!! 방송을 시작하겠습니다. 오늘도 흥미진진한 얘기를 해주실 게스트가 나와 계세요. 소개 부탁드려요.

혜진 안녕하세요. 문학 평론하는 오혜진입니다. 〈을당〉의 애청자입니다.

희정 오늘 조선희 작가의 소설 『세 여자』*와 루스 배러클러프Ruth Barraclough라는 학자가 쓴 교양학술서 『여공 문학』**에 대해 이야기하려고 해요. 얼마 전 〈군함도〉 〈택시운전사〉 같은 역사 영화가 화제가 되면서 '역사를 어떻게 재현할 것인가'에 대한 논의가 활발했죠. 지금까지 1000만 관객이 든 영화 15편 가운데 절반 이상이 역사극인데요. 기억나는 영화 있을까요?

윤옥 〈암살〉 〈광해〉 〈남한산성〉.

지혜 〈왕의 남자〉 〈국제시장〉.

희정 〈명량〉 〈실미도〉 〈태극기 휘날리며〉도 있죠. 중요한 건, 역사극의 주류화와 함께 남성은 스크린에서 과대 재현되고 여성은 상징적으로 소멸한다는 거예요.

윤옥 〈암살〉의 '안옥윤'을 제외하고는 모두 남성이 주인공이네요.

희정 네. 지금까지 역사 영화에서 묘사한 '역사'는 대체로 남자들만

* 조선희, 『세 여자』 1, 2권, 한겨레출판, 2017.

** 루스 배러클러프, 『여공 문학』*Factory Girl Literature*, 김원·노지승 옮김, 후마니타스, 2017.

의 것이었어요. 제가 출연했던 EBS 〈까칠남녀〉에서 '왜 역사 교과서에는 여자가 없는가'에 대한 이야기를 나눴었거든요. 그런데 패널 한 분이 진지한 얼굴로, "없는 역사를 만들어서 가르칠 수는 없지 않냐"라고 하시더라고요. 하지만 역사에 여성들이 '없었던' 것이 아니라, 남성 중심적으로 기록된 역사에서 여성이 지워졌거나 의미를 제대로 부여받지 못한 것이거든요. 그런 생각을 하던 중에, 근대 여성 혁명가들의 이야기를 다룬 조선희 작가의 『세 여자』가 출간돼서 반가웠어요. 그 이야기를 해주실 분으로 오혜진 선생님을 모셨습니다. 『세 여자』와 함께 살펴볼 다른 책도 추천해 달라고 하니 『여공 문학』을 추천하셨어요.

혜진 두 책을 같이 보면 좋겠다고 생각한 이유 세 가지가 있어요. 첫째는 두 책에서 다루는 여성 인물들 모두 전통적인 여성상에서 벗어나 새로운 방식의 주체화를 모색했다는 점이고요. 둘째는 각각 '소설'과 '역사 연구서'라는 서로 다른 장르에 속한 두 작업이 모두 여성의 역사를 재현하기 위한 새로운 관점과 방법론을 실험하고 있다는 점입니다. 셋째는 두 책 모두 독자로 하여금 독서의 의미를 생각해 보게 한다는 점이에요. 각각 '여성 혁명가'와 '여성 공장노동자'라는 역사적 형상을 다루는 두 작업은 우리에게 계급화된 지식과 욕망, 문화를 전수해 준다는 공통점이 있습니다. 자신과 다른 삶을 사는 존재들의 욕망을 상상해 볼 수 있게 되는 것은 독서의 큰 기쁨이죠.

윤옥 여성에 대한 새로운 역사 쓰기를 시도했다고 하셨는데요. 이런 시도가 최근 부상한 페미니즘의 물결과도 관련이 있나요?

혜진 조선희 작가가 『세 여자』의 초고를 쓴 건 2005년이었대요. 학계에서도 그전부터 여성 혁명가에 대한 재해석이 필요하다는 문제의식이 있었어요. 보통 사회주의 운동사는 박헌영, 김단야, 김산, 이재유 같은 남성 혁명가들을 중심으로 서술되거든요. 허정숙, 주세죽, 고명자, 김명시 같은 여성 혁명가들의 이야기는 부차화됐죠. 그런데 2000년대 초부터 이 여성들이 지닌 혁명가로서의 면모를 재조명해야 한다는 의식이 생겨났고, 『세 여자』는 그런 학술계의 관점과 성과들을 계승한 면이 있습니다. 『여공 문학』 역시 저자가 이 책의 일부가 된 논문을 처음 발표한 건 2005년이었어요. 「한국 여성 노동자들이 글을 쓰기 시작했을 때」라는 제목이었습니다.* 두 책의 출간이 지금의 페미니즘 물결과 전혀 관련이 없진 않아요. 최근 영국 여성참정권 운동을 다룬 에멀린 팽크허스트Emmeline Pankhurst의 자서전 『싸우는 여자가 이긴다』*My Own Story*와 영화 〈서프러제트〉가 큰 호응을 얻었잖아요. 이 서사를 즐긴 젊은 여성들은 '한국에는 이런 여성들이 없었나?'라고 질문했죠. 『세 여자』와 『여공 문학』은 그 물음에 대한 응답이기도 해요. 조선희 작가도 "이 책이 바로 이 시기에 소개될 수 있었던 건 행운"이라고 하시더라고요. 한국의 여성 혁명가에 대한 젊은 독자들의 관심이 고조되면서 『세 여자』의 인물들이 좀 더 친숙하게 받아들여질 수 있는 토대가 마련됐다고요.

희정 저는 『세 여자』의 묘사가 친절하지 않아서 좀 서운했어요. 예를 들면, 허정숙이 감옥에 갇힌 남편 임원근에게 이혼을 통보하는

* 루스 배러클러프·이일수, 『창작과비평』 33권 1호, 창비, 2005.

장면이 자세하게 나올 줄 알았거든요. 그런데 그냥 '허정숙은 이혼 서류를 가져가서 도장을 찍고 나왔다'는 식으로만 서술되고 끝나요.

혜진 그런 간결한 문체가 이 소설의 미덕일 수도 있죠. 혁명가의 일대기를 다룬 기존 소설들과 비교해 보면 좋을 텐데요. 우선, 우리가 잘 아는 소설 『상록수』의 작가 심훈이 1930년에 쓴 『동방의 애인』이라는 소설이 있어요. 이 작품의 모델이 박헌영과 주세죽이라고 알려져 있죠. 노동문학 작가 안재성 씨가 쓴 『경성 트로이카』2004, 손석춘 씨가 주세죽을 주인공으로 쓴 소설 『코레예바의 눈물』2016 등도 있습니다. 그런데 기존 혁명가 서사에서 여성 혁명가들은 대체로 연애, 사랑, 결혼, 출산, 양육 같은 주제에 대해 지나치게 몰두하는 것으로 묘사돼요. 그런 묘사가 무조건 나쁘다는 건 아니지만, 『세 여자』는 그런 관습적인 재현과는 다른 방식을 시도하고 싶었을 거예요. 보통 우리가 무게감 있는 대하 서사를 상상할 때 그 주인공은 언제나 남성이잖아요. 그런데 『세 여자』는 여성을 주인공으로 해도 유장하고 묵직한 대하소설이 가능하다는 걸 보여 줘요. 그렇게 할 수 있었던 데에는 간명한 문체가 한몫했다는 생각도 듭니다.

『동방의 애인』

『조선일보』에 1930년 10월 29일부터 12월 10일까지 총 39회에 걸쳐 연재된 심훈의 장편소설. 박헌영, 주세죽 등이 소설의 모델로 알려져 있다. "작자의 말"에서 작가는 "우리 민족과 같은 계급에 처한 남녀노소가 사랑에 겨워 껴안고 몸부림칠 만한 새로운 공통된 애인"을 그리고자 했다고 밝혔으며, 이 "애인"은 '사회주의'라고 해석된다. 작중 인물들은 뜻을 함께하기로 결심하고 상해에 모이지만, 상해는 경유지일 뿐 궁극적인 혁명의 장소로 여겨지지 않는다. 그러나 상해에서 모스크바로 확장되는 작중 무대가 일제의 통치권 밖이었으므로 소설의 연재는 당국의 검열에 의해 중단된다.

혁명의 현장, 여성의 자리

희정 본격적으로 책 이야기를 해보죠. 먼저 『세 여자』를, 그다음에 『여공 문학』을 다루려고 합니다. 책을 아직 안 읽으신 분들을 위해 『세 여자』의 내용을 소개해 주시죠.

혜진 『세 여자』는 1920년대 신여성 세 명의 이야기로 시작합니다. '신여성'이란, 여성 교육의 필요성이 강조되면서 역사상 최초로 근대적인 학교에 다닌 여성들을 뜻해요. 이 책의 주인공인 '세 여자'는 글을 읽고 쓸 줄 알게 된 후, '맑스걸'로 성장해 여성 사회주의 혁명가가 됩니다. 허정숙, 주세죽, 고명자가 그들이죠. 이들은 각각 1902년, 1901년, 1904년에 태어났어요. 이들의 연인은 한국 역사상 가장 유명한 혁명가들인데요. 허정숙은 임원근, 송봉우, 최창익 등 서로 다른 정파에 속한 남성 혁명가들을 파트너로 선택했고요. 주세죽은 박헌영의 파트너였다가, 박헌영의 생사를 알 수 없게 되자 또 다른 남성 혁명 동지 김단야와 함께 살아요. 김단야는 고명자의 연인인데, 주세죽과 살 당시에는 고명자와 떨어져 있는 상황이었어요. 최근에 쏟아진 일제강점기 혁명가의 이야기를 다룬 영화들을 봐도, 혁명가들의 서사에는 허구화의 욕망을 자극하는 아우라가 있다는 점을 짐작할 수 있는데요. 식민지 시기 혁명가는 억압받는 무력한 민중의 초상이 아니라 이동성을 확보한 드문 존재이고, 무기를 소지한 채 합법과 불법을 넘나들며 세계를 새롭게 설계하려는 욕망을 가진 코스모폴리탄들이에요. 형형한 눈빛을 한 남성 혁명가들의 결심과 회유, 변절과 복권 같은 드라마틱한 화소들은 그 자체로 영화적이죠. 그런 화려한 드라마에서 여성은 어떻게 재현될까요? 기존 서사에서 여성 혁명가들의 위치는 불안정하고 제한적이에요. 남성 혁명가들의 연인으로만 등장하거나, 남성 혁명가들이 감행하는 변절의 알리바이로 동원되는 경우가 많죠. 여성 혁명가가 이렇게 전형적으로 묘사되는 데는 나름의 이유가 있어요. 여성 혁명가들에 대한 공식 기록에서는 그다지 풍부한 이야깃거리가 발견되지 않거든요. 『세 여자』는 공식 기록의 빈 곳을 상상력으로 채운 거죠.

윤옥 우리에게 가장 익숙한 일제강점기 여성 운동가는 유관순인데요. 독립운동가에 대한 일제의 탄압이 한국사에서 매우 강조됐기 때문에 그나마 유관순이 우리에게 잘 알려진 듯해요. 하지만 『세 여자』에서 다루는 사회주의 운동사는 남한에서는 오랫동안 금기의 대상이었죠.

혜진 반공주의가 강한 한국에서 사회주의 운동사 연구는 금기였어요. 1988년 납북·월북 작가들에 대한 해금 조치가 내려지고 나서야 가능해졌습니다. 그러니 여성 혁명가 연구는 말할 것도 없죠. 식민지 시기 대중매체에서 여성 혁명가를 검색해 보면 주로 두 가지 장면이 부각돼요. 첫째는 남성 혁명가들의 연애담에 등장하는 스캔들의 주인공으로 소비되는 거죠. 조선의 사회주의 운동은 1920년대에 활발하다가 제1·2차 조선공산당 사건을 계기로 1930년대에는 거의 지하화돼요. 이때 대중 미디어가 집중한 것이, '남성 혁명가들이 감옥에 가 있는 동안 그 아내들은 어떻게 정절을 지킬 것인가'의 문제였어요.

윤옥 1970년대에 남편들이 중동으로 돈 벌러 갔을 때 아내들을 단속하려 한 사회적 분위기와 비슷하네요.

혜진 당시 대중 종합 잡지 『삼천리』 1930년 11월호에서 "남녀 재옥在獄·망명 중 처의 수절 문제"라는 설문 조사를 해요. 응답자는 송봉우, 허정숙, 정칠성, 김일엽 같은 유명 인사들이었죠. 답변자 중 유일한 남성인 송봉우는 "정조를 절대 엄수하라"라고 답한 반면, 허정숙은 수절 문제가 오직 여성 사회주의자에게만 질문되는 것이라는 점을 명확히 하면서, "현실 문제에 들어가서는 경제 관계, 성관계"가 있으므로 "이상과 현실은 다르다"고 답해요. 김일엽은 "3년까지 기다려서 그래도 아니 와준다면 그때는 거지반(거의 반쯤) 불가항력이 따를 것이리라. 의리는 어느 정도로 다하였다고 보아도 좋을 것이다"라는 절충론을 내세우죠. 사실 이런 설문 자체가 임원근이 감옥에 있는 동안 송봉우와 스캔들이 있었던 허정숙을 겨냥한 것이기도 했습니다. 송봉우는 "정조를 절대 엄수하라"는 자신의 명제를 허정숙과 함께 스스로 파기한 적도 있다는 점이 흥미롭고요. 여성 혁명가들이 대중적으로 재현되는 또 다른 장면은 전향 서사에서 발견돼요. 혁명가들이 구금에서 풀려날 때 대부분 더 이상 사회주의 운동을 하지 않고 제국 일본의 충실한 신민으로 살겠다는 전향서를 쓰고 나오거든요. 이때 남성 혁명가들이 자신의 전향을 정당화하기 위한 알리바이로 드는 것이 바로 '생활'이에요. 자신이 혁명 활동에 종사하는 동안 가정이 파괴되고 생활이 무너졌음을 토로하죠. 이때 그의 아내는 끊임없이 남편에게 가정 복귀를 채근하는 소시민으로 묘사돼요. 자신의 혁명 동지이기도 한 여성을 철저하게 사적 영역에 속한 존재로 설정하면서, 자신으로 하여금 혁명에의 의지를 철회하도록 유인하는 존재로 묘사하는 거죠. 하지만 실제로 여성 혁명가들은 남편이 투옥돼 있는 동안 제2선에서 조직을 보위하고 후일을 도모하는 역할을 수행했어요. 임원근이 제1차 공산당 사건으로 투옥되자 허정숙이 송봉우와 동거하며 임원근과의 이혼을 추진한 것, 그리고 송봉우가 전향하자 그와 이별하고 최창익과 무장투쟁을 위해 중국으로 건너간 것은 자신의 혁명 활동을 이어 나가기 위한 루트를 확보하려는 목적이었다고도 볼 수 있어요.

윤옥 저는 이 책에서 꽂힌 문장이 "그들의 스물은 비장하고도 상쾌했다"였어요. 허정숙이 아버지의 반대를 무릅쓰고 혼자 상해로 가겠다고 집에 편지를 쓰고 나오잖아요. 이렇게 썼어요. "이 여식은 나이 스물에 혼처를 정하는 일보다 인생의 뜻을 세우는 일이 시급합니다." 주세죽과 고명자도 가정에서 벗어나 자신의 독자적인 삶을 살겠다는 게 혁명의 출발이었어요. 저는 그런 대목이 반갑더라고요. 저도 그랬으니까.

희정 허정숙은 북한에서 고위 관직에 올라가고 천수를 누리잖아요. 그동안 다섯 명의 남자를 만나고요. 그런데 허정숙은 꼭 이전 파트너의 상대 정파에 속한 남자와 연애를 한다는 게 재미있더라고요. 이건 단지 성적 자유의 문제에만 그치는 게 아니라, 이쪽 정파의 정보를 상대편에 누설했다는 혐의도 쓰면서 '변절'로 간주되기도 하잖아요.

혜진 당시 일제가 유포한 루머 중에 '사회주의자들은 성적으로 문란하다'는 내용이 있어요. '사회주의자들은 재산을 공유하듯 아내도 공유한다'는 식의 이야기를 유포해서 사회주의에 대한 부정적인 이미지를 대중에 각인시키려 한 거죠. 이런 상황에서 허정숙을 여러 남자와 복잡한 연애를 한 문란한 여성으로 평가하는 게 아니라, '여성이 어떤 운동가를 선택하느냐가 곧 어떤 정치적 입장을 선택하느냐와 관련된다'라고 의미화하는 것은 당시 반사회주의 담론에 대항하기 위한 발상의 전환이기도 합니다.

윤옥 허정숙은 여성이 진정으로 독립하기 위해서는 경제적 독립이 필수적이라는 철학을 확고하게 가졌던 것 같아요. 허정숙은 기자로 일하기도 하고, 주세죽에게도 '하우스키퍼'house keeper 역할에서 벗어나 직업을 가지라고 조언하잖아요.

혜진 기자는 혁명가들이 선호하는 직업이었어요. 기자가 가진 정보력과 인적 네트워크가 혁명의 자원이었죠. 허정숙이 기자직을 선택한 건 경제적 독립을 하려는 이유도 있었겠지만, '기자'라는 직업이 혁명가의 신분을 위장할 수 있으면서도 혁명 활동을 하는 데 가장 효과적이기 때문이었을 거예요. 주세죽의 '하우스키퍼' 역할에 대해서도 달리 생각해 볼 여지가 있습니다. 당시 여성 혁명가들은 대부분 직업적 혁명가라기보다는 '아지트키퍼'나 '하우스키퍼'로 간주됐어요. 혁명가들의 아지트를 관리하는 가사 도우미 정도의 역할을 했다고 보는 거죠. 혹자들은 당시 여성 아지트키퍼들이 남성 혁명가들에게 '동지적 사랑'을 빙자해 성 착취를 당한 희생자였다고 해석하기도 해요. 물론 이런 평가에도 일말의 진실이 있겠죠. 하지만 이런 해석은 사회주의 운동에서 아지트키퍼의 역할을 지나치게 축소하고, 무엇보다 아지트키퍼라는 존재 방식을 통해 혁명운동에 참여하려 한 여성들의 주체적 선택을 삭제해요. 실제로 당대 여성들은 남성 사회주의자와의 결혼을 통해 운동 지형 내에서 자신의 입지와 영향력을 확보하려 했거든요. 오히려 '진짜' 혁명가인지 아니면 단지 아지트키퍼에 불과한지를 끊임없이 구분하고 싶어 하는 욕망은 여성 혁명가에게만 적용된다는 점을 강조하고 싶어요. 여기에는 '여성은 정치적 이념의 주체가 될 수 없다'라는 고정관념이 전제돼 있어요. 예컨대 가수 이효리 씨가 정치적 목소리를 내자, 혹자들은 김제동, 주진우랑 친하게 지내다가 저렇게 됐다는 식으로 이야기하곤 했잖아요. 그런 의심은 남성 혁명가들에게는 제기되지 않죠. 식민지 시기의 저명한 남성 문학비평가 김기진은 잡지 『신여성』 1924년 11월호에 이렇게 썼어요. "대체로 여자라는 것은 국수주의자에게로 가면 국수주의자가 되고 공산주의자에게 가면 공산주의자가 되는 모양"이라고요. 그런데 최근 페미니스트 연구자 장영은은 김기진의 그 말을 이렇게 바꿔 써야 한다고 주장했죠. "여성은 민족주의자라서 민족주의자에게로 가고 사회주의자라서 사회주의자에게 간다."*

* 장영은, 「아지트키퍼와 하우스키퍼: 여성 사회주의자의 연애와 입지」, 『대동문화연구』 64호, 성균관대학교 동아시아학술원, 2008.

혁명의 젠더, 젠더의 혁명

희정 오혜진 선생님께서 『세 여자』가 '혁명의 젠더와 젠더의 혁명'이라는 명제를 다루고 있다고 말씀하신 적이 있는데, 이에 대해 좀 더 설명해 주세요.

혜진 이 책이 여성 혁명가 서사를 전면화함으로써 '혁명은 남성의 전유물인가'라는 질문에 반박한다는 점에서는 '혁명의 젠더'를 묻고 있고요. 동시에 여성이 혁명가가 된다는 것은 전통적인 성 역할을 뛰어넘어야만 가능했다는 것. 그건 '여성이 이념과 운동의 주체가 될 수 있는가'라는 물음에 응답하는 과정이기도 했다는 점에서 '젠더의 혁명'을 감행했던 것이기도 하죠. "거리에서 여럿이 부르는 만세보다 집 안에서 혼자 부르는 만세가 더 어려운 법"이라며 부모의 뜻을 거슬러 홀로 타지에 나가는 세 여자의 첫걸음을 강렬하게 묘사한 대목이나, "밥하고 빨래는 여자들 시키는 혁명이라면 나는 사양하겠어요"라고 분명하게 말하는 여성의 목소리는 기존 남성 중심의 혁명가 서사에서는 본 적 없는 장면이에요. 결국 한반도에서 여성 혁명가로 산다는 건 '혁명의 젠더와 젠더의 혁명'을 동시에 수행해야 하는 것이었다고 생각해요.

희정 허정숙은 임원근이 투옥되자 그와 이혼하고 다른 남자한테 가는데, 주세죽은 박헌영을 계속 기다리잖아요. 그 장면을 보고, 아 이래서 허정숙은 '조선의 콜론타이'라고 불렸지만, 주세죽은 그러지 못했던 거구나 싶었어요. 어쩌면 주세죽은 혁명가일 수는 있겠지만 페미니스트는 아니지 않나 싶기도 하고요.

알렉산드라 콜론타이 Aleksandra Mikhailovna Kollontai, 1872~1952

러시아의 급진 여성 해방론자. 레닌의 혁명을 지지한 볼셰비키이자, 혁명 직후 러시아 내각의 유일한 여성이었다. 그러나 이후 레닌과 스탈린은 콜론타이의 사생활을 들어 그녀를 정치적으로 공격했다. 결국 콜론타이는 1922년 여성 외교관으로 임명됨으로써 소비에트 밖으로 추방된다. 콜론타이의 저서 『붉은 사랑』1923은 조선에서 '자유연애의 교과서'로 통용되며 수많은 논쟁을 낳았다. 허정숙은 콜론타이의 사상을 조선에 소개했고, 그 자신이 여러 남성들과의 결혼, 이혼, 출산으로 "조선의 콜론타이"로 불리기도 했다.

혜진 세 여자가 처한 위치나 입지가 각각 달랐기 때문에 단순 비교를 하긴 어려운데요. 허정숙이 풍부한 인적·물적 자원을 활용할 수 있었던 데에는 운동 사회의 거물이자 굴지의 변호사인 아버지 허헌의 영향이 컸어요. 그래서 질문을 좀 바꿔야 해요. "누가 페미니스트인가"라고 묻기보다는, 그들은 각자의 위치에서 어떤 선택을 할 수 있었나에 집중하는 게 더 생산적이죠. 주세죽도 지고지순한 연인이기만 했던 것은 아니에요. 허정숙과 함께 조선여성동우회 활동을 했고요. 고려공청중앙간부회 회의록에는 주세죽이 제2선 후보 위원이라고 기록돼 있어요. 이런 주세죽의 신분이 잘 알려지지 않은 이유가 있습니다. 박헌영의 신문조서를 보면, 일본 경찰이 "주세죽이라는 사람이 너희 회의에 참석했다고 하는데 사실이냐"라고 물어요. 박헌영은 "절대 그렇지 않다. 단지 우리 집이 방 한 칸이었고 저녁 식사 준비를 할 때 주세죽이 출입하긴 했지만 그 회합에 참여하지는 않았다"라고 답하죠. 경찰이 "너의 이상이라고 하는 공산주의에 대해 주세죽은 어떤 생각을 가지고 있나"라고 물었더니 박헌영은 "그녀는 교육 수준이 낮아서 공산주의가 무엇인지도 모르고 공산주의는 물론 다른 사상운동에도 하등의 흥미가 없다"라고 말해요. 경찰은 이 질문을 주세죽에게도 합니다. 주세죽도 "나는 부녀자의 일로서 식사 준비를 했을 뿐이지 그 단체에 가입한 적이 없다"라고 답해요. 이 기록만 보고는 혁명가로서 주세죽이 지닌 능동성을 짐작하기 어렵죠. 하지만 최근 사회주의 연구자들은 이 문답을 액면 그대로 받아들이기 어렵다고 분석해요. 여성 혁명가의 정체성을 비가시화하는 건 '합의된 전략'으로 봐야 한다는 거죠. 박헌영은 주세죽이 혁명에 개입한 정도를 약하게 진술해야 주세죽의 형량을 낮춰 빨리 석방시킬 수 있다고 판단한 거예요. 주세죽도 그 전략에 합의했고요.

윤옥 지금까지의 연구에서는 그런 가능성이 적극적으로 고려되지 않았다는 건가요?

혜진 네. 당시 대중 미디어를 보면 '형무소 앞에서 눈물을 흘리고 있는 주세죽 여사' '만삭의 몸으로 박헌영과 함께 배에 오른 주세죽의 모습' 같은 기사가 대부분이에요. 혁명가로서 주세죽이 지닌 정치적 입지와 전략은 별로 질문되지 않았죠.

윤옥 주세죽은 신앙심이 투철하고 신념이 깊은 사람 같아요. 박헌영과의 관계도 동지적 결합이라고 생각해서 그 관계를 지키는 게 곧 운동을 지키는 거라고 생각했을 거예요. 레닌 사후 스탈린 독재 체제가 구축되면서 유형지에 가게 된 주세죽의 삶이 안타깝고 슬펐어요. 역사의 무게가 개인에게 너무 가혹하다는 생각도 들었어요.

희정 그런가 하면 북한에서 허정숙은 동료들이 모두 숙청되는 정치적 격랑 속에서도 자기의 정치적 입지를 지켜 내잖아요. 어떻게 그럴 수 있었죠?

혜진 김일성이 허헌을 각별하게 생각했기 때문이기도 하고요. 허정숙이 여성이기 때문에 숙청을 피할 수 있었다는 해석도 있어요. 중요한 건 허정숙이 자신의 정치적 입지를 어떻게 확보하려 했는가의 문제겠죠. 허정숙이 다섯 번에 걸쳐 각기 다른 노선에 있는 남자를 선택한 건 '야합'이나 '변절'로 여겨질 수도 있겠지만, 자신은 어떤 정파에도 속하지 않는다는 표시일 수도 있거든요. 그런 입장이 자신의 정치적 안전을 확보하는 데 효과적이라고 판단했을 수 있죠. 여기서 알 수 있는 건, 여성 혁명가가 어떤 남성을 선택하는가의 문제는 결코 사적인 문제만은 아니라는 거예요. 주세죽도 마찬가지죠. 박헌영과 결혼했다가 김단야와 재혼하는 주세죽의 삶을 상황에 굴복한 수동적 선택이라고 읽을 수도 있겠지만, 그보다는 끊임없이 다른 혁명가와 연결됨으로써 운신의 폭을 확보하려 한 주체적 선택으로 봐야 한다고 생각해요.

윤옥 그런 게 여성 혁명가가 처한 삶과 운동의 조건을 반영한다고 볼 수 있겠네요.

혜진 네. "왜 꼭 남성을 통해서만 혁명 활동을 해야 했냐"라고 물을 수도 있겠죠. 하지만 저는 그런 삶의 조건을 활용하는 것이 무장투쟁만큼이나 치열한 정치적 선택이었을 거라고 생각해요. 당시 남성 혁명가들은 "연애나 결혼은 혁명에 방해가 되니 하지 않겠다"라는 말을 당연하게 하지만, 여성은 연애나 결혼을 통해서만 남성이 주도하는 공적 업무에 접속할 수 있었다는 점이 고려돼야 해요. 여성 혁명가들에게 연애, 결혼, 출산은 모두 정치적인 문제였던 거죠. 공사 구분에 대한 감각이 남성들과 다를 수밖에 없어요.

희정 오늘날의 기준으로 1900년대를 산 사람들의 입장을 재단할 수 없겠다는 생각이 드네요. 페미니스트의 기준도 그렇겠죠. 이제 고명자 얘기로 넘어가 볼까요?

혜진 고명자는 해방 전에 체포됐다가 전향서를 쓰고 석방돼요. 이 책은 일제가 김단야의 행방을 추적하기 위해 고명자를 일찍 풀어 줬다는 해석을 따르죠. 고명자는 석방 후 전향자들이 발행하는 친일 잡지 『동양지광』에서 일해요. 전향자들이 각종 기고나 강연을 통해 일본 제국에 충심을 보이기를 바랐거든요. 해방 후 고명자는 여운형 곁에 머물며 신변의 안전을 도모할 수 있었어요. 친일파나 전향자에게 해방은 정말 황당한 경험이었겠죠. 고명자의 삶에서 보듯, 해방 후 전향자들이 펼치는 생존 투쟁은 정말 드라마틱해요. 다만 이 소설은 고명자에게 비교적 온정적이에요. 고명자가 어쩔 수 없이 전향서를 쓰긴 했지만, 내적으로 완전히 전향을 한 건 아니었다고 서술하죠.

희정 저는 왜 고명자가 이 소설의 주인공인지 좀 의아했어요. 단발을 한 세 여자가 개천에 발 담그고 있는 장면이 담긴 사진 때문이겠죠. 이 책의 표지가 된 사진이요. 그런데 책을 읽어 보니 작가가 가장 좋아하는 캐릭터가 고명자와 여운형이 아닐까 싶었어요.

혜진 적어도 저자가 해방 후 여운형이 지녔던 비전이야말로 우리가 갔어야 했던 길이라고 생각한다는 점은 확실히 알 수 있죠. 작가는 해방 후 정치단체들의 난립과 지도자들의 판단이 엄청난 정치적 실책이라고 판단하거든요. '그때 그들이 그런 결정을 하지 않았으면 어땠을까'라는 가정법 과거 완료형의 소망이 이 책의 전반적인 정조를 형성하죠.

희정 이야기를 나누면서 계속 드는 생각은 21세기의 관점에서 20세기에 대해 단정 내리기는 어렵다는 것이네요.

혜진 네. 「아지트키퍼와 하우스키퍼: 여성 사회주의자의 연애와 입지」*라는 논문에서 장영은 선생님은 여성 혁명가에게 연애나 결혼이 가지는 의미, 아지트키퍼나 하우스키퍼라는 정체성을 경유함으로써 확보되는 여성 혁명가의 투쟁 전략과 존재 방식을 감동적으로 밝혀내셨어요. 이 논문을 통해 제가 배운 건, 누군가의 삶이 희극인지 비극인지를 결정할 수 있는 사람은 그 자신 외에는 없다는 거예요. 언뜻 보기에 비극처럼 보이는 주세죽의 일생도 실은 주세죽이 선택한 최선일 수 있으니까요. 단지 길에서 죽었다거나, 딸을 못 만났다거나, 역사에 기록되지 않았다는 이유로 그 여자의 삶을 비극적이었다고 말하는 건 어떤 면에선 오만 같아요. 그들은 바로 그런 정형화된 해석에 저항하기 위해 산 것이니까요.

'오래된 미래'로서의 사회주의

희정 이 책에 대한 문학계의 반응은 어떤가요?

* 장영은, 앞의 글.

혜진 1980년대 민주화 운동에 몸담았던 중견 비평가들이 많이 읽으신 것 같더라고요. "신여성이라고는 나혜석만 알았다"는 젊은 독자들에게도 꽤 읽혔고요. 이 책은 새로운 면모와 익숙한 면모를 동시에 가지고 있어요. 여성 혁명가가 중심이 된 장편 역사소설이라는 점은 새롭지만, 작가가 보여 준 역사관이나 혁명의 상은 새롭다고 보기 힘들죠. 이 책이 보여 준 역사적 비전은 1970~1980년대 사회변혁 운동에 몸담았던 세대의 것이죠. 단적인 예로, 이 책 에필로그에는 제가 동의할 수 없는 두 가지 서술이 있어요. 하나는 해방 전후 펼쳐진 이념적 스펙트럼을 고故 노무현 대통령과 안희정 씨가 표방한 '대연정'의 상상력과 연관시키는 대목이에요.

윤옥 맞아요, 저도 동의할 수 없었어요.

혜진 식민지와 냉전 시대를 거치며 불가피하게 겪은 이념적 분할이 '대연정'이라는 편의적이고도 불철저한 정치적 상상력으로 봉합돼선 안 된다고 생각해요. 오히려 '대연정'이라는 아이디어의 심급에 놓인 국민국가 중심주의와 집권 프레임은 심문될 필요가 있죠. 게다가 이 책은 사회주의를 시효 만료된 것으로 평가하면서, 다만 "자본주의를 인간화하는 데 도움이 됐다"라고 진단해요. 이런 평가는 사회주의에 대한 도구적 인식이자, 자본주의를 유일한 역사적 진화태로 상정하는 인식론의 소산이라고 생각합니다. 물론 작가의 결론과 별도로, 독자들은 얼마든지 다른 메시지를 읽어 낼 수 있겠죠.

윤옥 저는 혁명이 꼭 위인이나 영웅의 일이라고만 생각하지 않아요. 자기 삶을 개척하기 위해 매일 새롭게 도전하는 분들이 다 혁명가예요. 1931년에 임금 인하 반대 투쟁을 위해 을밀대에서 최초의 고공 농성을 한 평원 고무공장 노동자 강주룡도 혁명가죠. 엘리트들뿐만 아니라 이런 기층 민중의 투쟁도 있었다는 걸 기억했으면 좋겠어요.

강주룡1901~1931

항일 노동운동가. 1901년 평안북도 강계에서 태어나 14세 때 가족을 따라 서간도로 이주했다. 1921년 20세의 나이로 통화현의 5세 연하 남편 최전빈을 만나 혼인했다. 24세 때 채찬蔡燦의 지도 아래 항일 독립운동을 전개하던 남편이 병사하자, '남편 죽인 년'이 되어 시집에서 쫓겨났다. 이후 가족들과 귀국하여 평원 고무공장의 노동자가 되어 가장 역할을 했다. 1931년 평원 고무공장 파업이 일어났고, 일경에 의해 주모자로 체포된 강주룡은 '고공 투쟁의 여장부'로 신문지상의 주목을 받기도 했으나, 극도의 신경쇠약과 소화불량 등으로 보석 처분을 받았다. 그러나 병세가 악화되어 출감 두 달 만인 1931년 8월 13일, 평양 빈민굴에서 30세의 짧은 생을 마감했다.* 을밀대 지붕 위에 올라간 강주룡의 이미지는 한국 여성 노동사의 중요한 한 장면으로 기록되어 있다.

혜진 해방 전후의 사회주의 운동은 독립운동, 민족운동, 아나키즘의 면모를 고루 가지고 있어요. 이런 중층적인 역사적 맥락을 고려하지 않은 채, 자본주의가 최종 승리했다는 식의 결과론적 프레임에 빠지지 않았으면 좋겠어요. 해방 전후 조선의 사회주의 운동은 당대의 지배 체제를 자연화하지 않고 다른 세계를 상상했던 역사로 이해돼야 해요.

희정 흥미진진하네요. 『세 여자』 이야기는 여기서 마무리하고, 이제 루스 배러클러프의 『여공 문학』으로 넘어가 보겠습니다.

* 『한국민족문화대백과』, 한국정신문화연구원, 1995 참조.

여공은 어떻게 작가가 됐을까

윤옥 1980년대 노동운동의 슬로건 중 하나가 "우리는 공순이가 아니다. 우리는 노동자다"인데요. '공순이'라는 말에 깃든 여성 노동자 비하에 반대한 거죠. '여공'이라는 단어에도 '공순이'와 비슷한 뉘앙스가 있다는 생각이 들어요. 그래서 이 책 제목에 굳이 '여공'이라는 단어를 쓴 이유가 궁금했어요. '여공 문학'은 무슨 의미인가요?

혜진 식민지 시기에 '여공'은 '여성 공장노동자'를 일컫는 비교적 범박한 말이었어요. 이 단어에 노골적인 여성 노동자 비하의 의미가 생긴 건 1960~1970년대로 추정됩니다. 물론 그전에도 '남공'이라는 용어는 없었으니 '여공'이라는 단어 자체가 젠더화된 표현이긴 하죠. 이 책에서 말하는 '여공 문학'은 '여공에 대한 문학'과 '여공이 쓴 문학'이라는 의미를 모두 포함하면서, 궁극적으로는 '여공이 여공에 대해 쓴 문학'을 지시하게 되는 과정에 초점을 맞춰요. 물론 국문학자 이혜령 선생님이 지적하신 대로* "경멸적인 뉘앙스로 쓰인 '여공'을 '여성 노동자'로 바꿔 부르는 것이야말로 1970~1980년대 노동운동의 성과"였기 때문에 이 책의 제목은 여전히 양가적인 감정을 불러일으키죠. 하지만 '여성 노동자'라는 표현 역시 최선은 아닌데요. '여공'이 여성 노동자의 대표적인 범주이기는 하지만, 보통 돌봄 노동이나 서비스

* 이혜령, 「"여공 문학" 또는 한국 프롤레타리아 여성의 밤」, 『상허학보』 53집, 상허학회, 2018.

업 같은 재생산 노동에 종사하는 여성들이 여성 노동자의 범주에서 비가시화돼 왔다는 점을 상기해 보면, '여공'이라는 명칭은 여성 노동자 중에서도 공장노동이라는 구체적인 노동환경과 그 문화 구조를 경험한 주체를 지시하는 거죠.

희정 그런데 호주의 학자가 왜 한국의 여공 문학에 관심 갖게 된 건지 궁금해요.

혜진 저자는 노동운동이 한창이던 1980년대에 한국을 처음 방문했대요. 그때 부천의 여성 노동자들이 도스토옙스키 같은 러시아 문학을 러시아어를 직접 배워서 읽고 있는 장면을 보고 감동받았다고 합니다.

희정 이 책은 노학연대가 이뤄지던 1970~1980년대 여공의 글쓰기도 다루는데요. 그 운동의 당사자였던 임윤옥 선생님이 이 책을 어떻게 읽으셨을지 궁금했어요.

'학출'과 노학연대

1980년대에 학생 운동가들은 노동 현장에 직접 진출하기 위해 신분을 위조해 공장에 들어간다. 이들이 바로 '학생 출신 노동자', 즉 '학출'이다. 광주항쟁을 거치면서 노동운동과 학생운동의 연대(노학연대)는 전국 규모로 확장된다. 정부는 '학출'에게 '위장 취업한 불순 세력'이라는 딱지를 붙여 노동자와의 연대를 저해하려 했다. '학출'에 대한 평가는 양가적인데, '진짜 노동자'에 대비되는 부정적인 뉘앙스로 쓰이는가 하면, 노동 해방을 위해 기득권이 되는 것을 포기한 채 존재 전이를 감행한 숭고한 초상으로도 이해된다.

윤옥 당시 저는 부평 4공단에 있었는데 인천여성노동자회에서 활동했어요. 그때 소모임 중에 글쓰기 모임이 있었어요. 내 이야기를 내가 쓰는 게 목표였죠. 보통 자기 얘기를 하는 걸 부끄럽게 생각했거든요. 제 경험을 좀 이야기하자면 저는 다른 사람의 주민등록증을 위조해서 공장에 취업했는데 저와는 다른 이유로 위장 취업한 노동자가 있더라고요. 15살인데 나이가 어려서 취업이 안 되니까 자기 언니의 주민등록증으로 취업을 한 거였어요. 정말 먹고살기 힘들어서 취업한 어린 노동자도 있다는 사실이 충격이었죠. 그렇게 스스로 부끄러워했던 삶을 이야기하면서 서로를 북돋는 수단이 글쓰기였어요. 당시 여성노동자회에서 만든 회보를 보면, '나는 충남 서산에서 몇남 몇녀 중 몇째로 태어나서 어떻게 공장에 오게 됐으며, 지금은 노동자로서의 자부심을 가지고 즐겁게 공장 생활을 하고 있다'라는 내용의 글들이 많아요. 당시는 사회과학서의 출판 붐이 있었는데, 저도 공장 들어가기 전에 YH노동조합사 같은, 1970년대 투쟁사를 기록한 책들을 보며 '노동조합 운동'을 주제로 학사 논문을 썼어요. 그때 한국 사회에 만연한 여성 노동자에 대한 이중적 인식에 대해 생각하게 됐어요. 공장에 들어가기 전에 6개월씩 학습을 하거든요. 『어느 돌멩이의 외침』 같은 노동자들의 수기를 보면서 산업 현장에 대해 공부했죠. 당시에는 노동자 스스로 글을 쓰는 일이 굉장히 강한 주체적 행위였어요.

『어느 돌멩이의 외침』

1977년 월간지 『대화』에 연재된 유동우의 노동 수기. 1984년 청년사에서 단행본으로 발간됐다. 1970년대에 저자가 경험한 노동조합 결성 과정과 동료들의 끈끈한 연대감 및 투쟁 정신을 서술했다. 초판이 출간되자마자 대학생과 노동자들에게 열렬히 읽혔으나, 중앙정보부가 발행을 금지하면서 복사본으로 널리 유포돼 대학 신입생들의 의식 교양을 위한 교재로 쓰였다.

희정 그런데 이 책의 관심은 당시 여성 노동자들의 실제 삶보다는 그들이 어떻게 이야기됐는가에 있잖아요. 그래서 선생님의 경험과 책의 내용이 조금 다를 수도 있을 것 같아요.

윤옥 여성 노동자의 섹슈얼리티에 초점을 맞춘 이 책은 여성 노동자들이 일상적으로 성폭력에 노출돼 있었다는 걸 굉장히 강조하는데요. 제가 여성 노동자로 생활하면서 느낀 건 그런 문제보다는 정말 제 계급적 자각에 관한 것이었어요. 월급이 12만 원인데 방세가 5만 원, 나머지 돈은 아껴서 집에 송금하죠. 5시에 일이 끝나면 산업체 야간학교를 다니면서 공부하고, 주말에는 도봉산에 놀러 갔어요. 그때는 여가 문화라고 할 만한 게 별로 없어서 그냥 모여서 음식해 먹고 산에 가는 식의, 돈 안 들이고 할 수 있는 것들로 여가를 보냈죠. 그러면서도 자기 삶을 잘 살아 내겠다고 다짐하는 여성 노동자들의 주체적 역동성을 봤거든요. 내가 공부 좀 잘하고 그런 건 우연일 뿐, 내가 정말 잘나서가 아니었구나 싶었죠. 공장 친구들이 훌륭하게 자기 삶을 살아가고 해석하는 것을 봤기 때문에 이 책이 여성 노동자들의 꿈, 희망, 비전을 다루는 방식이 피해자화에 치중된 것이 아닌가 싶어 마음이 조금 불편했어요.

희정 그럴 수도 있겠군요. 책 내용에 대한 설명을 좀 더 들어 볼까요?

혜진 여성 노동자에 대한 일반적인 연구 경향을 먼저 말씀드려 볼게요. 기존 노동사와 문학사에서 여성 노동자의 서사는 꽤 목적론적으로 서술돼요. 가난하지만 선량한 민중인데, 공장 활동을 하면서 어떤 계기에 의해 자신의 노동자성을 자각하게 되고, 마침내 노동운동에 투신하게 된다는 서사예요. 운동의 주체로 성장함으로써 비로소 의미 있는 역사적 주체로 부각되는 거예요. 그런데 『여공 문학』을 쓴 저자의 일차적 목적은 이런 목적론적 서사와 거리를 두는 것이었어요. 여성 노동자를 노동운동이나 노동문학이라는 대의로만 수렴시키고 싶지 않았던 거죠. 그래서 이 책에는 여성 노동자가 의식적으로 고양되고 각성됨으로써 겪는 존재 전이의 순간 같은 게 드라마틱하게 제시되지 않아요. 당시 강렬하게 펼쳐졌던 노동운동의 역사도 매우 소략하게 서술되고요. 거대한 노동운동의 역사에 초점을 맞추기보다는 여공의 문화적 체험과 내면성을 해석하는 데 더 집중하고 있어요. 그런가 하면, 최근 한국 문학사에서 여공의 글쓰기는 한국 문학의 지배적 성향을 상대화하기 위한 사례로 자주 소환돼요. 요즘 한국 문학이 비트랜스-비장애-이성애자-선주민-지식인-남성을 중심으로 전개돼 왔다는 문제의식이 부상하면서, 이런 주류적 경향에 포섭되지 않는 '아래로부터의 문학사'를 조망하고 싶은 연구자들의 욕망이 있거든요. 그때 여공이 직접 쓴 글들은 여공 또한 문학적 주체였음을 입증하는 유력한 증거로 간주되죠. 그런데 이런 연구자들의 욕망 역시 결국 지배 문학에 대항하는 문학을 발굴하고 제도화하는 결과로 귀결되기 십상이라서 경계할 필요도 있어요. 여공들의 글쓰기가 뭔가에 대한 '대항 서사'로 기능할 때에만 의미를 부여받을 수 있다는 생각 또한 일종의 타자화일 테니까요. 저자는 그런 욕망과도 거리를 두려 해요. 여공 문학을 한국 문학사의 영토 확장에 기여하는 방식으로 의미화하는 데 별 관심이 없는 거죠. 저자의 질문은 '자기 이야기를 한다는 것이 여공들과 당시 사회에 어떤 의미였는가'이고요. 그런 면에서 여공 문학이 "산업화 시대의 외상을 간직한 이들의 보고이자 문화적 아카이브"라는 게 결론이에요.

윤옥 그런데 왜 이런 연구를 외국인이 했을까요. 우리나라 연구자라면 더 깊이 있게 연구할 수 있지 않았을까요.

혜진 연구자의 국적이 중요한 것 같지는 않아요. 한국인이 한국 노동사와 여성사를 더 잘 안다는 생각도 일종의 편견 아닐까요? 중요한 건 연구의 관점이겠죠. 물론 한국의 연구자들도 굉장히 많은 연구를 했어요. 이 책 자체가 국내 학자들의 연구를 계승하고 갱신한 결과물이기도 합니다.

—— 여공 문화와 성정치

희정 '여공'이란 용어는 1919년에 처음 신문에 등장했다고 나오네요.

혜진 1910년대에 식민지 조선에 공장이 생기고, 공장노동자들이 생기고, 신문이 생기면서 '여공'이라는 범주가 처음 가시화돼요. 두 번째로 여공이 부각되는 시기는 1970~1980년대죠. 두 시기 모두 노동자 운동이 촉발됐다는 점에서 공통적입니다. 식민지 시기에는 사회주의 운동이 확산되면서 프롤레타리아 문학(이하 '프로문학') 운동을 하는 '카프'KAPF라는 단체가 생겼어요. 이 시기 프로문학은 여성 노동자들의 수난을 강조해 계급의식을 각성하게 하려는 목적이 강했어요. 그래서 여성 노동자들이 얼마나 비참한 대우를 받는지, 얼마나 찢어지게 가난한지를 자극적으로 재현했죠. 프로문학은 문학사상 처음으로 여공에 문학적 형상을 부여했다는 점에서는 의미 있지만, 이때의 여공 재현이 누구를 위한 것이었는지는 질문해 볼 수 있겠죠. 당시 프로문학의 독자는 남성 지식인이었어요. 여성 문맹률이 매우 높던 시절이니까요.

희정 그 시기 여공은 민족운동이나 계급 운동을 위한 '사라지는 매개' 같은 거였네요.

혜진 그런데 저는 앞서 『세 여자』에 대한 이야기를 할 때도 강조했지만, 어떤 것도 '사라졌다'고는 말하고 싶지는 않아요. 지식인 남성 중심의 재현 관습에도 불구하고 스스로 목소리를 내려는 여공들의 의지는 늘 있었죠. 글을 아는 여공들은 잡지나 신문에 투고하기도 하고, 글을 모르는 사람들은 글이 아닌 다른 방식으로 자신의 존재를 기록하고 해석하려 했겠죠.

윤옥 당시 여성 노동자의 임금이 일본 남성 노동자 임금의 1/4이라고 책에 나오더라고요.* 지금도 여성 비정규직의 임금이 남성 정규직의 38퍼센트예요. 그런 상황에서 성희롱까지…….

지혜 당시 "고무공장 큰 아기"라는 신민요 가사가 이래요. "이른 새벽 통근차 고동 소리에 고무공장 큰아기 벤또밥 싼다. 하루 종일 쪼그리고 신발 붙일 제, 얼굴 예쁜 색시라야 예쁘게 붙인다나? 감독 앞에 해죽해죽 아양이 밑천. 고무공장 큰아기 세루치마는 감독 나리 사다 준 선물이라나."

희정 이 책에 보면, 1920~1930년대에 여공들이 파업하는 중요한 이유 중 하나가 공장 내 성희롱이었다고 해요. 저자는 성희롱이

* 루스 배러클러프, 앞의 책, 51~52쪽에서 재인용.

자본가들의 의도적인 경영 전략이었다고 분석하죠. 성추행을 통해 여성 노동자들을 분리 지배하고, 노동자들의 단합을 저해하기 위해 밀고를 유도하는 식.

혜진 이 책의 부제가 '섹슈얼리티, 폭력 그리고 재현의 문제'예요. 여성 노동자들의 수기를 보면 성희롱, 성폭력, 연애 등의 문제가 종종 암시되는데 여공에 대한 그간의 연구들은 여성 노동자들의 섹슈얼리티 문제를 중요하게 다루지 않았다고 본 거죠.

윤옥 이 책에서 공장 내 성폭력을 묘사할 때, "모호"하다는 표현을 많이 쓰잖아요. 여성 노동자들이 그저 성폭력의 피해자이기만 한 것이 아니라 '공모자'이기도 했다는.

희정 "강요된 성적 공모"라는 표현이 나오더라고요.

윤옥 제가 있었던 공장에서도 그런 일이 있었어요. 컨베이어 벨트의 관리자는 남성인데, 조장은 여자고, 30명 정도 되는 작업자들은 모두 여성이에요. 작업 공정 중에는 쉬운 일과 어려운 일이 있어요. 남성 관리자는 자기 마음에 드는 여성 노동자에게는 좀 수월한 일을 줄 수도 있고, 저녁에 밥을 사주면서 친밀한 관계를 맺을 수도 있어요. 그렇게 관리자와 친밀한 관계를 맺으면, 동료들이 노동조합을 결성하기 위해 비밀리에 여는 회합 같은 것에는 참여하지 못하게 되죠. 회합 정보가 관리자의 귀에 들어가면 안 되니까요. 그런 상황에서 좀 수월한 노동을 하기 위해 관리자에게 "강요된 공모"라고 할 만한 일을 선택하는 노동자들도 있었을 것 같아요. 하지만 노동운동을 하는 과정에서는 그런 일이 별로 없었겠죠.

혜진 "강요된 성적 공모"라는 표현에서 저자의 고심이 읽히는데요.

여성 노동자들을 그저 폭력의 피해자로만 그리고 싶지 않다는 의식의 반영이겠죠. 성적 지배를 시도하는 관리자가 있다면, 그런 전략을 역이용하려는 여성 노동자들의 전략도 있었을 것이라는 걸 말하기 위해 "모호성"이나 "강요된 성적 공모"와 같은 까다로운 표현을 썼을 것 같아요.

희정 그 내용을 설명하기 위해 자세히 분석한 게 강경애의 소설 『인간 문제』인데요.

혜진 식민지 시기 노동 서사에서 여성 노동자들은 대부분 남성의 계몽에 의해 깨인 존재가 돼요. 남성 전위가 여성 노동자들의 의식을 각성시키고, 노동단체를 조직하고, 파업 계획을 지도하죠. 물론 그런 매뉴얼화된 계급 서사는 당시에도 비판을 받았어요. 예컨대 기생들의 파업 풍경을 묘사한 이효석의 단편 「깨뜨려진 홍등」1930에 대한 염상섭의 비판은 신랄했습니다. 파업을 그렇게 소꿉놀이하듯 가갸거겨 배워서 하는 게 어딨냐며 프로문학의 교조성을 지적했죠. 저자가 보기에 강경애는 공장 내 성희롱 사건에 있어서도 여성을 일방적인 희생자로 그리지 않고 공장에서 벌어지는 성정치의 메커니즘을 면밀하게 묘사했다는 점에서 탁월하다는 거죠.

'문학소녀'와 '여성 공장노동자들의 밤'

희정 3장부터는 1970년대에 대한 서술로 넘어갑니다.

혜진 이 책을 관통하는 주제 중 하나가 앎과 글에 대한 여공들의 욕망이 지닌 정치적 가능성이에요. 이건 자크 랑시에르의 저작 『프롤레타리아의 밤』을 통해 널리 알려진 주제인데요. 노동자들은 낮 동안의 고된 노동에 지쳐 잠잘 시간이 부족한데도 밤에 모여서 동료들과 책을 읽고 글을 써요. 특히 이들이 쓰는 건 자기 이야기예요. 지금까지 자신들이 사회적으로 이야기돼 온 방식이 탐탁지 않기 때문이죠. 1970~1980년대는 노동자들이 스스로를 대변하기 위해 쓴 문학이 일반 대중의 호응을 얻은 유례없는 시간이었어요.

『프롤레타리아의 밤』

알제리 출신의 프랑스 정치철학자 자크 랑시에르의 1981년 박사 논문. 기존 마르크스주의 이론에 의해 창안된 노동자상에 반기를 들며, 노동자 정치의 중요한 요소로 내면성, 감성, 감각, 글쓰기 등의 요소를 강조했다. 일반적으로 노동자는 낮에 일하기 위해 밤에 충분한 휴식을 취한다고 상정되지만, 실제로 노동자들은 쉬어야 할 밤에 시를 짓고 글을 쓰며 철학과 예술적 글쓰기의 욕망을 실천한다. 이처럼 지적 평등을 향한 노동자들의 민주주의적 실천을 랑시에르는 "프롤레타리아의 밤"이라고 묘사했다.

윤옥 독서 모임이 정말 많았어요. 노동자문학반에서 『전태일 평전』을 읽고 토론한 기억이 나요. 노동자들에게 읽고 쓰는 일이 중요했던 건, 자신의 삶이 공론장에서 언어화되어야 사회성을 획득할 수 있기 때문이었어요. 그건 사회 구성원의 시민권 문제와도 관련돼요. 노동운동의 실천이기 전에, 주체적으로 살겠다는 표시였던 것 같아요.

희정 여성 노동자들 스스로 서술한 여공의 삶은 작가들이 묘사한 것과 어떻게 달랐나요?

혜진 여성 노동자들의 글쓰기도 여러 경우가 있는데요. 자기 얘기를 쓰는 게 목적인 사람도 있고, '문학소녀'로 자라면서 직업으로서의 작가가 되고 싶었던 사람도 있어요. 문화연구자 천정환 선생님이 쓴 「서발턴은 쓸 수 있는가」라는 논문은 김진숙과 신경숙 모두 여공이자 문학소녀였다는 점에 주목해요. 둘 다 전태일의 수기도 읽고 김남조의 서정시도 읽었죠. 동일방직 여성 노동자였던 석정남 선생님이 1976년에 쓴 수기에도 이런 내용이 있어요. '세계문학을 읽으면, 그 작가들은 하늘에 떠 있는 별 같다. 그런데 나는 왜 이렇게 돼지처럼 사는가'라며 괴로워하죠. 전태일도 그렇게 많은 글을 썼으면서, 여전히 대학생 친구 한 명이 있었으면 좋겠다고 했잖아요. 여기서 알 수 있는 것은, 노동자들이 당시의 지적 위계나 권위를 계속 의식할 수밖에 없었다는 거죠. 책에서 저자는 식민지 시기에 여공을 등장시킨 작품들의 작가가 지식인 남성이었던 것과 달리, 1970~1980년대 노동문학 작가들은 정말로 프롤레타리아였다는 점을 강조해요. '노동자 작가' 박노해의 등장이 매우 충격적이었던 것은, 그전까지 제출된 노동문학의 노동자는 모두 '상상된 민중'이었기 때문이죠. 그런 의미에서, 여공들이 직접 자신의 이야기를 글로 쓰게 된 것의 역사적 의의는 결코 작지 않아요. 임윤옥 선생님은 노동자문학반에서 활동하실 때, 어떤 책들을 주로 읽으셨나요?

윤옥 『꽃들에게 희망을』처럼 그림이 있고 문장이 간결한데 메시지가 분명한 책들을 많이 읽었어요. 노골적이고 무거운 주제를 다룬 책보다는 그런 책이 선호된 것 같아요.

희성 1970~1980년대 여공들은 폐쇄 회로에 놓여 있었다는 생각이 들어요. 산업 전사라고 했지만 그에 합당한 사회적 인정과 보상을 받지 못했고, 가족을 부양했지만 가족 내 발언권이 약했잖아요. 자신이 처한 삶의 조건을 벗어나려 할수록 거기 포획되는 면이 있었던 것 같아요.

윤옥 YH노동조합 최순영 위원장님께 이런 이야기를 들은 적 있어요. 농촌에서는 누가 누구네 집 딸인지 다 알기 때문에 튀는 행동을 할 수 없는데, 익명성이 보장되는 도시에 오면 여성들이 엄청난 해방감을 느낀다고요. 청년기에 도시에 와서 공장 활동을 한 여성들은 정말 열심히 자신의 욕망을 추구하며 살았어요. 일도 하고, 공부도 하고, 놀기도 하고……. 당시 노동조합 운동을 가능하게 한 동력도 그런 여성 노동자들의 주체성이겠죠. 이 책은 당시 여성들이 가정에서든 공장에서든 남성에 의해 보호받고 통제돼야 하는 존재였다고 전제하는데, 꼭 그런 것만은 아니었다는 말을 하고 싶어요.

희정 여성 노동자들이 웃통을 벗고 시위한 동일방직 투쟁은 상징적이죠. 이 사건은 오죽 절박했으면 그랬겠냐는 연민을 불러일으키기도 했지만, 여공들은 역시 쉽게 옷을 벗을 수 있는 존재라고 읽히기도 했다는 건 이 책을 통해 처음 알았어요. 당시 '우아함'은 중산층 여성에게나 가능할 뿐, 여공들에게는 허락되지 않은 가치였던 거잖아요. 이처럼 정치적 자원으로 선택할 수 있는 가치가 제한적일 때, 여성 노동자들이 동원할 수 있는 운동의 자원은 무엇이었을까 생각해 보게 돼요. 알몸 시위나 글쓰기 모두 그런 상황에서 선택된 정치적 무기인 거죠.

여공의 로맨스와 신경숙의 『외딴방』

혜진 이 책에서 주목하는 또 한 가지는 여공들의 로맨스예요. 당시 여공들은 『테스』나 제인 오스틴의 소설 같은 로맨스 문학을 즐겨 읽었어요. 그리고 실제로 노학연대를 통해 자신과 다른 계급에 속한 남성을 만나면서 로맨스를 욕망하기도 했죠. 아까 임윤옥 선생님이 말씀해 주셨듯, 위장 취업을 통해 공장에 온 대학생들 역시 자신과 다른 계급에 속한 사람들을 만나면서 이전과는 질적으로 다른 경험을 하게 되고요. 그렇게 서로 다른 계급에 속한 이들의 만남이 어떤 상상력을 촉발했는가가 이 책의 중요한 관심사입니다. 저자는 여성 노동자와 남성 대학생의 만남이 '연애'에 대한 상상으로 이어졌지만, 이 로맨스가 대개 비극으로 끝났다는 데 주목하고 있어요.

희정 로맨스 문학이 어떤 방식으로 쓰이거나 유통된 건가요?

혜진 여공들이 수기와 같은 글에 적어 둔 에피소드들, 예컨대 대학생과 영화를 보러 가거나 밥을 먹으면서 느낀 감정들의 기록이 있어요. 저자는 서로 다른 계급에 속한 사람들의 만남이 자기와 다른 계급에 대한 호기심과 앎을 주고받을 수 있는 기회였다고 분석합니다. 물론 '학출'과 노학연대의 역사적 의의에 대해서는 다양한 해석이 가능하지만요.

윤옥 저랑 같이 노동조합 활동을 하려고 했던 친구가 있어요. 그 친구를 생각하면 눈물이 날 것 같은데. 당시는 조모임 같은 것이 발각되면 조직 사건과 엮여서 바로 구속될 수 있었기 때문에 보안이 매우 강조되던 시기였어요. 저도 파업을 조직하기 위해

3~4명으로 구성된 모임을 몇 개 하고 있었어요. 그 친구는 저와 같이 활동하던, 제가 정말 아끼는 후배였고요. 그런데 어느 날 그 친구가 학출과 결혼하겠다는 말을 하는데, 저는 흔쾌히 축하해 줄 수가 없더라고요. 그 친구가 노동자계급의 남자와 결혼하지 않아서가 아니에요. 그 친구가 한 말 가운데 기억나는 게 있어요. 결혼식을 앞두고 백화점에 옷을 사러 갔는데, 그 남자가 옷을 척척 사줘서 자기는 너무 놀랐다는 거예요. 전에는 한번도 백화점에서 옷을 산다는 상상을 해본 적이 없었대요. 그 이야기를 듣는 저는 너무 부끄럽고 미안하고 마음이 복잡했어요. 그때 그 친구 마음이 어땠을까. 그 남자는 왜 굳이 그런 데 데려가서 옷을 사줬을까. 그런 걸 생각하면서 제 안에서 분노가 들끓었어요. 그런 기억이 나서 책의 해당 대목을 읽을 때 마음이 좀 불편했어요.

혜진 지금 말씀해 주신 부분이 1980년대를 아프게 기억하는 독자들이 이 책을 곤혹스러워 하는 이유일 것 같아요. 저자는 왜 지금까지 여공들의 섹슈얼리티 문제가 부각되지 않았냐고 안타까워하지만, 사실 저자와의 대담에서 『공장의 불빛』1984을 쓴 노동문학 작가 석정남 선생님은 이 책이 여공들의 섹슈얼리티 문제를 지나치게 강조한 것이 이해가 잘 안 된다고 말씀하시기도 하셨어요. 국문학자 이혜령 선생님도 앞서 언급한 『여공 문학』에 대한 자세한 서평에서, 여공들의 섹슈얼리티가 좀처럼 이야기되지 않은 것은 "이미 잘 알려진 '공순이' 담론의 재료를 제공하지 않"음으로써 "자신이 속한 여성 노동자 집단의 명예를 지키고자 한 것"이라는 반론을 제시하기도 하셨죠. 아무튼 『여공 문학』은 여공과 학출 간의 로맨스가 실패하는 이유로, 여공의 섹슈얼리티를 둘러싼 사회적 통념과 그로부터 비롯된 여공들의 자기 검열을 들어요. 여공은 사회가 정해 놓은 '여성다움'에 대한 규범을 따를 수도, 따르지 않을 수도 없었다는 거죠. 이를 잘 보여 주는 예로 제시되는 것이 신경숙의 장편소설 『외딴방』 1995입니다. 작중 '희재 언니'라는 인물은 서술자와 같은 여공인데 누군가와 연애를 해요. 연애의 대상과 그 내용은 서술되지 않습니다. 그런데 그 연애가 추문화되면서 희재 언니는 자살해요. 서술자인 '나'는 자신이 희재 언니의 연애에 대해 '고의적인 무지'를 선택함으로써 희재 언니의 자살을 사실상 방조했다는 죄책감에 시달리죠. 『여공 문학』의 저자가 보기에 작가 신경숙이 『외딴방』에서 말하고 싶었던 것은 여공의 섹슈얼리티와 관련해, 전형적인 서사로 수렴되지 않는 여공들의 경험과 내면성이에요. 『외딴방』의 서술자는 희재 언니의 영혼과 대화를 나누면서 여공에 대한 세간의 이야기가 희재 언니를 다 설명할 수 없음을 깨닫게 돼요. 『외딴방』은 당시 여성 노동자에 대한 통념이 무엇이었는지 보여 주면서 동시에 그에 따라 해석되기를 거절하는 여공의 내면을 가시화했기에 "노동문학사상 최후의 걸작"으로 평가되는 거죠.

희정 희재 언니는 자신의 분신이자 여공 일반을 대표하는 인물일 수도 있는데, 작중에서 희재 언니를 죽여 버린다는 건 의미심장하네요.

혜진 작중 성공한 작가인 서술자 '나'에게 옛 동료들이 전화를 걸어 "너 우리 얘기는 쓰지 않더라"라는 힐난을 하죠. 네가 작가가 되는 데 여공 출신이라는 정체성이 방해가 될까 봐 우리 얘기를 하지 않는 거냐고 묻는 거예요. 작가 이력에 방해가 된다고 생각한 여공 정체성이 엄연한 문학적 시민권을 얻게 되는 장면을 소설에 함축하고 있다는 점에서 『외딴방』은 분명 문제작이죠. 어쨌든 『여공 문학』의 저자가 강조한 것은, 각성한 노동자가 되는 것만이 진정한 자아의 완성으로 여겨지던 1980년대에 그와 다른 방식으로 자신을 설명하고 싶은 여공들의 욕망이 있었다는 것, '여공 문학'은 바로 그 존재들의 욕망이 보존돼 있는 문화적 아카이브라는 거예요. 물론 좀 다른 평가도 가능합니다. 『외딴방』이 발표된 1995년은 1980년대 노동운동의 역사를 청산하고 자유주의의 시대로 질주하던 때였어요. 대부분의 사람들은 1980년대 민주화 운동 및 노동운동에 헌신한 사람들에게 부채감을 가지고 있었지만, 그런 불편한 마음을 빨리 청산하고 싶었죠. 그때 마침 신경숙의 『외딴방』은 그 청산의 알리바이를 제공해 준 것이기도 해요. 희재 언니의 설명되지 않는 자살을 통해 당시 여공에 대한 인식의 폭력을 드러내면서도, 그런 죽음을 묵인할 수밖에 없었던 서술자 자신에 대한 변명도 하고 싶었던 거예요. 『외딴방』은 그런 일반 독자들에게 도덕적 면책을 해줌으로써 모두에게 안전하게 읽힐 수 있는 대중 서사의 지위를 확보한 거죠. 그런 면에서 『외딴방』은 "노동문학사상 최후의 걸작"이기도 하지만 노동문학과의 단절을 선언한 작품으로 읽힐 수도 있죠.

희정 오랜만에 『외딴방』을 펼쳤는데, 첫 장면이 서술자가 산울림의 노래 "나 어떡해"를 듣는 장면으로 시작하더라고요. 그런데 그

소설이 발표된 시점은 혁명이 곧 상품이 된 서태지의 시대잖아요. "나 어떡해"로 시작하는 소설이 "난 알아요"의 시대에 등장했다는 게 재미있었어요.

혜진 창작과비평사(이하 '창비')라는 출판사의 궤적도 흥미롭죠. 창비는 진보 문학의 산실로 간주되는 출판사였고, 창비를 만든 백낙청 평론가는 『외딴방』을 "노동문학의 걸작"이라고 적극적으로 호명했어요. 그런데 『외딴방』이 베스트셀러가 되고, 『소설 동의보감』 같은 베스트셀러를 연이어 내면서 창비는 출판 시장을 점령해요. 그래서 혹자들은 1980년대 노동문학에 대한 청산주의를 유도한 『외딴방』을 필두로 창비가 자유주의 시장 체제에 투항했다고 보기도 합니다. 『외딴방』이라는 작품 하나 때문에 그렇게 됐다기보다는, 사회변혁과 같은 '1980년대적' 가치가 더 이상 유효한 자원으로 여겨지지 않게 된 시대의 풍경이죠.

감히 '다른 삶'을 상상할 것

희정 저자가 한 인터뷰에서 『외딴방』 이후 블루칼라 노동자를 재현한 작품이 별로 없다는 이야기를 하더라고요. 그 이야기를 들으니 우리가 지난 〈을당〉 드라마 편에서 요즘 재현되는 여성 노동이 모두 화이트칼라 직종이라는 지적을 한 게 생각났어요.

윤옥 지금은 집단화된 노동보다 파편화된 서비스 노동에 종사하는 여성의 비율이 압도적으로 커요. 70퍼센트. 동맹파업이 가능했던 1980년대와는 산업 조건 자체가 달라졌죠.

희정 그럼 오늘날 여성 노동자들의 이야기는 무슨 문학이라고 이름 붙일 수 있을까요?

혜진 노동문학, 여성문학, 청년문학 같은 범주화가 모두 가능하겠죠. 하지만 이름이 중요한 건 아닌 것 같아요. 그보다는 이제 더는 노동자 서사를 써도 노동자의 이야기로 읽히지 않는다는 게 문제인 것 같아요. 지금 한국 문학에도 편의점 아르바이트생, 택배 배달원 등 블루칼라, 화이트칼라 할 거 없이 다양한 직종에서 일하는 청년들의 이야기가 쓰이고 있거든요. 그런데 그 소설들을 굳이 '노동문학'이나 '계급문학'이라고 부르고 싶어 하지 않는 경향이 있어요. 작가도 그런 딱지를 두려워하고, 독자들도 그런 범주에 속한 작품들을 선험적으로 꺼리죠. 계급화된 앎, 계급화된 서사에 대한 감각이 과거와는 매우 달라진 거예요. 그런데 사실 '계급'과 무관한 서사는 없을뿐더러, 자신과 다른 계급에 대한 호기심이 사라진 사회는 정말 위험해요. 아무리 계급 상승의 욕망이 좌절되더라도 그것을 꿈꾸는 서사는 사회변혁의 가능성에 대한 신뢰를 전제로 하는 거죠. 그런데 요즘은 아예 '흙수저' '금수저' 같은 방식으로 계급을 나누고, 그걸 고정불변의 것으로 간주하잖아요. 그렇게 되면 다른 삶을 상상할 필요가 없으니 오직 자신이 속한 세계, 자신이 이해하고 공감할 수 있는 세계가 이 세계의 전부라고 생각하게 되죠. 최근 대중서사에서 독립운동가나 사회 혁명가들이 숭고한 가치나 뚜렷한 이념의 주체가 아니라, 먹고사니즘에 굴복한 '생계형' 투사로 묘사되는 걸 보면 마음이 복잡해져요. 그런 서사들은 내가 모르는 다른 삶이 있다고 상상하지 않고, 인간은 그저 모두 먹고사니즘에 굴복하는 경제동물이라고 인식함으로써 인간과 세계에 대한 납작한 이해만을 강요하거든요. 그런 사회적 분위기가 좀 바뀌었으면 좋겠다는 마음에 다른 삶, 다른 세계를 상상할 수 있는 한 통로로서 『세 여자』와 『여공 문학』을 소개해 봤습니다.

윤옥　해방 직후에 조선노동조합전국평의회, 줄여서 '전평'이라고 부르던 단체가 있었는데 그때 영등포에 있는 한 섬유공장 노동자들이 "생리휴가를 5일로 달라" "솜이나 가제 같은 생리용품을 무료로 제공하라" "4개월의 출산휴가를 달라"라는 요구 조건을 내걸었어요. 이 조건은 받아들여졌고요. 오늘날에도 가능하지 않을 일일 것 같은데 말이죠. 이런 요구를 할 수 있었던 상상력이 다 어디로 갔을까요?

조선노동조합전국평의회

1945년에 결성된 조선공산당 산하의 노동운동 단체로, 조선민주청년동맹의 청년 조직과 더불어 조선공산당의 양대 세력이 되었던 단체다. 약칭 '전평'이라고 한다. 막강한 노동자들의 조직을 가지고 출발한 전평은 그 당시 한국 사회의 모든 부문에서 격화되고 있던 공산 진영과 민족 진영의 대결에서 공산 진영의 전위대 역할을 수행했다. 전평은 광복 직후 이 땅에서 처음으로 전국 노동자들이 한자리에 모여 국가의 건설과 자신들의 생활 문제를 토의하였다는 점에서 의의가 있다.*

희정　그때 획득한 조항들, 지금 어디로 사라졌나요?

윤옥　물론 당시의 여성 노동자 조직률은 지금보다 5배 정도 높아요. 그러니 지금의 상황과 단순하게 비교할 수는 없죠. 아무튼 오늘 소개해 드린 책들을 통해 먹고사니즘이 전부가 아닌 '다른 삶'

* 『한국민족문화대백과』, 한국정신문화연구원, 1995 참조.

을 상상할 수 있었으면 좋겠습니다. 오늘은 여기까지입니다. 나와 주셔서 고맙습니다.

+ 오혜진이 덧붙이는 말

2019년 1월, 3·1운동 100주년을 맞이해 『경향신문』은 "나는 어떤 독립운동가였을까"라는 제목의 디지털 콘텐츠를 선보였다. 이 프로그램은 당신을 100년 전 3·1운동이 벌어지던 때로 데려간다. 당신은 "3·1운동이 있기 전, 당신은 어떤 사람이었을까요?"라는 질문에, "①학생 ②독립운동가 ③생업 종사 ④지식인" 중 하나를 택한다. 이런 문답을 몇 번 거치면, "당신의 선택과 가장 가까운 삶을 살았던 독립운동가"의 얼굴이 나타난다. 자신의 사회적 조건과 정치적 성향이 박헌영, 김일성, 허헌, 주세죽, 정칠성, 여운형, 박열 등, 멀게만 느껴지던 역사적 인물들의 그것과 합치된다는 걸 발견한 당신은 가벼운 충격(?)을 표한다. 흥미롭게도 이 프로그램은 민족주의자, 사회주의자, 아나키스트, 여성 운동가라 할 법한 인물들을 모두 '독립운동가'라는 이름으로 망라했다. 식민지 조선에서 전개된 사회운동이 현재의 기준으로 구분된 운동 범주로 설명되지 않으며, 그 운동들이 어느 정도 독립운동의 성격을 지녔다는 게 틀린 서술은 아닐 테다. 하지만 바로 그만큼 "목표는 하나였지만, 그들이 택한 방법은 다양"했다는 이 프로그램의 진술 또한 유보가 필요해 보인다. '목표는 다양했지만, ('독립'이라는) 방법이 같았던 것'일 수도 있기에. 아무튼 이 프로그램은 이념·노선·정파 등으로 구획된다고 믿어진 서로 다른 운동들이 꽤 중층적이고 우연적인 요소들에 의해 결정된 것일 수도 있음을 일깨웠다. 운동가의 삶을 선험적·고정적인 것으로 규정하기보다는, 특정 순간에 행해진 선택의 드라마로 서사화하는 것. '역사의 역사화'에 대한 꽤 흥미로운 사고 모델 아닌가. 그러니 우리도 상상해 보자. 2019년 어느 날, 당신이 위치한 자리와 행한 일은 먼 훗날 기록으로 남아 있을까. 남았다면 어떻게?

신용사회와 금융, 그리고 성매매

게스트 **김주희**

섹슈얼리티 경제와 성 산업, 빈곤의 여성화 이슈에 지속적인 관심을 두고 있다. 10대 여성들의 몸과 성 역할을 자원 삼아 수익을 내고 있는 '티켓 다방'에 대한 연구로 여성학 석사 학위를 받았으며 막달레나의집 현장상담센터에서 4년간 기지촌 현장 활동을 했다. 성매매 산업의 금융화에 관한 논문으로 2015년 여성학 박사 학위 취득 후 현재 서강대학교 트랜스내셔널인문학연구소 연구교수로 재직 중이다. 「한국 성매매 산업 내 '부채 관계'의 정치경제학」이라는 논문으로 한국여성학회 제3회 학술논문상을 수상했다. 『더 나은 논쟁을 위한 권리』 『성의 정치 성의 권리』 등을 함께 썼다.

—— 오늘의 주제

윤옥　오늘을 살아가는 여성 노동자들의 어려움을 속 시원히 파헤쳐 줄 평범한 여성 노동자들의 비범한 이야기 〈을들의 당나귀 귀〉!! 안녕하세요, 임윤옥입니다. 오늘의 주제, 손희정 선생님이 소개해 주세요.

희정　정말 흥미로운 주제이기도 하고 어려운 주제이기도 한데요. 이 시점에서 꼭 다뤄 봤으면 하는 중요한 주제에 대해 이야기해 보려고 합니다. 바로 성매매 여성들의 성형 대출과 여성 부채 문제에 대한 이야기예요. 우리가 〈을당〉에서 "극한 직업 걸그룹" 등의 이야기를 나누면서 '이미지 상품'으로서의 여성에 대해 고민하지 않을 수 없었는데요. 그렇게 여성 신체가 상품이 된 상황에 대해 생각하다 보니, 성 산업에 대해 이야기하지 않을 수 없겠다 싶더라고요. 그런 고민을 하던 중에 성 산업과 대부업, 그리고 성형 산업이 서로 연결되면서 돈이 '상품이 된 여성의 신체'를 타고 흐르는 상황에 대해 연구한 흥미로운 글을 읽게 되었어요.[*] 오늘은 그 글의 저자인 김주희 선생님을 모셨습니다.

윤옥　저도 손희정 선생님이 보내 준 글들을 보면서 이런 연구가 있다는 것이 참 놀라웠는데요. 이렇게 뵙게 되어 반갑습니다. 어서 오세요!

주희　안녕하세요, 김주희입니다. 저도 뵙게 되어 반갑습니다.

[*] 김주희, 「한국 성매매 산업 내 '부채 관계'의 정치경제학」, 『한국여성학』 31권 4호, 한국여성학회, 2015.

윤옥 선생님, 연구 주제를 간략하게 설명해 주시면서, 어떻게 이런 연구를 시작하게 됐는지 말씀해 주시면 좋을 것 같아요.

작년에 성매매로 번 3000만 원은 어디로 갔을까?

주희 아마 다들 고민하고 있는 문제일 텐데요. 한국 사회에는 여성의 노동을 아주 쉽게 성애화하는 문화가 있잖아요. 아주 비근한 예로, 우리가 녹음을 시작하기 전에 나누었던 사례를 들 수 있을 것 같아요. 젊은 여자들이 편의점에서 일할 때 남자들이 와서는 뜬금없이 "너 나랑 한번 같이 잘래?" 이런 식의 제안들을 하는 일이 있다는 거죠.

윤옥 제 딸이 해준 이야기인데요. 젊은 여성이 밤에 편의점에서 아르바이트를 하고 있으면 술 취한 아저씨들이 그렇게 수작을 건다는 거예요. 그 얘기를 듣고 정말 소름 돋았고요. 성매매 업소 안에서만 여성을 성적인 대상으로 보는 것이 아니라 여성들이 주로 종사하는 서비스업에 대한 인식 자체가 그냥 그렇게 받아들여진다는 것이죠.

주희 그런 상황에서 또 실제로 아르바이트의 형식으로 성매매가 알선되는 경우도 너무 많고요. 여성이 아르바이트를 하겠다고 생각하고 검색을 시작하면, 고액 알바 사이트에서 검색되는 건 100퍼센트 성매매 업소라고 보면 돼요. 여성이 일자리를 찾거나 돈 문제를 해결하려고 할 때, 굉장히 가까이 놓여 있는 것이 성매매인데요. 연구자로서 '성매매'에 대해 관심을 갖기 시작한 것은 2003년부터였어요. 당시 저는 가출한 10대 여성의 삶을 들여다보고 싶었거든요. 가족이 사회의 통념과 달리 10대 여성의 안식처가 되지 못하고, 가족으로부터 벗어나야만 살 수 있는 환경들이 있죠. 이런 환경들이 저에게는 매우 중요한 화두였기 때문에 가출한 여자 청소년들을 만나 이야기 나누게 되었어요. 이 친구들이 지금으로 말하자면 일종의 '가출팸'의 멤버였죠. 가출 후 자신들의 '패밀리'를 만들어 살면서 그중 한두 사람이 대표로 성매매를 해서 나머지 패밀리 멤버들을 먹여 살리는 상황이었죠.

가출팸

가출한 청소년들이 원룸, 고시원, 모텔 등에 모여서 숙식을 해결하는 '가출 패밀리'의 줄임말. 청소년들 사이에서 은어로 사용된다. 가출 청소년들은 주로 인터넷 카페나 스마트폰 채팅 앱을 통해 가출팸을 모집하는데 아빠, 엄마, 오빠, 동생 등으로 위계적 성 역할을 분담하기도 한다.

윤옥 역할 분담 같은 건가요?

주희 일종의 노동 분업을 통한 경제 공동체가 이뤄지는 거죠. 꼭 한 명이 전담하는 것은 아니고요. 성매매를 하면서 일종의 '패밀리'를 먹여 살리는 역할을 하는 친구들이 여여 커플인 경우도 보았고, 패밀리가 또 그렇게 대가족만 있는 것도 아니고요.

희정 조현훈 감독의 〈꿈의 제인〉2016이라는 영화가 '가출팸' 이야기를 다뤘더라고요. 저는 이 영화를 보면서야 조금이나마 알게 된 것 같아요.

주희 2000년대 초만 해도 '티켓 다방'에서 10대 여성들이 굉장히 일을 많이 했어요. 거의 다 '2차'로 성매매가 가능한 티켓 다방이었는데요. 정말 지역으로 내려가면 오토바이에 커피 보자기 싣고 달리는 10대들을 정말 많이 볼 수 있었어요. 그런데 그때 당시가 아이러니하게도 청소년보호법이 매우 강화되었을 때예요.

청소년보호법

청소년에게 유해한 매체물과 약물 등이 청소년에게 유통되는 것과 청소년이 유해한 업소에 출입하는 것 등을 규제하고 청소년을 유해한 환경으로부터 보호·구제함으로써, 청소년이 건전한 인격체로 성장할 수 있게 하는 것을 목적으로 하며, 1997년 7월 1일부터 시행되었다. 이후 법 집행상 실효성 확보가 필요하거나 해석상 논란의 소지가 있는 부분 및 규정 미비로 청소년 보호 사각지대가 되어 온 부분 등을 보완하기 위해 1999년 7월 1일부터 개정 청소년보호법이 시행되고 있다. 개정 청소년보호법은 그동안 식품위생법, 미성년자보호법 등 관련 법규상 '청소년 보호 연령'이 18~20세 미만으로 각기 달라 혼선을 빚었던 단점을 보완하기 위해 '연年 19세 미만'으로 보호 연령을 통일했다.

'미아리 포청천'이라 불렸던 김강자 당시 종암경찰서장의 영향도 있었고요. "10대의 성을 사는 것은 불법"이라는 담론이 대중적으로 매우 급격히 확산되었습니다. 그때 저는 좀 충격에 빠졌어요. 그런 사회적 분위기 속에서도 티켓 다방에 다니는 10대 여성들이 너무 많았으니까요. 그러면서 알게 된 것은, 성보호 논리가 강화되니까 10대 여성들이 이 보호의 시선이 닿지 않는 곳에 내려가야 할 필요가 생겼고, 그게 지방이었다는 점이었어요. 예컨대 성주 같은 곳이 일인당 티켓 다방 수가 가장 많은 도시였어요. 성주는 참외로 유명하잖아요? 그러니까 남자들이 하우스 농사로 번 현금이 있었고, 그런 소득을 다방에서 쓰는 거죠. 또 다른 지방에 가보면 200미터쯤 이어지는 공업사 골목이 있는데요. 이 골목에만 6개 정도의 다방이 있었어요.

희정 진짜 많네요.

주희 그런 곳에서 대체로 10대 여성들을 고용하죠. 이 '티켓 다방'은 구매자들이 1시간, 2시간의 티켓을 끊는 형식인데요. 여성의 시간을 사는 형태인 거죠. 그렇게 손님과 티켓 다방 여성이 사적인 관계를 맺는 시간을 판매하는 거예요. 그 시간에는 뭐든 할 수 있죠. 성매매를 할 수도 있고, 청소를 하기도 하고요. 즉, 여자로서 할 수 있는 모든 노동을 요구받게 돼요. 그걸 보면서 성매매를 거시적으로 봐야겠다는 생각이 들더라고요. 당시만 해도 저는 성매매가 우리의 삶과 멀리 떨어져 있다고 생각했지만, 사실은 굉장히 가까이 있었어요. 그렇게 석사 논문을 쓰고, 여성 단체에서 현장 활동을 시작했어요. 그러면서 2006년에서 2009년까지 이태원 기지촌에서 활동했고요. 이때는 사실 이태원이 미군 기지촌으로 호황을 누리던 시기가 끝난 때였어요. 호황기는 1970년대를 지나 1980년대에서 1990년대 초반까지. 2000년대에 이르러서는 낙후된 기지촌 지역이 된 건데요. 당시 만난 여성들은 미군을 따라 미국에 가지 못해 아직 이곳에 남아 있다고 스스로를 설명했어요. 그들은 나이도 많았고, 이태원에 거주한 지도 오래됐고, 무엇보다 가난했어요. 그들의 삶을 보면서 그런 생각이 들더라고요. "여성들이 성매매를 하면서 번 돈이 과연 여성들에게 가고 있는가?"

희정 왜 그런 생각이 드셨어요?

주희 이 질문은 사실 아주 구체적인 장면에서 시작됐어요. 성매매 여성들이 거주하는 지역이 워낙 낙후된 지역이라서 가스가 끊기고, 비 오면 물 넘치고, 그런 온갖 문제들이 있었지요. 그래서 이들이 별일 없이 잘 지내고 있는지 안부를 확인하는 것이 제 일상이었어요. 그러다 보니 자질구레한 이야기들을 많이 나누게 되잖아요. 근데 이분들이 늘 살기 힘들다는 이야기만 하는 것이 싫었던지, 어느 날 그런 이야기를 하더라고요. "내가 작년에 찍은 일수가 3000이었다." 그래서 깜짝 놀란 거죠. 이렇게 빈곤한 여성이, 지금은 그 돈을 가지고 있지 않지만 작년에는 3000만 원을 만졌다는 거잖아요. 당시 활동가로 일하는 저에게 3000만 원은 정말 큰돈이었거든요. 그래서 궁금해졌던 것 같아요. 지금은 수도세도 못 내는데, 3000만 원이 여성을 스쳐 지나갔다는 것이.

윤옥 아, 정말 궁금하네요.

희정 그런데 잠깐만요. 본격적으로 이야기를 시작하기 전에 한 가지 짚어야 할 점이 있을 것 같아요. 한국 페미니즘 내부에서도 성매매를 둘러싸고 '성노동'으로 불러야 하느냐 '성판매'로 불러야 하느냐, '매춘'이란 말이 옳으냐 등의 논쟁이 첨예하잖아요. 선생님은 어떤 입장이신지, 이 연구의 맥락을 좀 잡아 주시면 좋을 것 같아요.

주희 사실 성매매를 둘러싼 논의는 매우 복잡하죠. 다양한 의견들을 내고 계시고요. 그런데 지금 한국의 성노동 담론은 주로 자유주의적인 입장에 의해 견인되는 것 같아요. 성매매를 둘러싼 낙인이나 성 보수주의적인 위선을 제거하면, 다시 말해 개인적 성 거래의 자유를 보장하면, 성판매자들이 경험하는 차별과 불평등 문제가 해결될 것이라는 입장이죠. 하지만 자유주의 시스템에서 자유는 개인에게 보장되는 것이 아니라 더 많은 자유를 생산하고 소비하도록 하는 통치술의 문제입니다. 그러므로 섹슈얼리티의 자유로운 거래를 보장하는 것이 평등한 성적 거래로 이어진다는 것은 환상이죠. 저는 여성에 대한 낙인과 혐오가 에로틱하다고 여겨지는 것이 바로 성 시장의 전제 조건이자 특징이라고 생각하기 때문에 여성을 끊임없이 성매매 산업으로 진입시키는 하부의 구조를 보는 일이 중요하다고 생각해요. 여성을 가난하게 만들고, 그 가난의 완충지대에 성매매 산업을 형성하고 있는 국가와 자본의 결탁이 더 큰 문제겠지요. 이 부분을 분석해야 한다고 생각해요. 그래서 저는 업소에서 일하는 여성일 경우에는 '업소 종사 여성'이라든지, 성매매를 하고 있는 여성, 성매매 여성, 성판매 여성 등, 기술적인 용어를 선호하는 편이에요.

희정 정치적 입장을 담은 용어보다는 상황을 기술하는 용어를 선호하시는 거군요?

주희 사실 그게 정치적 입장을 담은 것이기도 하죠. 저는 성매매가 여성 착취적일 뿐만 아니라 여성에 대한 폭력을 자원 삼아 작동하기 때문에 언젠가는 종결되어야 할 일이라고 생각해요. 다만 여러 현실적인 조건 속에서 자신에게 주어진 최소한의 선택지 가운데 성매매를 선택한 여성의 결정이 최대한 존중받을 수 있는 상황이 되어야 하죠. 저는 한국 반성매매 진영의 대다수가 저와 비슷한 포지션을 취하고 있다고 생각하는데요. 물론 페미니즘의 언어는 종종 보수의 언어와 만나기도 하고, 그래서 성에 대한 보수적인 입장 때문에 성매매에 반대하는 것처럼 매도되는 경우도 있는데요. 저는 오랫동안 현장에서 반성매매 운동에 몸담아 온 분들과 소통해 오면서 성보수주의의 언어와 반성매매의 언어는 다른 결을 가지고 있다는 걸 알고 있어요. 물론 그 중심에는 페미니즘이 있고요.

3000만 원의 행방

희정 그러면 이제 다시 3000만 원으로 돌아가 볼까요? 그 3000만 원은 어디로 갔을까요?

주희 우선은 이 점을 기억해야 할 것 같아요. 많은 사람이 별생각 없이 "인류 역사상 가장 오래된 직업이 매춘이다"라고 말하죠. 하지만 각 시대마다 성매매를 가능하게 하는 경제적 조건은 달랐어요. 고릿적의 성매매와 지금의 성매매는 그 내용과 형식이 질적으로 다르죠. 지금 페미니스트들이 문제 삼는 성매매의 조건은 근대 이후의 성매매, 국가적 제도화 이후의 성매매입니다. 사람들은 한국 사회가 낙후되고 봉건적이어서 성매매가 창궐한다고 생각하지만, 사실은 그렇지 않아요. 서구에서도 성매매라는 주제는 사회가 진보했기 때문에 등장하는 거거든요.

희정 보통 하는 얘기처럼 탈역사적인 게 아니라 완전 역사적인 형태인 거네요.

주희 그래서 제도와 성매매 사이의 관계 역시 중요한 주제라고 할 수 있어요. 한국에서는 2004년도에 성매매특별법이 만들어졌어요. 이전 박정희 시대에도 '윤락행위 등 방지법'이 있기는 했는데요. 박정희가 자신이 도덕적으로 훌륭한 사람임을 보여 주기 위해 만든 다양한 복지법들 가운데 하나가 바로 '윤락행위 등 방지법'이었어요. '윤락'이라는 말이 보여 주는 것처럼, 이는 '타락한 여성들로부터 시민을 지켜야 한다'는 법이었기 때문에 끊임없이 이 여성들을 특정 지구로 내몰면서 고립시켰죠. 결코 여성들이 처한 문제를 해결하려는 법이 아니었죠. 특정 지구에서 성매매 여성들을 관리하는 법에 불과했으니까요. 그런 의미에서 2004년도에 만들어진 성매매특별법은 의미가 있었죠. 왜냐면 여성 단체에서 오랫동안 현장 활동을 한 페미니스트 활동가들이 법안을 제안하고, 다듬고, 그렇게 성이 거래되는 구조 자체를 문제 삼았으니까요. 그래서 성매매 여성들을 구조의 피해자로 이야기할 수 있게 되었어요. 또 현장에서 성매매로 인해 피해를 입은 여성들에게 사회복지적 지원을 해줄 수 있는 법이었고요. 이 법이 만들어지면서 사회적인 주목을 받았죠. 성매매 업소와 성 구매자에 대한 단속도 적극적으로 이뤄지고요.

성매매특별법

2004년 제정된 성매매 알선 등 행위의 처벌에 관한 법률(법무부 소관, 약칭 '성매매처벌법')과 성매매방지 및 피해자보호 등에 관한 법률(여성가족부 소관, 약칭 '성매매보호법')을 포괄하여 보통 "성매매특별법"이라 칭한다.

희정 그래서 성 산업을 단속하는 효과가 좀 있었나요?

주희 그렇지 않았다는 점이 문제인 거죠. 2004년에 이 법이 만들어졌음에도 성매매 산업은 위축되지 않았어요. 도대체 왜일까 하고 들여다봤더니, 성매매특별법이 문제 삼는 사람들 외부에, 이 산업을 계속 굴러가게 하는 요인들이 존재하고 있더라고요.

윤옥 그게 도대체 뭔가요?

주희 바로 오늘 집중적으로 이야기할, 여성들에게 대출 서비스를 제공하는 카드론 회사, 신용카드 회사, 제2금융권, 다양한 일수업자들, 그리고 성형외과 같은 각종 미용 산업들이죠.

희정 성 산업과는 무관해 보이는 산업들이네요?

주희 그렇죠. 그러나 이러한 요인들로 인해 아까 말한 3000만 원이 여성들 몸을 타고서 다른 곳으로 흘러갔다는 거예요. 성매매방지법의 프레임으로 보자면 이 여성은 피해자지만, 조금 더 거시적인 시각에서 보면 이들은 돈이 흐르는 중간 매개를 하고 있던 거죠. 그랬을 때 일부 여성이 탈성매매를 한다고 해서 성매매 산업의 근본적인 문제가 해결될 수 있는 걸까요? 이 여성들을 매개로 이자와 수수료 등의 수익이 만들어지는 거대한 시장이 있는데요. 그런 매개자 역할로부터 빈민 여성이 자유로울 수 있을까요? 이것이 우리가 질문해야 하는 주제라고 생각해요.

윤옥 류승완 감독의 〈베테랑〉2015이라든가 우민호 감독의 〈내부자들〉2015 같은 영화들을 보면, 항상 자본과 권력이 결탁하는 장소로 유흥업소가 나오잖아요. 유흥업소는 여성 노동자의 신체를 판매하면서 유지되고요. 결국 여성의 신체를 매개로 정경 유착이 이뤄지는 현장인 셈인데요. 여성의 신체가 그런 거래의 관계에 매개로만 존재하는 것이 아니라 산업 안에서 돈이 흐르게 하는 매개가 되는 것이군요!

주희 이게 성매매특별법뿐만 아니라 모든 정책이 가진 한계이기도 한데요. 당면한 문제에만 초점을 맞추다 보니 그 문제와 연동되는 다른 큰 문제까지 건드리기는 어려운 측면이 있는 거죠.

희정 얘기를 들으면서 생각난 건 2004년 즈음 10대 섹슈얼리티가 성애화된 한국 영화들이 한꺼번에 등장하거든요. 〈어린 신부〉2004라든가, 아니면 김기덕 감독의 〈사마리아〉2004 같은 영화가 나와서 10대 여성을 성적 대상으로 그려내기 시작했죠. 한편 아이돌 문화에서는 섹시한 10대가 등장했고요. 대체 왜 이런 변화가 2000년대 중후반에 강해졌을까, 성매매가 음성화되면서 성매매 여성의 연령대가 낮아지기 시작한 것과 맞물린 것은 아닌가 싶거든요. 물론 사람이 더 쉽게 상품이 되는 신자유주의하고도 연결되어 있겠지만요.

주희 저는 '음성화'되었다고 생각하지는 않아요. 음성화와 양성화를 어떻게 구분할 수 있을지 모르겠지만, 10대 성매매는 계속 있어 왔죠. 음성화를 말하는 입장에서는 성매매가 주거지역으로 들어왔다는 점을 문제 삼는데, 그건 성매매가 내 삶의 반경에서 떨어져 있다면 괜찮다는 입장과 다르지 않습니다. 또 음성화를 말하는 입장은 보통 성매매 양성화가 문제를 해결해 줄 것이라는 입장과도 연결돼요. 오히려 저는 10대 여성들이 성애화되는 방식이 성 상품화의 가속화와 연결되어 있는 것 같아요. 또 과도기엔 그러지 못했지만 10대 성보호법이 강화되면서 최소한 성 산업 안에서 10대 여성들이 많이 사라지긴 했어요. 그러니까 어쩌면 영화에서 10대 여성의 성적 재현이 많아지는 건 사라진 것에 대한 향수일 수도 있겠죠.

희정 사라진 것에 대한?

주희 왜냐하면 2000년대 초반 이후에는 10대 여성과 성매매를 하면 신상 공개되고 패가망신한다는 의식이 대중화된 것 같거든요.

희정 스크린에서는 오히려 금지가 욕망을 만드는 방식이었던 거군요?

주희 그럼에도 불구하고 가출한 10대 여성의 수첩에서 수백 명의 고객 명단이 발견되고 하는 걸 보면, 금지된 욕망을 위험을 무릅쓰고 실현하고자 하는 남성들은 여전히 있는 것이고요.

— "자기 투자 비용을 빌려드립니다"

희정 다시 3000만 원 이야기로 돌아가 볼게요. 하나의 키워드가 등장했네요. '성형 대출'.

주희 네. 보통 여성이 성매매를 한다고 하면 이렇게들 말하죠. "가진 거라고는 하나도 없는 여자가 몸 팔아서 쉽게 돈 번다. 편하게 산다." 이게 '우리는 정말 뼈 빠지게 노력하는데, 너희들은 쉽게 돈 번다'는 거부반응과 연결되어 있거든요. 하지만 성을 판매한다는 것이 자연적으로 타고난 자원으로서의 몸만 가지고 되는 일이 아니거든요. 몸을 판매하려면 끊임없이 재가공되어야 하고, 판타지를 소환하는 몸으로 재구성되어야 해요. 그게 특정한 매혹을 주는 몸이든, 혐오를 일으키는 몸이든, 어떤 취향을 만족시키는 몸이어야 하거든요. 특정한 '홀복'을 입는다든지, 때로는 특별하지 않은 '홀복'이 주는 특별함도 있겠고요, 또 특정한 화장을 한다든지 말이죠. 또 그게 성형일 수도, 다이어트일 수도 있는 거죠. 그러니까 자연 상태의 몸을 파는 것이 아니라 여성 역시 자신이 구입한 몸을 파는 거예요. 자기 몸을 구입하는데도 돈이 들기 때문에 일종의 '진입 비용'이 생기는 거죠. 성매매 산업은 자본금 하나 없이 들어가서 돈을 벌 수 있는 영역이 아니에요. 일종의 '재여성화'가 필요한 산업이죠.

윤옥 시장에서 팔릴 수 있는 여성적 몸으로 만드는 것?

주희 네. '다시 여자로 만들어야' 이것이 팔리는 상품이 된다는 의미예요. 그리고 여기에는 또 특정한 기술 습득도 필요하죠. 마사지 기술 같은 거, 돈 내고 배워야 하는 거거든요. 그래서 2004년 성매매특별법이 만들어지는 결정적인 계기가 된 것이 성매매 집결지 화재 사건이었어요. 역사적으로 성매매 집결지에서 불이 나는 일이 끊이지 않았는데 그때마다 여성들이 너무 많이 죽었던 이유가 그들이 감금되어 생활했기 때문이거든요. 이 업계에 들어오면서 여성들은 진입 비용을 빚으로 지게 되고요. 빚이지만 자기 투자 비용으로 의미화된, 그 비용들을 갚을 때까지 갇혀 지내게 됩니다.

윤옥 그게 우리가 보통 알고 있는 '선불금' 이죠?

주희 선불금은 그중 일부인 거고요. 업주가 여성에게 제공하는 돈을 선불금이라고 하는데요. '윤락행위 등 방지법'이 개정된 이후에 선불금이 무효화되기는 했지만, 사실 그 무효 사실이 크게 알려지지 않았고요. 그래서 2004년 성매매특별법에도 선불금 무효 조항이 들어갔고, 강조되었죠. 그러니까 벌어진 일은 뭐냐면, 업주들이 그 돈이 선불금이 아닌 것처럼 보이게 만들기 시작했다는 거예요. 직접 빌려주는 게 아니라 파이낸스나 금융업과 손잡고 금융회사가 여성에게 돈을 빌려주는 방식으로 만든 거죠. 다만 그 여성들은 신용이 없으니까 보증을 업소가 서요. "이 여자는 이제 업소에서 일할 거니까 황금알을 낳는 거위다"라는 식으로요. 여성이 성매매를 한다는 것이 금융시장에서 신용의 근거가 되는 거죠.

희정 그러니까 예전에는 선불금을 주고 이걸로 여성들이 진입 비용을 마련했던 건데, 이제는 법적으로 선불금을 갚을 필요가 없어져 버렸으니까 업주가 대부업에 보증을 서고 대부업이 돈을 빌려주면 그걸 갚게 되었다는 것이군요?

주희 여기서 중요한 건 "이 여성이 이 업소에 있다는 확인"이란 말이에요. 그것은 많은 성형 대출도 마찬가지이고 아가씨 대출도 마찬가지이고요. 제가 논문을 쓰면서 무수히 많은 아가씨 대출, 핑크론, 레이디론 같은 여성 전용 대출 상품에 연락을 해봤어요. 메시지를 보내면 바로 오는 것이 "어느 업소에서 일하냐"는 문자예요. 어느 업주가 운영하는 어떤 지역의 어느 업소에 있으면 애가 최소한 얼마를 번다는 계산이 나오는 거죠. 그렇게 여성의 신용도가 계산되는 거예요.

윤옥 그러면 전에는 철창으로 여자를 구속했다면, 지금은 업소가 보증을 서서 진 빚으로, 채무자가 되어 옴짝달싹할 수 없게 되는 거네요?

주희 그렇죠. 이전 시대 여성들은 지금보다 훨씬 부자유스러웠어요. 돈 갚아야 하는 시간에서 10분만 늦어도 벌금 30만 원을 떼여야 하거나, '홀복'도 비싼 값에 강매당하거나, 이런 일들이 있었죠. 그런데 지금은 업주가 아니라 금융회사와 채무 관계를 맺기 때문에 여성들 스스로 이전에 비해 훨씬 자유로워졌다고 느껴요. 무엇보다 이 업소에만 있어야 할 필요가 없어졌으니까요. 그렇게 성매매특별법 이후 이런 법망을 피해 다양한 금융, 대출 회사들이 성 산업으로 들어왔고, 여성들로 하여금 자유를 느끼게 하는 환경을 만든 거죠. 중요한 것은 성매매 산업 자체가 굉장히 활성화되고 있는 점이에요. 그리고 여성들을 대우해 주기 시작해요. 돈의 유일한 원천인 여성들을 괴롭히면 그 산업이 유지될 수 없잖아요. 업주들은 이제 폭언이나 폭력을 휘두르지 않죠. 이제 성매매는 물리적 폭력의 문제가 아니라, 오히려 여성들로 하여금 그 산업으로부터 벗어나지 못하게 옭아매는 보이지 않는 올무가 되는 거죠. '신용의 민주화'가 이루어졌다고 불리는 바로 지금 같은 신용사회가 성 산업을 팽창시킨 배경인 셈이에요.

희정 빈곤한 여성이 선택할 수 있는 일이 성매매인데, 그 성매매에 진입하기 위해서는 재여성화를 위한 투자금이 필요하고, 그 재여성화의 전략 하나가 성형이라는 거잖아요? 여기에서 성형 대출의 문제가 등장하겠네요? 하지만 꼭 그렇게 고비용을 투자해야만 하는 건 아니지 않나요?

주희 원론적으로만 보자면 사실은 굉장히 나이가 많이 든 여성이든 뚱뚱한 여성이든 장애를 가진 여성이든, 모두 성매매를 할 수 있죠. 왜냐하면 희소 시장이라는 것이 있기 때문에 사회적으로 평가했을 때 '가장 아름다운 여성'만이 성매매가 가능한 것은 아니거든요. 그런데 중요한 것은 여성들이 그 시장에 진입하게 되면 "어떻게 하면 단기간에 더 많은 돈을 벌 수 있을까"를 계산하게 된다는 거죠. 그것이 자기 관리를 강화하게 하는 계기가 되지요. 다른 한편으로 업주가 여성들에게 계속 돈을 쓰라고 요구하기도 해요. 왜냐하면 성형외과, 대부업자랑 결탁하고 있거든요. 여성에게 성형외과나 대부업체를 소개해 주면, 거기에서 또 수수료를 받거든요.

희정 그 대부업체라는 게 우리가 보통 TV에서 보는 미O사랑 정도의 업체들인 거예요? 사채 시장 이런 거 아니고요?

주희 미O사랑 같은 데는 규모가 크기 때문에 이 여성들한테까지 마케팅을 할 필요가 없어요. 그런데 여성들이 직접 미O사랑을 쓰긴 하죠. 굉장히 넓은 여성들을 타깃으로 하기 때문에. 여기서 말하는 대부업체는 대체로 제3금융권을 말하는 거예요. 사채시장이죠. 그런데 사실 그 내부로 들어가 보면 1, 2, 3 금융권의 경계가 상당히 모호해요. 대부업체들은 제3금융권이고, 등록업체인 곳도 있고 미등록 업체인 곳도 있고 그런데요. 채권 시장으로 가면 다 연결되어 있거든요. 예컨대 이런 경우가 있어요. 신용카드론이나 대출 상품은 빨리빨리 돈을 회수하는 것이 중요하거든요. 이자 몇 퍼센트 받으면서 천년만년 돈을 빌려주고 있을 수는 없는 거죠. 그래서 신용카드 회사에서 채권 추심이 잘 되지 않으면 이 채권이 부실 채권 시장으로 넘어가 버려요. 그러면 채권 추심은 신용카드 회사가 아니라 신용 정보 회사에서 하게 되는 거죠. 이 채권 추심은 아주 폭력적인 방식으로 이뤄지고요. 저도 이태원에서 일할 때 한 여성하고 같이 감금되었던 적이 있었어요. 클럽에서 한 여성과 함께 있었는데, 추심 회사 직원이 들어와서 다짜고짜 문을 잠그고 몇 시간 동안 내보내주지를 않는 거죠.

희정 한 회사가 자기가 대출해 준 돈의 채권을 다른 회사에 팔아서 네가 추심해서 가져가, 이렇게 하는 건가요?

주희 그렇죠. 이런 상황에서 여성들은 조금만 더 투자해서 돈을 빨리 갚아야겠다고 생각해요. 추심이 들어오니까요. 그러다 보니 내가 더 예뻐지면 더 좋은 곳에서 더 좋은 대접을 받고 일할 수 있지 않을까라는 환상이 당연히 생기고요. 이건 그야말로 환상이고 채울 수 없는 욕망이죠. 너무 아름다운 여성을 만나도 자기가 못생겼다고, 얼마나 업소에서 구박받았는지 얘기해요. 이건 사실 업소들이 계속해서 '가격 후려치기'를 하기 때문이죠. '너 텐프로 아니잖아, 그러니까 이렇게 대접해도 받아들여야지' 하는 요구가 있는 거예요. 그런 후려치기 때문에 또 여성들은 '내가 좀 더 나아지면, 대우도 나아지겠지'라고 생각하게 되는 거죠. 하지만 텐프로 여성들을 만나 봐도 '나는 연예인급이 아니기 때문에 대우가 이렇다'라는 생각을 하죠.

희정 결국 최상급이라는 것은 실체를 알 수 없는 환상이네요.

주희 그래서 업소 여성들의 끝나지 않는 자기 투자가 계속되는 거예요. 사실 우리 사회에서 여성이 여성으로서 겪는 문제를 업소 여성들이 집중적으로 경험하고 있는 것이죠. 다이어트 약 먹고, 침 맞고, 성형하고, 피부 관리하고, 그러려면 또 돈을 빌려야 하고. 사실 그런 시장이 아니라면 강남의 수많은 성형외과들이 먹고살 수가 없는 거죠.

윤옥 그러네요.

주희 그러다 보니 성형외과에서는 또 과잉 진료가 일어나고, 과잉 진료를 뒷받침하는 과잉 대출이 일어나는 거죠. 강남 성형외과의 최대 고객층이 강남에서 일하는 여성들이고, 이들에게 계속 돈이 제공되고, 그와 더불어 '너 못생겼다, 여기 고쳐라, 저기 고쳐라' 하는 주문들이 끊이지 않는 거죠. 자기 처지가 자신의 외모 때문이라고 생각하는 여성들은 이런 주문을 받아들이죠.

윤옥 대부업체와 성형외과, 업소 사이에 결탁 관계가 있다는 거네요?

주희 네. 성형외과에도 마케팅부라고, 대부업체와 결탁하는 부서들이 만들어지고 있다는 건 이미 여러 차례 보도된 사실이에요.

윤옥 정말 거대한 산업이 되는 거네요. 앞에 말씀하셨던 팔릴 만한 상품으로 자신을 재현하는 재여성화 전략과 성형 산업, 대출 산업이 다 연결되어 있는데. 그 연결 고리에 여성의 몸이 놓여 있는 현실이고요.

주희 그러니까 "여자가 되어라"라는 명령은 이 시대에 가장 높은 수익을 창출할 수 있는 산업인 거죠. 이 자기 투자의 명령에 따라 여성들은 엄청나게 많은 노력들을 하고 있고, 이것이 한편으로는 모두 '여자 되기'의 일환인 셈이죠. 그리고 그 여자 되기란 '업소 여성 되기'로 연결되고 있는 거예요. 업소 부장들은 이런 진입 비용들을 "프리패스free pass 비용"이라고 해요. "너 여기 조금만 고치면 완전 에이스 될 거야"라는 식으로 말하죠. 그래서 처음에는 여성들이 '6개월 바짝 벌어서 나갈 거야'라고 생각하고 들어오지만 그렇게 되지 않는 거죠.

희정 내 의지대로 자기 관리하는 거라고 말하지만 그렇게 단순한 문제가 아니네요. 그렇다면 업소에서 에이스가 된다는 건 어떻게 되는 건가요?

주희 '초이스'의 순간에 에이스가 결정되는 거죠.

희정 선택할 때의 그 '초이스'인가요?

주희 네. 사실 초이스가 없는 업소는 없다고 봐야 돼요. '성매매=초이스'인 것이죠. 여성들은 그렇게 지정을 받아야 손님들이 있는 방에 들어갈 수 있는 거고, 설사 지정받아 들어가도 "너 별로다"라고 물려지기도 하고요. 그렇게 선택받아야 돈을 벌 수 있기 때문에 너무 중요한 거예요. 그리고 이런 초이스를 일상적으로 계속 경험한다는 거죠. 선택받지 못하거나 모욕당하게 되면 '더럽고 치사해서, 내가 진짜 성형하고 다시 온다' 하는 마음이 또다시 든다는 거예요. 그런데 또 그냥 예쁘다고 초이스되는 것도 아니에요. 외모에도 유행이라는 것이 있거든요. 그러니까 자신의 외모에 대한 타인의 즉각적 판단을 이 여성들은 매순간 경험한다는 거죠. 그래서 요즘은 정말 업소에서 일하는 여성들이 점점 더 예뻐지고 있어요. 그건 또 계속해서 돈을 들여야 하는 거고요. 게다가 그렇게 하다 보면 돈의 순환에 속도가 생겨요. 무슨 말이냐면, 성형을 한다고 갑자기 짠 예뻐지는 게 아니라 회복기가 필요하거든요. 붓기도 빠져야 하고요. 이 회복기 동안 생활비가 필요하잖아요. 그러면 또 생활비를 빚으로 충당해요. 그리고 업소에 돌아갔더니 같이 일하던 부장이 다른 데로 옮겨가서 바로 일을 못한다든지, 하는 변수가 생기기도 하죠. 그렇게 여러 상황에 따라 자신의 부채에 속도가 붙기 시작하는 거죠. 그러면 그때부터는 다른 돈을 또 융통해서 빚을 갚아야 되죠. 빚이 빚을 만드는 상황이에요. 그 회로에서 도는 거죠.

성 산업과 자기 투자, 성형 대출

윤옥 결국 6개월 안에 돈을 벌고 나오겠다고 계획하지만, 그게 뜻대로 안 되는 시스템 안에서 3000만 원은 그냥 여성들 몸을 스쳐서 다른 곳으로 흘러가는 거네요.

주희 그래서 이전 시대와 지금의 성매매는 확실히 다른 점이 있어요. 예전처럼 업주가 여성을 가둬 놓고 "이 돈 갚을 때까지 못 나가" 하지는 않는다는 거죠.

윤옥 그렇죠. 장소에 결박된다고 하나 그런 건 아닌 거죠?

주희 이전 시대보다 여성들이 자유로움을 느끼고, 실제로 돈을 운용하면서 자신이 경제적 주체가 되었다는 생각을 하죠. 그런데 중요한 것은 이런 환경이라는 건 신용사회가 확장시켜 놓은 틈새란 거예요. 우리가 집도 사고 차도 사고 그러지만, 그게 사실은 신용이 제공하는 거잖아요.

희정 빚도 재산이다, 이런 건가요?

주희 그렇죠.

희정 대출 인생.

주희 이전 시대와 대출이 제공되는 방식들이 달라졌기 때문에, 여성들은 이제 화폐의 순환 속도에 자신의 몸을 맡기고 일을 하게 돼요. 근데 그 속도가 자신의 노동 속도와 잘 맞아떨어지면 문제없지만, 이 속도가 어그러지기 시작하는 순간이 있어요. 예컨대 몸이 아프거나, 우울증이 심해지거나, 또 일하기 싫어지거나 하면, 두 개의 바퀴가 어긋나는 거죠. 그러면 갑자기 빚이 늘어나요. 그리고 그 속도가 만들어 내는 이자와 엄청난 채권 추심에 내몰리게 되는 거죠. 그랬을 때 여성들이 당하는 협박은 훨씬 더 강도가 세요. 이미 낙인찍혀 있는 직종에서 일하기 때문에 '너네 집 앞에 플래카드 하나 달아 줄게, ○○네 집 셋째 딸이 ○○서 일한다고' 하며 괴롭히거든요. 그러면 그때부터는 대출금 돌려 막기가 시작돼요.

윤옥 변영주 감독의 영화 〈화차〉2012 같은 거네요.

〈화차〉

일본의 사회파 소설가인 미야베 미유키의 소설 『화차』를 원작으로 하는 영화. 〈낮은 목소리〉 3부작과 〈밀애〉 〈발레 교습소〉 등을 연출한 변영주 감독의 작품이다. 결혼 한 달 전, 부모님 댁에 내려가던 길에 휴게소에 들른 문호(이선균)와 선영(김민희). 문호가 커피를 사러 갔다 온 사이 선영이 감쪽같이 사라진다. 영화는 사라진 선영의 뒤를 추적하는 문호의 이야기를 따라가는데, 선영의 실종에는 벗어날 수 없는 채권 추심에서 도망치기 위해 살인을 저지르고, 자기에게 살해당한 사람의 이름으로 살아올 수밖에 없었던 선영의 고통스러운 과거가 숨겨져 있다.

주희 맞아요. 영화에서처럼 이름 없는 상태로 살아가는 여성도 많고요. 10년 동안 자기 이름으로 병원에 가본 적이 없다는 여성, 핸드폰을 자기 이름으로 개통해 본 적이 없다는 여성 등이 많지요. 게다가 돈을 빌리기 쉬운 상황이라 더욱더 그 회로에서 벗어나기 힘들기도 하고요.

희정 그러면 사실 3000만 원이란 게 그냥 여성의 몸을 타고 흘러가는 것이 아니라 여성의 몸 속에서 순환되면서 돈에 돈을 낳는 상황이 계속되는 거네요?

주희 그렇게 볼 수도 있겠죠.

희정 여성의 몸이 돈을 만들어 내는, 뭐랄까요? 기계라기보다는 자원이 되는 상태인 것 같아요.

주희 사실 여자의 몸이 자원이 된 건 아주 오래된 얘기예요. 옛날부터 "아가씨만 있으면 장사 돼"라는 말이 흔했거든요. 2004년도에 다방 연구할 때도 그랬어요. 제가 "이 산골짜기에 누가 와요?" 라고 물으면 주인이 "아가씨만 있으면 돼, 여자가 없어서 문제지"라고 해요. 다만 최근의 성매매와 과거 성매매의 차이는 여성들의 채권이 금융시장에서 거래되는 상품이 된다는 점이에요. 이런 측면에서 성매매 여성은 성매매를 통해 수익을 올려 주고, 차용증 채권을 통해서도 수익을 올려 주는, 이중 수익을 가능하게 하는 존재가 되었죠. 그러니 또 이 여성들을 성 산업 안으로 끌어들이려는 노력들도 굉장히 많아요.

희정 여성을 끊임없이 성 산업으로 밀어 넣는 가부장제의 힘이라고 할 수도 있겠어요.

주희 그리고 남성이 경제 권력을 독점하기 위한 수단으로써. 왜냐하면 룸살롱 연대에서 볼 수 있는 '접대' 같은 문화도 사실은 남성 노동자들 간에 카르텔이 형성되는 중요한 장이고, 여기서 정보가 공유되고, 또 이 정보를 여자 동료하고는 나누지 않겠다는 일종의 상징적 장면인 거잖아요. 너희들과는 동등하게 이러한 자원을 나누지 않겠다.

희정 여자 나오는 업소에 갈 거다 우리는, 너는 빠져라 이 프로세스에서.

윤옥 이런 상황에 대한 생생한 실례를 후배한테서 들었는데요. 후배가 회계사인데 임원이거든요. 그런데 어느 날 이런 글을 페이스

북에 올렸더라고요. 어떤 계약을 성사시키려고 부단히 노력해 왔는데, 결국 그 프로젝트에서 열외가 된 사건이 있었다면서요. 계약하는 날, 상대 회사 직원들이랑 저녁 식사까지 같이했는데, 어느 순간이 되니 남자 부하 직원이 "이쯤에서 빠져 주시죠" 했다는 거예요. 그래서 그 자리에서 나왔는데, 결국 계약 이후 그 프로젝트가 남자 부하 직원 손에서 놀아나게 되었다는. 도대체 바뀌지가 않는 거죠.

주희 정말 중요한 부분이라고 생각해요. 사실 성매매 산업의 규모는 선생님들이 생각하시는 것 이상으로 커요. 그곳이 남성들의 일상이 조직되는 곳이고, 또 '남자 되기'가 실천되는 곳이기도 하죠. 그 무대에서 남자들끼리의 유대와 연대가 만들어지고요. 그런 의미에서 성매매는 좀 더 적극적으로 여성주의적 문제의식을 가지고 다뤄야 할 부분이기도 하죠. 성폭력, 여혐 이슈의 핵심에도 성매매 문제가 놓여 있죠. 성매매가 젠더에 기반한 폭력이라고 말할 수 있어야 한다고 생각해요. 물론 저는 당사자들과 친밀한 관계를 맺고 있고, 그들을 단순히 무기력한 피해자로만 해석할 수는 없다고 생각해요. 지옥 같은 삶이지만 남자들 등쳐 먹기도 하고 업주를 협박해 돈을 뜯어내기도 하죠. 우리들이 가부장제 사회에서 나름의 다양한 전략들을 발휘하는 것처럼요. 그럼에도 불구하고 성매매 시장의 핵심은 여성에 대한 폭력이 마치 자연스러운 것처럼 거래되는 것이거든요.

윤옥 처음에 선생님이 성매매와 여성 빈곤을 이야기하셨잖아요. 성매매 이슈를 다룰 때 이 문제가 좀 더 부각되어야 할 것 같아요.

희정 한쪽에서는 성매매랑 빈곤을 그렇게 연결하는 방식이 성매매에 대한 편견을 조장하는 것이라는 입장도 있어요. 그러니까 빈곤한 사람만이 선택하는 직업인 것처럼 이야기하지 말라거나.

윤옥 여기서 빈곤은 여성을 빈곤하게 만드는 자본과 이런 구조를 얘기하는 거지, 빈곤한 여성이 성매매를 한다는 건 아니죠.

주희 사실 여성은 끊임없이 빈곤 상태로 내몰리는데요. 한국에서는 또 여자들이 빈곤해 보이지 않는다는 점도 주목해 볼 필요가 있어요.

희정 그게 무슨 이야기인가요?

주희 첫째, 여성의 빈곤은 빈곤으로 이야기되지 않아요. 이런 거죠. 여성 청년은 계속 빈곤해 왔지만 여성 빈곤으로 이야기하면 아무도 관심을 안 기울여요. 그것이 청년 빈곤으로 말해지면서 주목되죠. 둘째, 여성들은 스스로를 잘 가꾸고 돌봐야 한다는 성역할 때문에 한편으로 빈곤이 가시화되지 않아요. 옷도 잘 빨아 입고, 챙겨 입고, 항상 웃으니까요. 빈곤한 여성이지만 그 불행이 잘 상상이 안 되는 거예요. 셋째, 빈곤한 여성은 언제든지 성 산업으로 진입해서 빈곤을 해결할 수 있다고 생각되죠. 혹은 '부자 남자' 잡아서 계급 상승할 수 있다고 생각되고요. 하지만 문제는 그렇게 간단히 해결되지 않는 셈이죠.

윤옥 남자 하나 잘 만나면 된다는 환상들.

주희 스폰서 하나 잘 물면 된다는 식의 판타지들이 있기 때문에 여성의 빈곤 문제가 진지하게 다뤄지지 않는다고 저는 생각해요.

윤옥 저는 또 한국여성노동자회에서 일하고 있으니까, 당연히 여성 빈곤과 여성 노동권에 관심을 가지고 있는데요. 빈곤의 문제를 이런 방식으로는 생각해 보지 않았어요. 여성의 빈곤이 사회구조적 문제이지, 여성은 팔 수 있는 몸을 가지고 있으니 빈곤하지 않다는 생각은 해보지 않았는데.

희정　하지만 오늘 우리는 확실하게 확인했죠. "그냥 몸뚱이는 상품이 되지 않는다."

유착의 고리에 놓인 여자들

윤옥　이제 마무리해야 할 것 같은데요. 이런 연구들 끝에 요즘은 어떤 고민을 하고 계신가요?

주희　빈곤 산업에 대한 연구를 해보고 싶어요. 빈곤 산업이란 게 조금씩 얘기되기 시작한 영역인데, 가난한 사람들 데려다가 더 가난하게 만들어 그걸로 돈 벌고. 대표적인 게 마이크로크레딧Micro-Credit 회사들이죠. 마이크로크레딧에서 가난한 여성들에게 대출해 주는데, 사실 이게 결국 이자로 수익을 내는 산업이에요. 그리고 왜 여자들에게 돈을 대출해 주냐 하면 알뜰하고 고분고분하게 돈을 갚는 것이 여성에게 기대되는 성 역할이기 때문이죠.

마이크로크레딧

제도권 금융회사와 거래하기 어려운 저소득층에 대한 무담보 소액 대출로 방글라데시, 베네수엘라 등 제도 금융권이 발달되지 않은 저개발 국가에서 시작된 민간 주도의 빈민 대상 소자본 창업 지원 제도이다. 우리나라에서는 '미소금융'이라 부른다.

빈민들을 대상으로 한 산업들에 저는 관심이 있고, 이런 빈민들의 피를 뽑아 먹으면서 마른 걸레를 쥐어짜는 사람들이 있다는 점에서 성매매 산업을 좀 더 파헤쳐 보고 싶어요. 사실 성매매 여성들을 만날 때 "내가 이렇게 잘나갔는데, 돈도 많이 벌었는데" 하는 것이 일종의 넋두리라고 생각했거든요. "내 전성기에 장판 밑에 돈을 깔았다"는 얘기들 있잖아요. 근데 들여다보니까 그게 거짓말이 아니라는 걸 알게 되었을 때에는 단순히 "이 언니들이 경제적이지 못하다"라고 생각했어요. 돈을 모아서 단칸방에 보증금이라도 마련하고 저축도 좀 하면 되잖아, 그랬는데. 사실 개인의 책임으로 돌리고 개인의 노력을 이야기하는 것만으로는 해결되지 않는 세계가 있는 거죠. 그건 개인적인 불운이 아니에요. 여성과 경제가 맺고 있는 구조적인 문제인 거죠. 그래서 여성들을 쥐어짜고, 그렇게 여성들이 다시 가난해지는 이런 산업에 대한 조사와 연구가 필요하다는 생각이에요.

윤옥 응원합니다.

희정 대안이 있을까요?

주희 저는 아직 대안을 내놓을 그런 깜냥은 아닌 것 같아요. ☺ 다만 대안을 고심하기 위해 연구를 게을리하지 않을 생각입니다. 여성 단체 중에서 이런 문제에 관심을 갖고 있는 단체들이 있어요. 예컨대 반성매매인권행동 '이룸'이 이런 문제의식을 공유하고 있는 단체 가운데 하나인데요. '이룸'에서는 성매매 산업을 둘러싼 법적인 제재가 단순히 성매매 업소들뿐만 아니라 성형외과, 대부업체 등에 대해서도 촘촘하게 마련되어야 한다고 문제 제기하고 있어요. 그리고 또 한 가지 중요한 건 성판매를 하는 여성에 대해 아직도 처벌이 이루어지고 있는데요. 이것이 바뀌어야 한다고 생각해요. 여성들이 처벌되기 때문에 또 벌금을 내야 하고, 그 벌금을 내려고 성판매를 다시 하게 되고, 이런 역설적인 상황이 계속되고 있거든요. 그래서 성판매를 하는 여성에 대한 처벌을 거두는 것, 여성이 성판매하는 것이 처벌되지 않아야 하고 형사법적으로 가지 않아야 한다는 문제의식들이 사회적으로 더 논의되어야 하지 않나 싶습니다.

희정 이야기를 다 듣고 보니 너무 생각이 복잡해지네요. 성 산업과 금융업, 성형 산업 간의 유착이 견고하고, 그 유착의 고리에 여성의 신체가 있다는 것이, 비단 성 산업만의 문제일까 좀 고민하게 되고요. 여성의 노동에 빨대 꽂아 돈 버는 남성 중심적 산업이 한국 사회 전반에 놓여 있는 것 같아서요.

윤옥 저는 강남의 성형외과 의사 그러면 "와~" 이러면서 너무나 번듯한 경제활동의 주체로 대접받는데, 정말 그 아래에 깔린 성매매 여성들의 노동을 알고 나니…… 뭐랄까요.

주희 우리가 번듯한 경제라고 알고 있던 게 지하경제랑 긴밀히 연결되고, 지하경제라는 경계도 때로는 무의미하고, 사실은 검은 돈이 흰 돈이고 흰 돈이 검은 돈이고, 약간 이런 고리인 거죠.

윤옥 네. 그런 생각도 들고 흔히 생각할 때 성매매 여성을 특별한 여성으로 생각하는 분리된 사고, 이런 것에서 우리가 좀 벗어나서 얘기를 정말 많이 듣고, 페미니즘 운동이 좀 더 같이, 더 많이 함께해야 할 영역이구나, 그런 생각들을 또 하게 되었습니다. 오늘 나와 주신 김주희 선생님 감사드리고요. 저희는 다음에 뵙겠습니다. 수고하셨습니다.

+ **김주희가 덧붙이는 말**

2018년 말, 한 웹하드 업체 소유주가 회사에서 남성 직원의 빰을 수차례 때리는 영상이 공개됐다. 그의 평소 엽기적 행각이 줄줄이 고발되면서 비로소 그가 연루된 '웹하드 카르텔' 문제도 전 국민적인 관심을 받게 되었다. 웹하드, 필터링, 디지털 장의업체 간의 불법 촬영물 유통 카르텔이 그간 수많은 여성의 일상을 '야동'으로 둔갑시켜 유통하고 이를 통해 거대한 수익을 창출한 공모 관계가 드러난 것이다. 그 여파인지 최근 방송통신위원회, 과학기술정보통신부, 법무부, 문화체육관광부, 여성가족부, 국세청, 경찰청, 방송통신심의위원회의 8개 정부 부처가 힘을 모아 '웹하드 카르텔'에 대한 단속을 강화한다는 대책을 내놓았다. 이처럼 최근 웹하드 카르텔이라는 말이 대중화된 것은 매우 고무적이다. 여성이 경험하는 폭력은 남성 개인의 가해 행위를 넘어 이를 용인하고 때로는 외려 이를 권장하는 제도, 산업, 관습이 얽힌 결과이다. 성매매 문제 역시 마찬가지다. 남성 개인의 성 구매 행위는 그것을 용인하고 자연스러운 사회생활의 과정으로 부추기는 다양한 성 산업 카르텔과 관련이 있다. 예를 들어, 성매매 여성들은 오랜 시간 동안 불법 촬영물 문제로 고통받아 온 당사자이기도 한데, 불법 촬영물을 제공하는 사이트들은 성매매 업소의 후원을 받아 운영되기도 했다. 이 점에서 정부가 성매매 문제에 관심을 기울이려면 현재 성매매특별법의 소관 부처인 법무부와 여성가족부를 넘어 다양한 정부 부처가 중지를 모아야 할 필요가 있다. 페미니스트들 역시 경제를 자율적 돈벌이의 영역으로만 제한하지 말고 민주적 의사 결정의 대상으로, 다시 말해, 경제가 우리 삶의 모든 부분을 상품화하는 문화나 정치의 영역과 분리되지 않는다는 시각을 견지하는 것이 중요하다.

3

재현하는 여성,
재현된 여성

원더우먼,
페미니즘의 아이콘으로
기획된 슈퍼히어로

〈아가씨〉와
〈비밀은 없다〉는
여성 영화인가

게임, 포르노,
인터넷 커뮤니티의
디지털 남성성

원더우먼,
페미니즘의 아이콘으로
기획된 슈퍼히어로

게스트 **조혜영**

서울국제여성영화제, 서울환경영화제 등 다수의 영화제에서 프로그래머로 일했고, 다큐멘터리 〈3xFTM〉에 프로듀서로 참여했다. 중앙대학교 첨단영상대학원에서 「영화의 죽음」으로 박사학위를 취득했다. 공역서로 『여성영화』 『일탈』이 있고, 공저로 『소녀들』 『한국 다큐멘터리 영화의 오늘』 『프랑스 여성 영화 120년』 『아이다 루피노』 등이 있다. 페미니스트 관점을 바탕으로, 영화와 미술뿐만 아니라 게임에 이르기까지 광범위한 비평 활동을 펼치고 있다.

오늘의 주제

윤옥 오늘을 살아가는 여성 노동자들의 어려움을 속 시원히 파헤쳐 줄 평범한 여성 노동자들의 비범한 이야기 〈을들의 당나귀 귀〉!! 안녕하세요, 임윤옥입니다. 아, 오늘은 또 어떤 이야기를 나누게 될지 기대되는데요. 손희정 선생님? 소개해 주시죠!

희정 오늘은 '센캐 언니들'에 대한 이야기를 좀 해볼까 싶어요.

윤옥 '센캐 언니들'이요?

희정 '강한 캐릭터를 가진 여성들'이라는 의미인데요. 최근 들어 센 언니들이라고 할지 여성 영웅이라고 할지, 이런 강인한 여성 캐릭터들이 영화에 많이 등장하고 있어요. 〈메리다와 마법의 숲〉Brave, 2012의 메리다라든지 〈겨울왕국〉Frozen, 2013의 엘사 같은 캐릭터나, 제가 정말 좋아하는 영화인데 〈헝거게임〉The Hunger Games의 캐트니스 에버딘과 같은 캐릭터에서 그런 전조를 볼 수 있어요.

〈헝거게임〉

2008년 미국에서 첫 소설이 출판되면서 베스트셀러에 등극한 수전 콜린스의 영어덜트young adult SF 소설 "헝거게임" 시리즈를 원작으로 하는 시리즈 영화. 그렇게 멀지 않은 미래, 북아메리카에 '판엠'이라는 독재 국가가 건설된다. 판엠은 지배 도시인 수도 '캐피톨'과 그에 착취당하는 12개의 구역으로 이루어져 있다. 그리고 매해 이 12개의 구역에서 각각 두 명의 청년들이 뽑혀 와 단 한 명이 살아남을 때까지 서로 죽고 죽이는 서바이벌 게임을 벌이고, 이 '리얼리티' 서바이벌 쇼가 전 지역으로 생방송된다. 주인공인 캐트니스 에버딘은 이 서바이벌 쇼에 출전하여 스타가 되면서 전국적인 인지도를 얻게 되고, 독재와 싸우는 반군에 합류하면서 일종의 '혁명의 아이콘'이 된다. 캐트니스 에버딘은 "할리우드에서 정말로 보기 드물게 진보적인 캐릭터"라고 평가받았으며, 페미니스트들 역시 긍정적으로 해석하는 21세기의 대표적인 여성 영웅 캐릭터다.

희정　최근 1, 2년 안에는 〈매드맥스: 분노의 도로〉의 퓨리오사를 시작으로 주목할 만한 캐릭터들이 있었죠. 그런 흐름 안에서 〈원더우먼〉Wonder Woman이 개봉했어요. 오늘은 그 원더우먼 캐릭터를 중심으로 영화 속 여성 영웅에 대해 이야기해 보려고 합니다. 그래서 여성 장르 영화 비평에 있어 제가 가장 신뢰하는 평론가의 한 사람인 조혜영 영화평론가님, 모셨습니다.

혜영　안녕하세요? 조혜영입니다.

— 〈원더우먼〉 등장 배경과 페미니즘

윤옥　오늘 〈원더우먼〉 이야기를 한다고 해서, 좀 급하게 이 영화를 봤네요. 그런데 어떤 이야기부터 나누면 좋을까요?

혜영　우선 어떤 과정을 거쳐서 2017년에 〈원더우먼〉이 개봉하게 됐는지, 그 배경을 살펴보고 싶어요. 현재 할리우드 블록버스터 시장에서 가장 잘 팔리는 상품은 뭘까요? 극장에서 어떤 영화들을 보셨나요?

희정　"어벤저스"Avengers 시리즈?

혜영　그렇죠. 아무래도 그렇게 프랜차이즈로 만들어지는 슈퍼히어로물이 인기가 많아요. 말씀하신 "어벤저스"나 "저스티스 리그"Justice League 같은 시리즈물이요. 특히 이런 히어로물은 원작 만화에서 캐릭터 개발이 다 되어 있고 그 캐릭터들을 좋아하는 안정적인 팬덤도 있기 때문에, 품을 적게 들이면서 고수익을 노릴 수 있죠. 그리고 각 캐릭터가 자기가 주인공인 영화에 출연하기도 하고 다른 캐릭터가 주인공인 영화에도 출연하면서, 서로 연결되어 있는 영화적 우주를 형성하게 되죠. 예컨대 로버트 다우니 주니어가 연기하는 〈아이언맨〉Iron Man의 토니 스타크는 "아이언맨" 시리즈에 출연하고 "캡틴 아메리카" 시리즈에도 출연하잖아요? 그리고 그 둘이 함께 주인공인 "어벤저스" 시리즈에도 나오는 식이죠. 그렇게 한 영화 안에서 캐릭터와 사건이 완결성을 갖는 것이 아니라, 각 영화들이 서로서로 연결되면서 형성하는 세계를 '시네마틱 유니버스'Cinematic Universe라고 하는데요. 이렇게 작업하는 히어로물의 양대 산맥이 DC 코믹스와 마블이에요.

DC 코믹스와 마블 코믹스

미국의 양대 만화 관련 출판사. 미국 대공황기에 저렴한 가격의 책으로 미국 대중을 위로하면서 인기를 얻고, 그 영향력을 확대할 수 있었다. DC 코믹스는 1934년 설립되었다. 상호인 DC는 인기 만화 시리즈였던 "디렉티브 코믹스"Directive Comics에서 유래했다. 대표적인 캐릭터로 슈퍼맨, 배트맨, 원더우먼, 그린랜턴, 아쿠아맨 등이 있으며, 슈퍼맨의 숙적 렉스 루터, 배트맨의 숙적 조커와 같은 대표적인 빌런(악당) 캐릭터를 보유하고 있다. 현재는 워너브라더스의 자회사인 DC 엔터테인먼트의 출판 부문으로 거대 미디어 그룹 워너에 소속되어 있다. 마블 코믹스는 1939년 타임리 코믹스로 설립되어, 1950년대 아틀라스 코믹스를 거쳐, 1960년대에 이르러 마블 코믹스라는 이름으로 자리 잡았다. 2009년 월트 디즈니 컴퍼니에 인수되면서 디즈니 계열사가 되었다. 아이언맨, 캡틴 아메리카, 토르, 닥터 스트레인지, 블랙 팬서, 앤트맨 등의 캐릭터를 보유하고 있다. "어벤저스"가 영화화에 확실하게 성공하면서 영화에서의 히어로물 시장을 장악하고 있다. 다만 마블 코믹스 소속이었던 스파이더맨은 마블이 디즈니로 넘어가기 전 소니 픽처스에 판매됐고, 엑스맨의 경우는 폭스에 판매되어 디즈니에서 제작하는 마블 영화에 이 두 캐릭터들이 출연하지 못했다가, 최근 디즈니와 소니가 협약을 맺으면서 스파이더맨도 어벤저스에 합류할 수 있었다.

윤옥 그 이름은 아는데, 사실 이름의 의미를 잘 몰랐네요.

혜영 네, DC와 마블은 꽤 긴 역사를 가지고 있는 미국의 만화 관련 출판사들이에요. 2000년대에 들어오면서 DC는 영화사 워너브라더스가 인수하고 마블은 디즈니가 인수하면서 각 캐릭터들이 본격적으로 영화화되기 시작했죠. 배트맨, 슈퍼맨, 플래시 등 '저스티스 리그'가 DC 소속이고요, 아이언맨, 토르, 헐크 등 '어벤저스'가 마블 소속입니다. 그런데 청취자들께도 어벤저스는 익숙하지만 저스티스 리그에 대해서는 잘 모르는 분들이 많을 거예요. 어벤저스는 계속 흥행에 성공하고 있는 반면 저스티스 리그 캐릭터들은 그다지 재미를 못 봤거든요. 그래서 DC가 이번에 〈원더우먼〉으로 승부수를 던진 거죠. 〈원더우먼〉 원작은 1940년대에 시작됐고 이미 1970년대에 TV 드라마로도 만들어져서 흥행했었기 때문에, 도전해 볼 만했던 거죠.

희정 꼭 그렇게 위기 때만 여자를 찾죠.

혜영 어쩌면 마지막에 던져 보는 카드라고 생각했을 수도 있을 것 같아요. 어차피 실패할 상황이라면 한 번 도전해 보는 거죠. 그리고 실패하면 또 "여자 캐릭터라 실패했다"고 손가락질하게 되는. 어쨌거나 2017년 〈원더우먼〉은 중간에 감독이 교체되는 등 우여곡절 끝에 완성됐어요. 결국 패티 젠킨스Patty Jenkins라는 여성 감독이 연출을 맡게 됐는데요. 덕분에 〈원더우먼〉의 의미가 더 살게 되었죠. 더 다행인 건, 한국에서는 그렇게까지 흥행하지는 못했는데 미국에서는 정말 엄청나게 흥행했거든요.

〈원더우먼〉의 흥행

〈원더우먼〉은 미국 내에서만 4억 달러의 흥행을 달성하면서 2017년 미국 내 박스 오피스 3위, 세계 박스 오피스 10위에 올라섰다. 갤 가돗Gal Gadot은 〈원더우먼〉과 〈저스티스 리그〉 두 편에 원더우먼으로 출연하면서 2017년 가장 흥행한 배우 3위를 차지했고, 여성 배우로서는 1위를 달성한다. 〈원더우먼〉의 흥행으로 이어 개봉한 〈저스티스 리그〉 역시 미국 내 박스오피스 10위에 오르면서 나쁘지 않은 성적을 거뒀다.

최근 DC에서 만들어진 시리즈 중에서는 가장 큰 수익을 냈고요. 사실 저는 패티 젠킨스가 연출을 맡았다고 했을 때 잘 나올 거라고 기대했던 것 같아요. 워낙 영화를 잘 만드는 사람이거든요.

윤옥 무슨 영화를 연출했었나요? 〈원더우먼〉 말고는.

혜영 한국에는 2004년에 개봉했던 〈몬스터〉Monster, 2003라고, 샤를리즈 테론이 나오는 영화를 연출했는데요. 남자만 골라서 죽였던 실존 레즈비언 연쇄 살인범을 다룬 영화였어요. 에일린 워노스라고요.

에일린 워노스와 〈몬스터〉

〈몬스터〉는 레즈비언 연쇄 살인범 에일린 워노스가 1989년 첫 살인을 저지른 후 10개월 동안 6명의 남자를 죽이게 되는 상황을 다룬 미국의 저예산 영화다. 〈매드맥스: 분노의 도로〉에서 퓨리오사를 연기했던 샤를리즈 테론이 제작과 주연을 맡았다. 샤를리즈 테론은 워노스를 연기하기 위해 체중을 13킬로그램 늘렸고, 레즈비언 연인에 대한 광기 어린 집착과 사랑, 혼란스러운 심리 상태 등을 뛰어나게 연기해 전 세계의 주목을 받았다. 그는 〈몬스터〉로 2003년 베를린 국제영화제를 비롯해 아카데미에 이르기까지, 유수의 영화제에서 여우

주연상을 수상한다. 이 작품의 각본을 쓴 패티 젠킨스가 연출까지 맡게 되면서 감독으로 데뷔한다.

희정 그렇게 보면 육체성이 좋은 여자 배우와 작업하는 것에 능한 감독이네요. 샤를리즈 테론은 특히 〈몬스터〉에 등장하는 레즈비언 연쇄 살인마를 연기하기 위해 덩치를 훨씬 더 많이 키우거든요. 그리고 소위 '여배우의 외모'라는 걸 다 버리고 연기에 매진하죠. 〈원더우먼〉에서 갤 가돗도 매우 육체성이 좋고요.

혜영 그리고 이 감독은 여성 캐릭터를 그리는 것에 대한 관심이 정말 많고요. 사실 그런 관심 안에서 2017년 〈원더우먼〉에서도 원작을 충실히 살리려고 한 것이 아닌가 싶어요. 이 영화가 1940년대 원작의 설정들에 매우 충실하거든요. 원작자인 윌리엄 마스턴William Marston이 그려낸 원더우먼은 사실 페미니스트 캐릭터였거든요. 그런데 1947년에 그가 죽고 난 뒤 1950년대부터 만화에서 그려지는 원더우먼 캐릭터는 자기 힘을 다 잃고 초능력도 잃고, 심지어 그런 힘을 사용할 의지와 욕망도 잃죠.

윤옥 〈원더우먼〉 만화에서요?

혜영 네. 만화에서. 만화의 캐릭터가.

희정 이 이야기를 이해하려면 히어로물 만화가 제작되는 과정을 알아야 하는데요. 기본적으로 DC나 마블에서는 원 캐릭터를 만든 원작자가 있고, 다른 작가들이 이 캐릭터들을 받아 작품 세계를 이어 가면서 시리즈가 계속되거든요. 그러니까 원작자가 원더우먼이라는 캐릭터를 만들어서 직접 이야기를 쓰다가, 그가 사망한 후에는 다른 작가들이 계속 작업을 이어 가는 거죠.

윤옥 그런데 다른 작가들이 원더우먼을 전통적 '아내'의 캐릭터로 바꿔 버린 거군요.

혜영 남자 캐릭터에 종속되고, 자신의 능력은 별로 사용하지 않는, 그런 상황이 되어 버린 거죠.

희정: 이게 재미있는데요. 저는 〈원더우먼〉 만화는 거의 못 봤고요. 지금 조혜영 선생님한테 처음 이야기를 들으면서 따라가고 있는데요. 사실 1940년대 이후 할리우드에서의 여성 재현도 이런 식이었거든요. 제2차 세계대전이 발발하면서 남자들은 유럽으로 파병되어 떠나고 여자들이 미국 군수공장에 취직해서 적극적으로 일하기 시작할 때에는 영화에서도 매우 적극적이고 활발한 커리어우먼들이 등장해요. 그런데 제2차 세계대전이 끝나고 남성들이 귀향해서 돌아오자 미국은 이들에게 직장을 제공하기 위해 여성을 해고하거든요. 그리고 "낳고 돌보고 배려하는 것"이 여성의 본분이라고 강조하면서 1950년대 아주 보수적인 시대가 열려요. 그때는 그냥 좋은 남자 만나 결혼 잘 해서 전업주부가 되면 여자로서 제일 행복한 거지, 라고 말하는 여성 캐릭터들이 영화에 등장하기 시작하고요. 원더우먼도 그런 흐름 속에 놓여 있었던 거네요.

혜영 그 맥락과 맞닿아 있는 거죠. 사실 원작자 윌리엄 마스턴은 원래 여성 참정권론자였어요. 그래서 원더우먼 캐릭터를 만들 때, 영국의 서프러제트Suffragette를 이끌었던 에멀린 팽크허스트를 모델로 삼았다고 하거든요. 그러니까 애초에 원더우먼은 페미니스트 캐릭터였던 셈이에요.

서프러제트와 에멀린 팽크허스트

서프러제트는 20세기 초 영국에서 일어난 여성 참정권 운동과 그 운동가들을 가리키는 용어로, 여성 참정권론자인 에멀린 팽크허스트가 이 운동의 선두에 있었다. 팽크허스트는 초기에는 집회와 선전 활동, 낙선 운동 등 평화롭고 합법적인 방식을 택했으나 별다른 성과를 얻지 못하자 이후 전투적 투쟁 노선으로 전환한다. 1914년 제1차 세계대전이 발발하고 영국이 참전하자 팽크허스트는 서프러제트 운동을 잠정적으로 중단하는데, 영국은 제1차 세계대전 이후 "여성이 전쟁에 기여한 공"을 인정하여 여성들에게 참정권을 승인한다. 에멀린 팽크허스트의 투쟁은 그의 자서전인 『싸우는 여자가 이긴다』에 자세히 기록되어 있다. 당시 서프러제트의 활동은 2015년 개봉한 영화 〈서프러제트〉에서 확인해 볼 수 있다.

혜영 패티 젠킨스는 변질되기 전인 1940년대의 원더우먼을 살리려고 했던 거죠. 다만, 두 가지 차이가 등장하는데요. 첫째, 원작의 배경은 제2차 세계대전인데 영화에서는 배경이 제1차 세계대전으로 바뀌죠. 둘째, 원더우먼의 애인인 미국 남자 트레버가 등장하는데요. 원작에서는 트레버가 계속 등장하는 반면 영화에서는 트레버를 죽여 버려요. 저는 이 두 가지 설정이 다 페미니즘적인 고려 안에서 이뤄진 일이라고 생각해요.

희정 아, 그런가요?

혜영 우선 배경을 제1차 세계대전으로 옮긴 것에 대해 이야기를 해볼게요. 이에 대해서는 여러 해석이 분분하지만, 저는 그것이 아무래도 '서프러제트'를 재현하고 싶었기 때문이 아닌가 싶어요. 아까 말씀드렸던 것처럼 윌리엄 마스턴은 여성 참정권론자였고, 에멀린 팽크허스트에게 많은 영감을 받았죠. 그래서 팽크허스트가 런던에서 시위하다가 붙잡혀 수갑을 찬 모습을 보았는데, 마스턴에게 정말 큰 영향을 줬다고 해요. 그래서 만화에서도 원더우먼을 무력하게 만드는 유일한 방법은 쇠사슬로 묶는 거예요. 또 하나, 마스턴은 심리학자였는데, 그가 거짓말탐지기의 전사 격인 그런 물건을 발명했어요.

희정 아! 그래서 원더우먼의 오라를 받으면 거짓말을 할 수 없고, 진실만을 말하게 되는 건가요?

혜영 그렇게 연결됐을 수 있죠. 이 마스턴이라는 사람이 좀 독특한데요. 그중 하나가 부인이 두 명이었다는 거예요. 그런데 그 두 사람이 또 보통 사람들은 아니었어요. 첫째 부인은 엘리자베스 마스턴Elizabeth Marston이라고, 유명한 페미니스트였죠. 윌리엄과 엘리자베스는 부부이자 페미니스트 동료였고, 함께 참정권 운동을 했을 뿐만 아니라 원더우먼이라는 캐릭터도 함께 창조했어요. 거짓말탐지기도 공동 발명이라고 할 수 있을 정도로 많은 영향을 줬다고 해요. 그리고 이후에 만난 올리브 번Olive Byrne이라는 젊은 여성 역시 대단한 집안사람이었어요. 올리브의 어머니는 언니인 마거릿 생어Magaret Sanger와 함께 임신중지권과 피임권 초창기 운동의 대표적 운동가였던 에델 번Ethel Byrne이었어요.

희정 그런데 부인이 두 명인 것이 뭐 그렇게 특이한 일인가요?

혜영 셋이 함께 살았거든요.

희정 아, 폴리가미polygamie인 거네요?

혜영 네. 마스턴 사후에는 엘리자베스와 올리브 둘이 같이 살았고요. 항간의 루머에 따르면 엘리자베스는 '사포'Sapphō를 굉장히 열심히 읽었다고 해요.

사포와 레스보스섬

사포는 기원전 6세기에 활동한 그리스의 유명한 서정 시인이다. 레스보스섬 출신으로, 남편과 사별한 후 이 섬에서 소녀들을 모아 음악과 무용, 시 등을 가르쳤다. 고대 그리스에서는 남성 지식인과 예술가들이 동성과 정신적·육체적으로 교류하며 순수한 사랑을 추구했는데, 사포는 자신의 제자들과 남성들에게만 허락되어 있었던 동성애적 교류를 나누었던 것으로 기록되어 있다. 그리하여 레스보스섬의 사람이라는 뜻의 '레즈비언'은 이후 여성 동성애자를 일컫는 말로 사용되고 있다.

희정 역사적으로 유명한 레즈비언 시인인 사포요? 그렇다면 엘리자베스는 양성애자였을 수도 있겠네요?

혜영 그랬을 가능성이 매우 높아요. 윌리엄 마스턴과 엘리자베스 마스턴, 올리브 번의 폴리가미 실천을 집중적으로 다룬 전기 영화 〈더 원더우먼 스토리〉Professor Marston & the Wonder Women, 2017라는 영화에서는 엘리자베스와 올리브가 애정 관계에 있었다고 확증해서 묘사하죠. 하여튼 저는 원더우먼이라는 페미니스트 캐릭터의 등장에 있어서 엘리자베스 마스턴을 빼놓고 이야기할 수 없다고 생각해요.

윤옥 그러면 그 엘리자베스 마스턴이라는 사람도 일종의 히든 피겨스hidden figures인 거네요.

희정 사실 원더우먼도 양성애자라면서요. 여자들끼리만 모여 사는 섬에 살던 신이니까, 당연히 그녀의 성애의 대상은 여성이었을 것이고, 인간 남자를 만난 건 그 이후니까요.

혜영 그렇다고들 하죠.

윤옥 그러면 어쨌든 서프러제트의 이미지가 원더우먼 캐릭터에 많이 들어가 있었고, 감독이 서프러제트의 이미지를 영화 안에 넣고 싶어서 제1차 세계대전으로 배경을 옮겼다고 생각하시는 건가요?

혜영　어떤 부분에서는 그랬는데요. 사실 되게 우연하게도 원더우먼 역할이었던 갤 가돗이 시오니스트 문제로 많은 비난을 받았잖아요.

시오니즘과 시오니스트

유대주의. 고대 유대인들의 고국 팔레스타인에 유대 민족국가를 건설하는 것을 목표로 한 유대 민족주의로 19세기 후반 동유럽 및 중부 유럽에서 시작되었다. 근대 국민국가인 이스라엘의 근간이자 팔레스타인 분쟁의 핵심이다. 이 시오니즘을 추종하는 사람들을 시오니스트라고 한다.

혜영　그래서 많은 사람들이 제2차 세계대전이 아니라 제1차 세계대전을 다룬 것이 이 시오니즘 논란을 피하기 위해서인 것 아니냐고 이야기하는데요. 제2차 세계대전을 다루면 아무래도 유대인 대학살 문제가 재현되지 않을 수 없고, 그러면 또 시오니즘이 강조될 수도 있으니까요. 하지만 실제로는 이미 갤 가돗이 캐스팅되기 전에 시나리오가 확정되어 있었다고 하더라고요. 그러니까 제 생각에는 갤 가돗 변수보다는 서프러제트 변수가 더 크게 작동한 것 아닌가 싶은 거죠.

굽이굽이 되돌아온 여성 영웅

윤옥　아까 1940년대에는 여성 파워를 보여 주는 페미니스트 캐릭터였던 원더우먼이 1950년대에 들어서면서는 좀 변질되었다고 하셨어요.

혜영 원더우먼은 1950년대에 능력을 다 잃고 굉장히 종속적인 여성이 되고요. 나중에는 부티크 숍까지 열어요. 그러면서 아주 전통적인 여성의 역할에 스스로를 맞추게 되는 거죠.

지혜 여전사와 부티크 숍 사이의 괴리는 너무 큰데요?

혜영 이렇게 변화된 것에는 1950년대 여성들을 다시 가정으로 돌려보내려는 가부장제의 흐름이 있었어요. 그리고 다른 한편에는 동성애에 대한 혐오가 있었죠. 사실 원더우먼이 레즈비언 혹은 양성애자인 건 너무 명백한데, 1950년대 이후의 시리즈에서는 그런 경향을 다 지우고 이성애자라는 것을 강조하게 되는 거죠.

희정 아무래도 1950년대는 미국이 제2차 세계대전 이후 무너진 사회질서를 기독교 교리에 근거한 이성애 핵가족 중심으로 다시 세우려고 노력했던 시기인 만큼, 성적으로 보수화되는 시기이기도 했으니까요. 그렇게 원더우먼은 다시 남성과의 사적인 관계 안에 갇히게 되는 거네요.

혜영 그렇죠. 그렇게 1960년대가 열리는데요. 1960년대는 그렇게 보수화된 사회에서 숨을 쉴 수 없었던 여성들이 페미니즘의 제2물결을 불러왔던 때잖아요. 그런데 당시 페미니스트들이 페미니즘의 대중문화 아이콘이 없나 둘러보는데, 정말 너무 없었던 거예요. 그래서 글로리아 스타이넘을 비롯해 여러 페미니스트들이 어렸을 때 보고 자랐던 원더우먼을 떠올리게 된 거죠. 그러면서 계속 DC 코믹스에 자기네가 보고 자랐던 영웅 원더우먼을 돌려 달라고 항의 전화를 하게 되요. 그래서 결국 DC가

짜증을 내면서 원더우먼에게 슈퍼 파워를 돌려주게 됩니다. 물론 여전히 페미니스트 아이콘이라고 하기에는 부족한 점이 많았고요. 그러다가 1970년대에 드라마가 제작되는데요. 린다 카터Lynda Carter 주연이었고요. 흥미로운 것은 린다 카터 역시 미스 아메리카 출신이었는데요. 2017년 영화 주연인 갤 가돗은 미스 이스라엘 출신이거든요. 국가적인 미인 선발 대회라는 것은 사실 여성을 굉장히 성적으로 대상화하는 이벤트이지만, 또 그 대회 출신 여성들은 대부분 키 크고 덩치가 있는 여성들이기 때문에 여성 영웅에 잘 어울리는 부분도 있었던 거죠. 처음에 린다 카터가 이 배역을 맡았을 때 여러 경고들이 있었다고 해요. "여자들이 너를 미워할 거다. 미스 아메리카가 원더우먼 같은 역을 맡다니" 이런 식의 비난이요. 하지만 결과는 달랐죠. 많은 여성 팬들이 생겼고, 린다 카터 역시 "나는 여성 리더십을 강조하는 캐릭터를 표현하고 싶었고, 원더우먼을 그렇게 해석했다"고 말했어요. 그런데 사실 저는 린다 카터의 원더우먼 자체는 너무 어설프고 흐느적거리는 느낌이 있어서 싫어했거든요. 팬티도 너무 짧고 말이죠. 하지만 미국 문화 안에서는 여성 영웅으로서 소녀들에게 엄청난 인기를 끌었던 거죠. 나도 세계를 구원하고 어떤 리더가 될 수 있다는 상상력의 롤모델을 제공했던 것 같아요. 하지만 1980년대에 들어서면서 페미니즘에 대한 백래시backlash가 강해지고, 그런 여성 영웅들은 또 다시 사라지게 되죠.

지혜 어렸을 때 제 친언니가 러닝셔츠와 팬티만 입고 빨간색 보자기를 매고 원더우먼 흉내를 내던 게 기억나요. 그런 모델이 되어 주었던 거네요.

윤옥 이야기를 들어 보니 원더우먼의 역사는 미국 페미니즘 운동의 역사와도 맞물려 있었던 거군요.

강인한 여성의 몸

윤옥 저는 사실 무엇보다 영화의 시작이 좋았어요. 여성 전사들이 말도 타고 활도 쏘고, 훈련받는 장면이요.

지혜 아, 근사했죠.

윤옥 영화의 배경이 여전사들로만 이뤄진 부족이라면서요?

혜영 네. 그리스 신화에 등장하는 여성들로만 이뤄진 부족 아마존이 영화의 배경이에요. 여기서 'a'는 '없다'라는 접두사이고 'mazon'은 가슴을 의미해서요. '아마존'a-mazon은 '가슴이 없는 부족'을 의미하죠. 아마존의 여성들은 전투를 하기 위해 한쪽 가슴을 잘라 내요. 그리고 다른 한쪽 가슴은 아이를 키우기 위해서 남겨 두는 거죠. 말하자면 '일·가족 양립이 얼마나 몸으로 체현됐는가, 그게 얼마나 힘든가'를 보여 주는 재현인 셈이에요. ☺

윤옥 그러네요. 일·가족 양립을 하려면 여전사여야 하는 거네요.

혜영 그렇죠. '아마조네스'라고 하는 여전사만 가능한 일인 거죠. 그래서 이들은 여성들로만 이뤄져 있고, 세계 평화를 지키기 위해 전투를 하는 그런 부족인 거죠. 전투력이 아주 세기로 유명한 부족이구요. 〈원더우먼〉은 이 신화를 가지고 와서 여전사들로만 이뤄진 세계를 만들어 냅니다. 〈원더우먼〉의 해변 전투 씬 같은 경우는 최근 본 여러 액션 영화들 중에서 가장 쾌감이 큰 장면이었어요. 영화를 보면서 그런 생각이 들더라고요. '아, 남자들이 액션 영화를 보면서 느꼈던 쾌감이 이런 거구나.' 사실 여성들한테는 그렇게 동일시할 수 있는 여성 영웅 이미지 자체가 없잖아요. 대중문화에는 정말 여성의 신체적 가능성을 최대한 확장해 보여 주는 재현이 잘 없고, 대체로 '어머니 형상'에만 국한되어 있으니까요. 남자들은 이렇게 슈퍼 슈퍼한 것들을 많이 보고 자라니까 가능성을 상상하는 방식도 다를 수 있겠죠.

지혜 그래서 그렇게 근거 없는 자신감을 가지게 되는 걸까요?

혜영 그런가 봐요. 도대체 그 근자감은 어디서 오는 건가 했더니. ☺ 영화를 보면서 그런 강인한 몸의 움직임 자체가 주는 쾌감을 느꼈던 것 같아요.

윤옥 저도 보면서 해방감을 느꼈어요. 방패 같은 걸 차고, 하늘 위로 착 올라가 가지고.

희정 아마존 최고의 전사이자 원더우먼의 이모 역할을 했던 로빈 라이트가 하늘로 날아서 화살을 쏘는 장면 있거든요. 정말 너무 좋았어요.

윤옥 저는 한편으로는 여성의 유연함이 저런 식으로 표출되는구나 했는데요.

혜영 그런데 그 유연함이 흔히 보는 S자 웨이브가 아니라, 적을 물리치기 위한 유연함으로 드러나는 거고요.

윤옥 보여 주기 위한, 그리고 평가받기 위한 몸이 아니라, 그 자체로 아름다움을 가진 강인한 몸을 느꼈는데요. 사실 요즘 제가 괜히 눈에 힘을 주고 다닐 때가 있어요. 이전에는 지하철을 타거나 이럴 때 특히 남자들하고 눈을 안 마주치려고 했는데, 요즘에는 눈에 힘을 주고 쳐다보는 거죠. 이게 작은 변화이기는 하지만, 저에게는 또 재미있는 변화인 것 같아요.

희정 여성은 일상적으로 성적 대상화되면서 점점 그 입지가 줄고 사용할 수 있는 공간이 적어지잖아요. 반면 남자들은 막 '쩍벌' 하고, 자기를 드러내고, 그러잖아요. 제가 주목했던 장면 중에 이런 게 있었어요. 원더우먼이 인간 세계로 나왔을 때요, 남자들만 모여서 회의하는 회의장에 들어가는데요. 남자들만 들어갈 수 있는 자리이다 보니 원더우먼이 들어가는 순간 모두가 이상하게 쳐다보고 불쾌해하고 그러죠. 그런데 너무 아무렇지도 않게 원더우먼이 자기 할 말을 하거든요. 그 장면을 보면서 했던 생각은 '저 여자가 저렇게 할 수 있는 이유는 아마존에서 자랐기 때문이다'였어요. 남자들 사이에서 매일매일 위축되는 삶을 자기 경험으로 축적해 왔으면 저 시선을 견뎌 낼 수 있을 리가 없다 싶었어요. 왜냐하면 우리는 공격적인 시선을 받는 순간 위축되는 경험을 계속해 왔기 때문에, 사람들이 쳐다보면 자기도 모르게 주춤하게 되죠. 원더우먼이 남자들에게 위축되지 않고 자랄 수 있었던 아마존이란 공간은 상당히 중요한 것 같아요.

혜영 남녀 사이의 위계가 없고, 여성이 자연스럽게 리더가 될 수 있고, 여성 스스로 자부심을 가지고 자신감 있게 활동할 수 있는 공간에서 자랐기 때문에, 남성 중심적인 가부장제 사회의 한가운데에 떨어져도 당당할 수 있는 거죠. 현실 세계에서는 아직 실현 불가능한 이야기지만 원더우먼이기 때문에 가능한 모습. 사실 이런 것이야말로 '판타지'의 매력이고 힘인 것 같아요. 판타지는 어떤 사람들은 그저 '팬시'fancy, 즉 공상이나 망상이라고 하지만, 사실 '버츄얼'virtual이죠. 즉 가상이면서도 언젠가는 실현될 수도 있는 잠재력이라는 거예요. 그래서 판타지 공간은 가상적인 공간이면서도 가능성과 실제적인 힘을 가지고 있는 공간이 되는 셈이에요. 그런 판타지를 봤을 때 현실에서는 불가능하지만 머지않은 우리의 어떤 미래일 수도 있다는 상상을 하잖아요. 그게 결국 슈퍼히어로의 힘이기도 하겠고요.

윤옥 그러니까요. 사실 여성에게 몸은 계속 꾸미는 대상이었지, 이게 막 근력을 키우고 어떤 행동을 하고, 그런 육체성은 정말 거의 교육받아 본 적이 없는 것 같아요. 언제나 조심해야 하는 거지.

혜영 그런 한계를 넘어서는 몸을 다루는 교육이 너무 중요하고 또 필요한 것 같아요.

원더우먼은 페미니스트 영웅인가?

희정 저는 그래서 원더우먼이 아마존에 있을 때까지는 정말 재미있었는데요. 그런데 거기에 미군 남자 하나가 들어가면서 그 아름다움에 균열이 생기고 결국 오염됐다고 생각했거든요. 그리고 그와 함께 원더우먼이 아마존을 떠나 인간계로 가는데, 또 인간계에서는 인간계의 규칙과 규범을 모르기 때문에 아주 순진하고 유아적으로 그려지게 되는 부분이 있다고 느꼈어요.

윤옥 어떻게 생각하세요? 1940년대 원작의 원더우먼은 페미니스트였고, 2017년 영화에서 그런 면모를 되살렸다고 했지만, 과연 정말 그런가 싶거든요.

희정 과연 원더우먼은 페미니스트 영웅인가?!

지혜 저도 원더우먼이 인간계에 나와서는 결국 남자 애인의 인도가 있으니까 아레스를 찾을 수 있고 이런 것 아니었나 싶더라고요.

희정 거기에 덧붙여 보자면, 영화에서 미국이 동참하고 있는 연합국은 선善이고 그 반대편의 독일은 악惡으로 그려지고 있으니까, 선악을 나누는 기준 역시 미국인 남성 트레버의 관점에서 정의되는 것 아닌가 싶더라고요. 그러다 보니 원더우먼도 영화도 결국 "아메리카 만세"를 이야기하게 되는.

혜영 하신 말씀들에 동의해요. 원더우먼은 순진하고 유아적이고, 또 아무것도 모르는데 슈퍼 파워를 가지고 있어서 다소간 양가적일 수밖에 없죠. 그러니까 제1차 세계대전이라는 험한 상황 속에서도 '평화'나 '사랑' 같은 단어들을 부르짖을 수가 있었겠죠. "무고한 사람들이 죽으면 안 돼"라는 아주 단순한 생각으로 전쟁을 막고요. 그럼에도 불구하고 원더우먼에 영향을 미치는 사람을 트레버라는 남성만으로 한정지을 수는 없다고 생각해요. 사실 원더우먼의 롤모델은 로빈 라이트가 연기했던 이모 캐릭터죠. 그런 의미에서 원더우먼은 또 어머니에서 딸로 이어지는 가족 계보에서 살짝 벗어나 있기도 하고요. 중요한 건 배트맨이나 슈퍼맨 같은 남성 영웅들이 오랜 시간에 걸쳐 정교하게 개발되어 온 캐릭터인 반면, 원더우먼은 아직 다 개발되지 못한 캐릭터라는 거예요. 원더우먼은 이제 시작인 셈이죠. 그러니까 원더우먼의 계보와 능력과 관계망은 이제부터 개발되어야 하는 부분이 있어요. 2017년의 〈원더우먼〉은 그 개발의 시작이라고 할 수 있겠죠. 유아적인 면모들은 이제 점차 달라질 거라고 생각해요. 2편인 〈원더우먼 1984〉가 제작 중인데요. 거기에서는 어떻게 달라질지 모르죠. 일종의 빅픽처 아닐까요?

윤옥 저는 어떤 생각이 또 있었냐 하면 그 부족은 여성의 세계고 현실의 세계는 남성의 세계잖아요. 신화는 여성이었고 현실은 남성이었던 거예요. 그래서 이 여성이 현실 세계에서 역할을 하려면 이 남성들 세계에서 인도해 줄 누군가가 있어야만 하는 거죠. 그 가이드가 트레버가 아닌가 했어요. 물론 그게 또 좀 못마땅하기는 했죠. 사실 여성들은 인간계에서 유리천장을 깨기 위해서 고군분투하고 있는데, 원더우먼은 너무 이상적이고 신화적인 가치만 얘기하고 있으니까요. 그래서 원더우먼의 강인한 힘과 현실적 무기력함 사이에서 양가적인 감정을 느꼈던 거죠.

희정 그와 더불어 약간 아쉬운 게 사실은 영화 시작할 때 원더우먼이 누군가에게 사진을 한 장 받잖아요. 그 사진을 보내 준 것은 배트맨이에요. 배트맨은 고담 시의 재력가인데요. 자본력이 있으니까 원더우먼이 원했던 어떤 사진을 찾을 수 있었던 모양이죠? 어쨌거나 그 시작 장면에서 다음에 배트맨, 슈퍼맨, 원더우먼이 다 함께 등장하는 〈저스티스 리그〉를 예고한 것이기도 한데요. 원더우먼의 조력자가 배트맨인 것도 좀 아쉬웠어요. 남자 영웅들 옆에는 남성 동료들이 드글드글한데, 왜 원더우먼은 아마존에서 혈혈단신으로 인간계로 왔는가 싶더라고요.

혜영 원래는 원더우먼에게도 함께 다니는 세 명의 동료들이 있거든요. '할러데이'라고요. 그런데 이렇게 여성 영웅이 세 명의 사이드킥sidekick과 함께 다니는 형식은 북유럽 신화에서 온 거예요.

북유럽 신화에 '발키리'Valkyrie라는 여신이 등장하는데요. 이들은 전사들을 죽음의 세계인 '발할라'로 인도하는 하급 여신이에요. 이들은 집단으로 무리지어 다니는데, 아주 유명한 여전사 캐릭터이기도 하죠.

희정 아, 2017년에 개봉했던 〈토르: 라그나로크〉에서 테사 톰슨이 연기했던 여전사가 '발키리'였죠?

혜영 네, 거기서도 여전사 집단이었는데 그 집단이 몰락하면서 혼자 남겨진 여전사였죠. 어쨌거나, 이런 원더우먼의 사이드킥도 좀 더 개발이 되어야 하는 것 같아요. 그런 의미에서 이번 〈원더우먼〉에서 트레버가 죽었다는 걸 주목해야 할 것 같아요.

희정 아, 트레버의 죽음 얘기 드디어 나오는 건가요!?

혜영 사실 〈원더우먼〉 만화에서는 트레버가 계속 살아남아서 원더우먼의 연인으로 등장한단 말이에요. 아까 말씀드렸던 것처럼 트레버는 원더우먼을 이성애 로맨스에 계속 가둬 두는 역할을 하기도 했죠. 하지만 영화에서는 그가 죽어 버렸잖아요? 그다음 이야기는 어떻게 될까, 궁금해지지 않을 수 없죠.

희정 원더우먼에게 인간 여자 연인이 생길 수도 있을까요?

혜영 그건 모르겠네요. ☺ 그뿐만 아니라 이런 걸 한 번 살펴볼 필요가 있을 것 같아요. 기존 할리우드 액션 영화와 TV 시리즈에서 여성 캐릭터들은 폭행당하거나, 자살하거나, 살해당하곤 했습니다. 끝까지 생존하는 게 오히려 드물었어요. 악당이건, 히어로건, 히어로 애인이건 간에 말이죠.

희정 그런 걸 "사라지는 매개"라고 하죠. 남성 캐릭터의 각성을 위해서 강간당하거나 죽어 버리는 여자들.

혜영　예컨대 〈매트릭스〉의 트리니티 같은 경우가 대표적이죠.

희정　헐! 트리니티 죽나요? 저 왜 기억 안 나죠.

혜영　쇠꼬챙이에 찔려서 죽어요. 마지막 3편에서요. 사실 트리니티가 네오보다 훨씬 능력이 뛰어난데, 네오를 영웅으로 만들기 위해서 죽여 버리는 거예요. 그 남성 영웅이 단독자로 돋보이도록, 그리고 그 영웅이 사건의 해결을 온전히 자신의 공으로 가져갈 수 있게 하기 위해, 남성 영웅의 조력자이자 애인인 여성은 희생당하죠.

윤옥　그렇네요. 항상 처참하게 죽거나 억울하게 죽거나 해서 남자들이 이 세계에 대해 느끼는 분노의 소재가 되는.

혜영　그리고 남성에 대적할 만한 어떤 슈퍼 파워를 가지고 있는 이상 이 여성은 끊임없이 남성 세계에서 위험 요소가 되는 거예요. 그래서 응징당하는 거죠. 그래서 저는 트레버의 죽음이 그런 여성들의 죽음에 대한 미러링이라고 생각했어요.

희정　사실 트레버가 죽을 필요가 없는 얘기잖아요. 비행기 타고 다른 데 가면 되는데, 그냥 죽는 것을 선택해서. 도대체 뭐야? 왜 죽는 거야? 그랬는데 트레버의 죽음이 원더우먼의 각성으로 이어지는 부분이 있네요.

혜영　그렇죠. 더불어 트레버의 죽음으로 어떻게 보면 늘 '로맨스'에 얽매여 있는 여성의 한계도 극복할 수 있게 되는 거죠. 여성에게 붙어 있는 그 로맨스를 죽여 버렸을 때, 앞으로 원더우먼은 어떻게 그려질까 좀 궁금한 것 같아요.

윤옥　인간계에 와서 이제 독자적인 세계를 구축할 수 있게 된 원더우먼이 남김 없이 자신의 능력을 펼치게 될 수도 있는 것이군요.

혜영 또 한 가지는, 사실 기존의 히어로물에서 슈퍼 파워를 가진 여성은 그 능력 때문에 부끄러워하거나 괴로워하고, 결국은 죽음을 맞이하는 경우들이 있었어요. 예컨대 〈엑스맨〉의 진 그레이 같은 경우에 엑스맨들 중에서 가장 능력이 뛰어난 캐릭터인데요. 이 여자가 자기를 죽여 달라고 그래요. 왜냐면 능력이 너무 뛰어나지만 '여자이기 때문에' 그 능력을 컨트롤할 수가 없는 거죠. 여자로서 감당할 수 없는 능력이기 때문에 죽음으로 끝낼 수밖에 없는. 이런 경우가 왕왕 있는 것 같아요.

희정 〈겨울왕국〉의 엘사도 생각이 나네요. 자신의 능력이 너무 강해서 숨어 지내야 했던. 그러고 보니 원더우먼은 자신의 능력을 부끄러워하거나 괴로워하지 않는다는 점에서 좋았던 것 같아요.

혜영 그러니까 원더우먼은 그런 능력을 가지고 있으면서, 이제 독립적으로 설 수 있게 된 거죠.

희정 그런 의미에서 인간계에서 원더우먼의 직업이 박물관 큐레이터라는 건 좀 의미심장한 것 같아요. 보통 남자들은 현재를 살면서 역사의 주체가 되고 이야기의 주인공이 되는 반면, 여자들은 과거에 고착되어 있다가 그런 남성 영웅의 트로피가 되는 경우가 많잖아요. 그런데 원더우먼은 현재를 살고 지혜를 축적하고 이야기의 주인공이 되는 여성인 거죠. 그러니까 그런 지식을 활용할 수 있는 박물관 큐레이터가 된 거죠. 그 역사를 살아 낸 여성인 거잖아요.

윤옥 시간을 살아 낸 여성. 재미있는 부분이네요.

주인공 갤 가돗에 대한 비판

희정 그런데 이 얘기 안하고 넘어갈 수 없을 것 같아서요. 〈원더우먼〉이 시리즈로 만들어지면 갤 가돗이 계속 나올 거잖아요. 그런데 이 갤 가돗이란 인물이 문제적이라고 이야기됐죠?

혜영 논란이 좀 됐죠. 갤 가돗은 이스라엘 출신의 유대계 배우예요. 그런데 2014년 이스라엘 팔레스타인 가자지구 분쟁 사태 때 이스라엘을 옹호하는 트윗을 올리면서 논란이 되었어요.

갤 가돗의 시오니스트 논란

2014년 7월 25일. 갤 가돗은 두 손으로 자신의 눈을 가린 사진을 게시하면서 다음과 같은 트윗을 날린다. "나의 사랑과 기도를 이스라엘 시민들에게 보냅니다. 특히 비겁하게 어린이와 여성 뒤에 숨어서 끔찍한 테러를 저지르는 하마스에 맞서 조국을 지키는 소년과 소녀들을 위해 기도합니다." 그런데 전날인 2014년 7월 24일, 이스라엘군은 대피소로 쓰이고 있던 가자 지구의 UN 학교를 폭격하면서 수많은 민간인 사상자를 냈고, 이 일로 세계적으로 비판받았다.

그래서 시오니스트라고 비판받은 건데요. 저는 이건 변명의 여지없이 갤 가돗의 잘못이었다고 생각해요. 갤 가돗은 더 이상 이스라엘 배우가 아니고 사실은 전 세계적으로 영향력을 미치는 배우가 되었기 때문에, 그런 배우로서 져야 할 정치적이고 윤리적인 책임이 있다고 생각하거든요. 다만 그런 의문은 좀 들어요. 갤 가돗의 정치적 입장에 대한 판단을 〈원더우먼〉 작품 자체에 대한 공격으로 옮겨 갔던 그 열기는 과연 정당했는가? 말하자면 시오니즘 자체에 대한 비판도 있었지만, 다른 한편으로는 여성 영웅이 영화화되는 것에 대한 공격이 시오니즘 비판이라는 형식을 입었던 것 같거든요. 예컨대 여성 판 〈고스트버스터즈〉Ghostbusters, 2016 리부트가 제작될 때 "〈고스트버스터즈〉에 페미니즘 끼얹지 말아 줘" 이런 비난들이 있었거든요. 여성에게는 언제나 더 엄격하고 과도한 잣대를 들이대는 것 아닌가 하는. 왜냐면 할리우드 마블 시리즈나 DC 시리즈에 나온 몇몇 남성 배우들도 제가 알기로는 극우적인 발언으로 비판받은 사람들이 있거든요. 하지만 갤 가돗에게처럼 포화가 떨어지진 않았어요.

윤옥 이중 잣대가 있다는 말씀이시죠?

혜영 이중 잣대죠. 페미니스트로서 갤 가돗의 시오니즘에 대해서는 동의하지 않고 또 비판적으로 보고 있지만, 이 비판의 열기에 대해서는 다르게 분석해 볼 부분이 있다는 거죠.

다른 여성 영웅들

윤옥 '원더우먼은 페미니스트 영웅인가'에 대해 이야기를 나눠 보았는데요. 다른 여성 영웅이 나오는 영화들 좀 살펴보고 마무리할까요?

희정 저는 얼마 전에 〈히든 피겨스〉Hidden Figures, 2016를 봤는데요.

〈히든 피겨스〉

2016년 미국 작품. 1960년대, 미국과 소련이 한창 우주 전쟁을 펼치고 있던 시점이자 여전히 미국에서 흑백 분리주의가 견고하던 시절. 천부적인 수학 능력의 흑인 여성 캐서린 존스와 NASA 흑인 여성 노동자들의 리더이자 프로그래머인 도로시 본, 그리고 흑인 여성 최초의 NASA 엔지니어를 꿈꾸는 메리 잭슨이 성차별과 인종차별에 맞서 백인 남성들만의 성역이었던 우주 프로젝트에 참여하는 이야기다. 실화에 바탕을 하고 있으며, 역사에서 지워진 수많은 여성들, 즉 '히든 피겨스'에 대해 생각하도록 하는 작품.

그야말로 물개 박수를 치면서 봤지만 〈원더우먼〉과 마찬가지로 좀 고민이 되는 부분이 있더라고요. 언제나 영웅은 이처럼 뛰어난 천재들이어야만 하는 걸까. 이렇게 비상한 사람들, 원더우먼 같은 사람들 얘기만 계속 나오는 거 아닌가.

윤옥 그러게요. 우리처럼 평범한 사람들은 또 박탈감을 느끼게 되는 건가 싶네요.

혜영 다시 유리천장 얘기로 돌아오게 되는 것 같아요. 어떻게 보면 영웅 서사라는 것이 '한 명의 영웅이, 개인이 세계를 변화시킨다'라는 일종의 엘리트 중심의 부르주아 서사이기도 하죠. 그래서 유리천장을 뚫은 한 명이 여성 전반의 삶을 개선해 줄 거라는 어떤 기대를 가지게 되는. 페미니스트의 관점에서는 이런 서사가 결국은 남성 중심적인 1인 영웅 서사와 크게 다르지 않다는 비판적 의식을 가지게 되는 것 같아요. 하지만 우리가 지금 이 시대에 이런 여성 영웅 서사를 원하는 이유도 있는 거죠. 여성 영웅을 보면서 해방감을 얻기도 하고요. 다른 한편으로, 여성 영웅들을 다뤄 온 이야기는 역사적으로는 집단적으로 그려지는 경우가 많았거든요. 발키리나 『맥베스』의 마녀들처럼요. 1인 영웅이라기보다는 그룹으로 다니는 영웅들이 많았던 셈이죠. 그래서 한국영화 〈카트〉를 봐도 한 명의 여성 영웅이 불의와 싸우는 것이 아니라 자매애가 강조된 여성 집단이 함께 투쟁하는 장면들이 등장하죠.

〈카트〉

이랜드 홈에버 비정규직 노동자 투쟁을 소재로 한 2014년 개봉 영화. 한국 상업 영화 최초로 비정규직 노동자 문제를 다뤘다고 평가받는다. 〈지금 이대로가 좋아요〉의 부지영 감독이 메가폰을 잡고, 염정아, 문정희, 김영애 등이 열연했다.

윤옥 사실 노동운동도 내가 혼자가 아니라는 자각을 하면서부터 싸움이 가능해지는 것도 같아요. 나의 고통이 너의 고통과 연결되어 있다는 자각이요. 실제로 투쟁 현장에서 옆에 있는 여성에 대한 온전한 이해가 가능해지기도 하거든요. A는 이런 상황에 놓여 있고, B는 지금 이런 문제가 있고, 이런 이해들이요. 내가 현장에서 빠지면 누군가가 힘들까 봐 연대의 손을 못 놓기도 하죠. 실제로 그렇게 돼요. 여성 투쟁의 현장이라는 것이 정말 감정 결속력이 굉장히 끈끈해지는 시공간이거든요.

혜영 〈히든 피겨스〉도 천재들 이야기처럼 보이지만, 영화 도처에 그런 여성끼리의 연대와 유대가 재현되잖아요. 〈서프러제트〉 역시 그렇고요. 여러 명이 함께 나오는 방식인 거죠.

윤옥 아까 원더우먼이 남자들만 있는 회의장에 들어간 장면 얘기하셨는데, 이 질서 안에서 살아온 사람은 그런 시선을 혼자 견뎌낼 수 없죠. 혼자서 이런 견고한 질서에 균열을 내려면 아마존에서나 살다 와야 가능하지, 불가능한 얘기죠.

희정 그러니까 떠올랐어요. 요즘 한국 다큐멘터리들에서 볼 수 있는 어떤 장면인데요. 성주나 강정, 용산 등에서 투쟁의 중심에 그렇게 여성, 특히 어머니들이 계시는 거예요. 성주 사드 배치 반대 투쟁을 다뤘던 〈파란나비효과〉에 이런 인터뷰가 나오는데요. "왜 이렇게 여자들이 많아요?"라고 질문하자, 그 어머니 답변이 이래요. 처음 성주 투쟁 시작할 때 남자들이 그랬다는 거예요. 국가가 한다는데, 지금 빨갱이 쳐들어오면 큰일 나는데, 너희가 싸운다고 뭐가 달라지냐. 근데 어머니들은 "지금 국가고 뭐고 내 새끼들 지켜야 돼" 하면서 싸움을 시작한 거죠. 그런데 이게 흥미로운 건, 사실 애초에 시작이 "내 새끼를 지킨다"라는, 나 아닌 누군가에 대한 배려인 거잖아요. 그래서 그 배려가 점점 "내 새끼"에서 다른 사람들로 확장되기 시작해요. 서로 다른 입장에 있던 여성이 서로를 이해하게 되고요. 그리고 '세계 평화'라고 하는 대의에 접속하게 되는 거죠. 이런 연대의 확장은 밀양 송전탑 건설 반대 투쟁에서도 볼 수 있는 거였거든요.

혜영　여성 영웅. 오히려 현실에서 더 많이 만나 볼 수 있는 거 아닐까요?

희정　그런 것 같아요. 이 세계의 법에 익숙한 남자들은 "이거 안 되는 싸움이다"라고 말할 때 여자들은 "왜 안 되냐?"라고 반문할 수 있겠다는 생각이 들더라고요.

혜영　그런데 또 저는 어떤 면에서는 현실에서는 유리천장을 깨면서 변화를 선도하는 여성과 그와 함께 움직이면서 스스로의 위치를 올려 가는 여성들이 다 필요하다고 생각해요. 유리천장을 깨는 여성들이 돋보이고, 그래서 마치 그게 전부인 것처럼 보이는 현상은 경계해야 할 필요도 있지만, 그것을 손가락질해서는 안 되지 않을까요? 그렇게 더 다채로운 재현이 영화에서도 드러날 수 있었으면 좋겠고요.

윤옥 이제 오늘의 이야기를 마무리해 볼까요?

혜영 개인적으로는 〈원더우먼〉을 옹호하게 되어서 기뻤습니다. 사실 이 작품의 단점은 참 명확한 것 같아요. 그럼에도 불구하고 페미니스트로서 나누어 볼 만한 이야기는 분명히 있죠. 이야기를 충분히 못했던 것 중 하나는 원더우먼이 다양한 무기를 사용할 수 있다는 점도 인상적이라는 거예요. 로프나 검, 방패, 팔찌, 이런 다양한 무기와 함께 자신의 몸을 굉장히 자유자재로 사용할 수 있다는 것이 주는 쾌감이 또 있었죠. 그래서 좀 더 적극적으로 옹호하고 싶었습니다.

윤옥 아, 설득됐습니다. 오늘 활약 대단하셨어요.

희정 저는 오늘 〈원더우먼〉을 보면서 참 재미있지만 어쩐지 찝찝하다고 생각했던 것을 많이 해소한 것 같아요. 조혜영 선생님의 저렇게 밝은 얼굴 본 것도 오랜만이고요. ☺

지혜 저는 원더우먼의 캐릭터가 어떻게 생겼는지부터 들을 수 있어서 이해의 폭이 확실히 넓어진 것 같고요. 조혜영 선생님 말씀처럼 〈원더우먼〉이 계속 만들어지면서 그 캐릭터가 더욱 성장하고 발전될 수 있다면 좋겠다는 기대를 해보게 되었습니다.

윤옥 네, 조혜영 평론가님은 다음 시간에 또 나와 주셔야 합니다.

혜영 아, 저 고정 가나요? ☺

희정 다음 시간에 뵙겠습니다!!

윤옥 수고하셨습니다!

+ **조혜영이 덧붙이는 말**

〈원더우먼〉의 성공 이후 DC와 마블 코믹스의 여성 히어로 영화, 그리고 여성 감독의 진입은 당분간 계속 이어질 전망이다. 현재 DC는 〈원더우먼 1984〉의 개봉을 앞두고 있고 3편까지 패티 젠킨스 감독과 계약했다. 선댄스 영화제에서 주목받은 신인 여성 감독 캐시 얀Cathy Yan은 여성 히어로가 집단으로 등장하는 〈버즈 오브 프레이〉Birds of Prey, 2020의 연출을 맡아 제작 중이다. 주인공을 맡은 배우 브리 라슨Brie Larson이 "대형 페미니스트 영화"라고 인터뷰에서 언급한 여성 히어로물 〈캡틴 마블〉Captain Marvel이 2019년 3·8 세계 여성의 날을 맞아 개봉했고, 블랙 위도우, 스파이더 그웬 등의 솔로 무비도 계획 중이다. DC와 마블뿐만 아니라 "스타워즈"나 "고스터버스터즈" 같은 오래되고 낡은 시리즈들도 〈로그 원: 스타워즈 스토리〉Rogue One: A Star Wars Story, 2016와 〈스타워즈: 라스트 제다이〉Star Wars: The Last Jedi, 2017, 〈고스트버스터즈〉 여성 판2016을 통해 새로운 관객층을 유입시켜 흥행에 성공했고, 시리즈를 신선하게 변화시키며 시리즈의 수명을 늘렸다. 하지만 이 같은 강력한 경향 변화를 거부하는 주류 남성들의 저항도 커지고 있다. 이러한 백래시에 대항해 백인 여성 영웅을 넘어 인종, 나이, 계급 등의 다양성을 더 밀어붙이려는 노력이 필요하다. 앞으로 페미니즘이 대형 콘텐츠 자본시장에서 여성이 창작자로서 자리매김하는 데 어떻게 개입할지, 또 상품화된 여성 영웅의 재현을 어떻게 수용할지가 우리의 과제가 될 것이다.

〈아가씨〉와 〈비밀은 없다〉는 여성 영화인가

게스트 **조혜영**

서울국제여성영화제, 서울환경영화제 등 다수의 영화제에서 프로그래머로 일했고, 다큐멘터리 〈3xFTM〉에 프로듀서로 참여했다. 중앙대학교 첨단영상대학원에서 「영화의 죽음」으로 박사학위를 취득했다. 공역서로 『여성영화』『일탈』이 있고, 공저로 『소녀들』『한국 다큐멘터리 영화의 오늘』『프랑스 여성 영화 120년』『아이다 루피노』 등이 있다. 페미니스트 관점을 바탕으로, 영화와 미술뿐만 아니라 게임에 이르기까지 광범위한 비평 활동을 펼치고 있다.

— 오늘의 주제

윤옥 오늘을 살아가는 여성 노동자들의 어려움을 속 시원히 파헤쳐 줄 평범한 여성 노동자들의 비범한 이야기 〈을들의 당나귀귀〉!! 안녕하세요, 임윤옥입니다. 오늘은 드디어 한국 영화입니다. 2016년 화제작이었던 박찬욱 감독의 〈아가씨〉와 이경미 감독의 〈비밀은 없다〉. 이 두 편의 영화를 살펴볼까 하는데요. 손희정 선생님, 오늘의 주제를 소개해 주시죠.

희정 네, 그렇습니다. 오늘은 영화 〈아가씨〉와 〈비밀은 없다〉에 대해 이야기 나누려고 해요. 사실 요즘 한국에서는 예능뿐만 아니라 영화에서도 좀처럼 매력적인 여자 캐릭터를 찾아보기 힘들죠. 그래서 네티즌들은 요 몇 년 간의 한국 영화를 '알탕 영화', 즉 남자들만 나오는 영화라고 비아냥거리기도 하고요. 그렇게 여성 캐릭터가 없을뿐더러 여성 영화라는 관점에서는 척박하기 짝이 없는 한국 영화의 현실에서 2016년에는 주목할 만한 여성 영화들이 등장했었어요. 오늘 이야기할 〈아가씨〉와 〈비밀은 없다〉뿐만 아니라 윤가은 감독의 〈우리들〉이나 이언희 감독의 〈미씽〉 같은 작품들도 개봉했었죠. 그런데 〈아가씨〉와 〈비밀은 없다〉의 경우에는 이 영화가 과연 여성 영화인가, 페미니즘 영화인가에 대한 평가가 좀 분분했어요. 그래서 오늘은 이 주제에 대해 이야기를 나눠 볼까 합니다. 오늘도 이 분을 모셨어요. 조혜영 영화평론가입니다.

혜영 안녕하세요, 조혜영입니다. 반갑습니다.

희정 영화들은 좀 보셨나요?

윤옥, 지혜 봤어요.

희정 박찬욱 감독의 〈아가씨〉는 개봉 첫 주에 관객 230만 명을 돌파하면서 청소년 관람 불가 영화로는 가장 빠르게 200만 명 선을 돌파한 것으로 기록되었어요. 최종적으로는 400만 명이 넘는 관객을 동원했고요. 반면 이경미 감독의 〈비밀은 없다〉는 극장 개봉으로 23만 명의 관객을 동원한 것으로 마무리되었거든요. 좀 안타까운 것은 〈비밀은 없다〉가 2주차에 이미 극장을 거의 잃고 IPTV로 넘어간 후에 입소문이 나면서 관객들이 극장에서 영화를 보고 싶어도 볼 수 없는 상황이었다는 거예요. 왜 이렇게 차이가 나게 되었는지도 좀 궁금한데요. 영화는 어떻게 보셨나요?

윤옥 우선 〈아가씨〉부터 이야기하면요. 남편이랑 같이 보러 갔었거든요. 그런데 저랑 남편 반응이 서로 좀 달랐어요. 남편은 너무 재미있게 봤다는데, 저는 별로였거든요. 뭔가 불편하기도 하고, 약간 복잡한 느낌이 들었어요.

지혜 저도 비슷했어요. 남자 지인과 같이 보러 갔는데요. 저는 영화를 보고 굉장히 답답하다고 느꼈는데, 같이 보러 간 사람은 "야, 되게 통쾌한 영화다"라고 하더라고요. 그래서 뭐가 통쾌하냐고 물었더니 돌아온 대답이 "너는 주인공한테 감정이입을 못했나 보다"라는 거였어요. 딱 동의가 되는 건 아니었고, 또 만약 그랬다면 왜 감정이입이 안 되었는지 알고 싶기도 하고요. 아직도 뭐가 답답했던 건지 구체적으로는 잘 모르겠어요.

윤옥 하지만 〈비밀은 없다〉는 재미있게 봤거든요. 이 차이는 어디서 오는 건지 궁금하네요.

희정 오늘 이야기를 나누면서 그 답답함의 실체에 다가갈 수 있지 않을까 싶어요. 그럼 본격적으로 이야기를 시작해 볼까요?

박찬욱의 작품 세계

희정 사실 〈아가씨〉라는 작품을 이해하려면 박찬욱이란 감독에 대해 알아볼 필요가 있어요. 한국에서 어떤 영화가 나왔을 때, 그 영화에서 감독의 서명이랄까, 시그니처라고 하는 어떤 특징을 포착할 수 있는 작품이 요즘에는 많지 않거든요. 그래서 웰메이드 상업 영화는 많아지지만, 한 작가의 작품 세계를 음미할 수 있는 작품은 점점 사라지고 있지요. 그런데 오늘 이야기할 〈아가씨〉나 〈비밀은 없다〉는 감독의 자의식이 매우 강하게 드러나는 작품들이에요. 박찬욱이나 이경미나 다들 '박찬욱 월드' '이경미 월드'라고 할 만한 각자의 작품 세계를 가지고 있거든요. 그래서 이 작품들에 대해 논할 때 감독의 세계관이나 작품 세계를 이해하는 것이 중요할 것 같아요. 먼저 박찬욱 감독의 특징이라고 한다면 우선 〈올드보이〉2003 이후 원작이 있는 영화를 많이 찍는다는 점이 있어요.

박찬욱 감독 필모그래피

1992년 〈달은… 해가 꾸는 꿈〉으로 장편 데뷔했다. 1997년 〈삼인조〉까지는 흥행이나 평가 면에서 좋은 성적을 거두지 못했다. 그를 주목받는 감독으로 부상시킨 것은 〈공동경비구역 JSA〉2000였다. 이후 〈복수는 나의 것〉2002, 〈올드보이〉2003, 〈친절한 금자 씨〉2005의 복수 3부작으로 작가로서의 입지를 다졌다. 〈싸이보그지만 괜찮아〉2006, 〈박쥐〉2009를 찍고 할리우드로 건너가 〈스토커〉2013를 연출했고, 2016년 〈아가씨〉를 발표했다. 동생인 시각예술 작가 박찬경과 함께 〈파란만장〉2010, 〈청출어람〉2012, 〈고진감래〉2013를 공동 연출했다. 연출 외에도 이경미의 〈미쓰 홍당무〉2008, 봉준호의 〈설국열차〉2013 등을 제작하면서 한국 영화 산업에 큰 영향을 미치고 있다.

〈올드보이〉는 일본의 동명 만화를 바탕으로 하고, 〈박쥐〉2009는 에밀 졸라의 『테레즈 라캥』*Thérèse Raquin*을, 〈아가씨〉는 세라 워터스의 『핑거스미스』*Fingersmith*를 원작으로 하죠. 하지만 원작을 그대로 가져오는 방식으로 작업하지는 않아요. 언제나 '한국화'를 거치죠. 여기서 한국화란 정말 한국 사람의 삶에 맞게 수정해서 지역화하는 것이라기보다는 '혼종성'을 추구하는 방식으로 이루어져요.

윤옥 혼종성이요?

희정 다양한 문화의 이질적인 요소들이 섞여 만들어 내는 독특한 성격이죠. 말하자면, 원작의 분위기와 한국적 정체성과 이 영화를 볼 전 세계 관객들의 시선을 모두 고려해 조합을 만드는 거예요. 워낙 박찬욱 감독이 해외 영화제에 많이 초청되고, 거기에서도 작품이 반향을 얻어야 하니까, 한국 관객들만이 아닌 전 세계 관객을 위한 작품을 만들어야 할 필요도 느끼겠죠. 이런 혼종성이 가장 두드러지게 드러나는 부분은 아무래도 영화적 공간의 설정에서일 것 같아요. 예를 들면 〈박쥐〉에서는 일본식 가옥에 한국 사람이 들어가는데, 그는 가톨릭 사제라는 아주 이국적인 직업을 가지고 있어요. 〈아가씨〉는 식민지 조선의 왜색이 매우 뚜렷한 공간 속에 일본말과 조선말이 공존하고 있죠.

윤옥 그러고 보니까, 처음에 숙희(김태리)가 히데코(김민희)가 살고 있는 저택에 갔을 때 사사키 부인(김해숙)이 그 저택을 그렇게 설명했던 것 같아요. 일식, 양식, 조선식이 다 섞여 있는 공간이라고요. 그 생각이 나네요.

혜영 저는 그 혼종성이 탈역사적이라고 생각하지는 않아요. 〈아가씨〉에서 공간적으로는 '외딴섬'처럼 매우 비현실적인 설정이지만, 코우즈키(조진웅)나 백작(하정우)의 캐릭터를 보면 충분한 역사 인식을 가지고 만든 이야기거든요. 손희정 선생님도 이런저런 글에서 쓴 내용이지만, 식민지를 살아가는 남성의 남성성이라든가, 젠더와 역사의 관계에 대한 인식, 제국주의와 가부장제가 만나는 방식 등이 영화에서 잘 그려지고 있어요. 사실 저는 〈아가씨〉를 기대했던 것보다 상당히 재미있게 봤어요. 원작 『핑거스미스』뿐만 아니라 그 원작을 바탕으로 만든 드라마도 이미 다 본 상태에서, 박찬욱 감독이 또 다른 버전을 만든다고 할 때 별로 새로울 것이 없을 거라고 생각했었거든요. 그런데 영화를 보니까 또 매력적인 부분이 있더라고요. 무엇보다 페미니스트의 관점을 취하려고 의식적으로 노력했다는 점에서 높이 살 만하죠. 게다가 그 노력이 어느 정도 성과를 보기도 했으니까요. 저는 그 성취를 무시하면 안 된다는 생각이 들어요.

희정 박찬욱 감독이 페미니스트로서의 문제의식을 풀어내려고 했다는 조혜영 평론가의 평가에 동의해요. 사실 그 이야기를 하기 위해 박찬욱 감독의 작품 세계에 대한 이야기를 꺼낸 것이었는데요. 박찬욱 감독 작품의 계보를 봤을 때 〈올드보이〉 이후부터 여성을 어떻게 그릴 것인가라는 문제에 대해 많은 고민을 하기 시작한 것 같아요. 〈올드보이〉는 근대화와 산업화 등의 한국 근대사를 남성 주체가 만들어 왔다는 생각을 아주 강하게 표현하고 있어요. 그 근대화의 과정이 폭력적이었다고 반성하고 있기도 하고요. 그래서 IMF를 기점으로 한국의 근대화가 실패했다고 했을 때, 그것이 아버지의 실패로 그려지죠.

윤옥 그게 바로 "고개 숙인 아버지" 레토릭이잖아요.

희정 그렇습니다. 〈올드보이〉도 정확하게 "고개 숙인 아버지"에 대한 이야기죠. 그래서 가족 먹여 살리려고 열심히 일하던 아버지 오대수(최민식)가 어느 날 갑자기 납치돼서 15년간 만두만 먹으면서 갇혀 있게 되는데요. 갇혀 있다가 밖으로 나와 미도(강혜정)라는 여자를 만나 사랑에 빠지게 되죠. 오대수는 감금방에서의 시간을 감사해요. 이전의 자신이었다면 미도를 만날 수 없었을 테니까요. 그런데 나중에 알고 보니 미도가 친딸이었던 거예요. 아버지는 어떻게 딸도 알아보지 못하고 근친상간하게 되는가? 영화는 감금방에서 오대수가 보내는 시간의 흐름을 TV 뉴스로 표현하는데요. 어쩌면 그 뉴스의 나열이 아버지가 더는 아버지가 아니게 된 상황을 설명하고 있다고 생각할 수 있어요. 오대수가 1980년대 말에 갇히고 감금되어 있는 동안, 군사정부가 막을 내리고, '보통 사람의 시대'가 열리고, IMF가 터지고, 문민정부가 들어서죠. 월드컵으로 주목된 광장 문화는 독재가 끝나고 진정한 국민의 시대가 열리는 징후인 것처럼 받아들여졌어요. 노무현 대통령이 취임하고, 정치에서의 세대교체가 선언되었죠. 무엇보다 오대수는 '성수대교 붕괴' 사건을 보면서 자신의 인생을 반성하기 시작해요. 오대수가 감옥에서 지낸 시간은 말하자면 '강력한 아버지'가 '고개 숙인 아버지'로 변화하는 시간이었다고 할 수 있겠죠. 그렇게 무기력해진 아버지가 이 세계에 다시 나왔을 때, 세계가 더는 아버지들의 것이 아니라는 상상이 〈올드보이〉에 들어 있어요. 그런 면에서 〈올드보이〉까지의 박찬욱 감독은 한국사를 남자들의 역사, 아버지들의 역사로 이해하는 데 별 문제의식이 없었던 셈이죠. 그래서 〈올드보이〉가 칸 영화제에서 상도 받고 여러 비평가들의 호평을 받았지만, 페미니스트들에게는 굉장히 비판받았거든요. 역사관에서 여성에 대한 재현에 이르기까지, 지나치게 마초적이라고요. 박찬욱 감독 본인도 이런저런 비평들을 보면서 생각을 많이 했던 것 같아요. 그래서 JTBC 〈뉴스룸〉에 출연해서 그런 이야기를 했는데요. "모든 남성 캐릭터들이 비밀을 알고 있을 때, 왜 여성 캐릭터만 비밀로부터 소외되어 있는가"라는 점을 고민했다고요. 그런 반성으로부터 시작해서 〈친절한 금자 씨〉 〈싸이보그지만 괜찮아〉 〈박쥐〉 〈스토커〉 등을 만들어 오면서 새로운 여성의 재현을 모색했던 거죠. 그리고 드디어 〈아가씨〉에 이르러서는 박찬욱 감독 스스로 '페미니스트 영화'라고 선언하게 됩니다. 그래서 〈아가씨〉는 식민지라는 조건 아래 2, 3중의 억압을 받고 있었던 여성들이 어떻게 연대함으로써 제국주의와 만나고, 작동하고 있는 가부장제를 깨고 나가는가에 대한 작품이 되었지요.

혜영 그런데 원작하고 비교해 봤을 때 아쉬운 점은 원작자인 세라 워터스는 영국 빅토리아시대에 대한 이해가 매우 깊은 사람이고, 그 시대 안에서 레즈비언을 어떻게 그릴 것인가에 대해 깊이 성찰했거든요. 그런데 박찬욱의 〈아가씨〉는 숙희와 히데코 사이의 계급적인 차이나 숙희가 경험했을 식민지 조선 여성으로서의 고충 같은 것을 충분히 그리지는 않았어요. 식민지를 살아가는 조선 남자인 코우즈키의 식민지 남성성은 치밀하게 그리면서 왜 숙희의 식민지 여성성은 그냥 '여성'이라는 정체성으로 단순화되었는지, 좀 아쉽더라고요. 당시 식민지에서 여성은 어떻게 살았을까, 이런 부분에 대한 고민도 부족하다고 느꼈고요. 그냥 무균질의 공간에 이 여성들을 넣어 둠으로써 역사적인 인물로서의 숙희와 히데코에 대한 고민은 뛰어넘어 버리는 거죠.

희정 그건 결국은 이 영화가 '여성 영화'라기보다는 오히려 '남성 영화'였기 때문은 아니었을까 싶기도 하고요.

윤옥 남성 영화라고요?

희정 네. 저는 이 작품이 IMF 이후 한국 영화를 장악하고 있었던 남성 중심적인 영화, 즉 '한남 영화'에 대한 한 거장의 반성문이라는 생각이 들기도 하거든요.

캐릭터의 소멸과 혐오적 재현

윤옥 남성 중심적인 한국 영화에 대해서도 좀 더 설명해 주셔야 할 것 같은데요.

희정 한국 영화에서 "남성들은 과대 재현되고 여성들은 상징적으로 소멸되고 있다"는 것인데요. 아주 간단하게 말하자면, 여자 주인공이 거의 없다는 말이에요. 이런 분위기를 주도하기 시작한 것이 '2003 유니버스'라고 이야기되는 한국 영화의 한 경향이에요. 2003년도 즈음 한국에는 이후로 15년간 한국 영화를 선도할, 그야말로 '명감독'들의 '명작'들이 대거 등장해요. 박찬욱의 〈복수는 나의 것〉 〈올드보이〉, 봉준호의 〈살인의 추억〉2003, 장준환의 〈지구를 지켜라!〉2003, 김지운의 〈장화홍련〉2003, 홍상수의 〈생활의 발견〉2002 등이죠. 그런데 이 영화들은 한편으로는 한국 사회를 비판하면서 폭력성과 여성 혐오적인 재현들을 자신의 미학으로 가져갔던 부분이 있었어요. 폭력을 비판하기 위해 폭력을 재현했다고 할까요? 그런데 그것이 대중들에게 먹히면서 한국 영화가 점점 더 폭력적인 재현에 몰두하기 시작했죠. 그래서 2017년에 이르러서는 비판 의식이 사라지고 오로지 볼거리로서의 폭력만 살아남게 된 거죠. 많은 평론가들이 한국 영화가 아직 '2003 유니버스'를 못 벗어나고 있다고들 하는데요. 여기에는 박찬욱, 봉준호 등을 뛰어넘는 감독이 아직 출현하지 못했다는 한탄이 섞여 있기도 하죠. 저는 이 이야기에 딱히 동의하지는 않지만요. 어쨌거나 한국 영화가 아주 적극적으로 갱신되지 못하고 있다는 생각이 들기는 하거든요. 그렇게 생각하면 지금의 여성 캐릭터 소멸과 여성 혐오적 재현의 책임은 일정 정도 '2003 유니버스'를 주도했던 감독들에게 있는 것은 아닌가 하고 질문하게 되죠. 하지만 어쩌면 그런 한계를 벗어나려는 시도조차 박찬욱, 봉준호 감독으로부터 시작되고 있는 것도 같아요. 박찬욱의 〈아가씨〉나 봉준호의 〈옥자〉2017 같은 영화들에서 그런 노력을 발견하게 되니까요.

윤옥 한국 영화가 남성 중심적이라는 것은 느낌으로는 알겠는데요. 정말로 그런가요?

희정 아주 단순한 것부터 보자면, 2000년대 이후 한국 영화에는 여자 캐릭터 자체가 잘 없어요. '알탕 영화'라는 경향이 최근 문제인 것 같지만, 이렇게 된 지 좀 되었거든요. 예컨대 벡델테스트 Bechdeltest를 해보면 너무 분명해지죠.

벡델테스트

1985년 미국의 여성 만화가 엘리슨 벡델이 남성 중심 영화가 얼마나 많은지 계량하기 위해 고안한 영화 성평등 테스트이다. 벡델테스트를 통과하려면 이름을 가진 여자가 두 명 이상 나올 것, 이들이 서로 대화할 것, 대화 내용에 남자와 관련된 것이 아닌 다른 내용이 있을 것 등의 기준을 충족해야 한다. 한편, 2013년 스웨덴은 세계 최초로 벡델테스트를 영화 산업에 도입해, 테스트를 통과한 영화에 'A'라는 인증 마크를 붙이고 있으며, 2015년 기준 스웨덴 영화관 네 곳과 케이블 영화 채널 한 곳에서는 영화 상영 직전 이 인증 마크를 보여 주고 있다.*

희정 벡델테스트는 세 단계로 이루어져 있어요. 영화 속에 이름을 가진 여성이 둘 이상 나오는가. 이름을 가졌다는 것은 주체로 호명되고 그 이야기를 끌어가는 중심이 되는 게 여성이란 거죠. 그런데 잘 보면 한국 영화 중에 이것을 통과하는 영화가 거의 없어요. 특히나 1000만 영화, 혹은 역대 박스오피스 1위에서 10위를 차지하는 '대박 영화'들을 보면 거의 없죠.

2018년 기준, 한국의 1000만 영화

〈태극기 휘날리며〉2003, 〈실미도〉2003, 〈왕의 남자〉2005, 〈괴물〉2006, 〈해운대〉2009, 〈7번 방의 선물〉2012, 〈광해, 왕이 된 남자〉2012, 〈도둑들〉2012, 〈변호인〉2013, 〈명량〉2014, 〈국제시장〉2014, 〈베테랑〉

* 네이버 "시사상식사전" 참조.

2015, 〈암살〉2015, 〈부산행〉2016, 〈택시 운전사〉2017, 〈신과 함께: 죄와 벌〉2017, 〈신과 함께: 인과 연〉2018 등이다.

1000만 관객이 든 영화 가운데 유의미하게 이름 있는 여자가 둘 이상 나오는 영화는 〈괴물〉 〈해운대〉 〈도둑들〉 〈암살〉 정도일 거예요. 두 번째는 뭐냐면, 이름 있는 여자가 둘 이상 나와서 그 두 사람이 대화하는가예요.

지혜　서로?

희정　서로. 이 질문이 왜 중요하냐면, 영화에서 여성들이 관계를 잘 맺지 않는다는 거예요. 남성의 파트너이거나 액세서리이거나, 이런 식의 상황인 거죠. 여성은 남성과의 관계 안에서만 규정된다는 가부장제의 오래된 편견이 영화에서도 여전히 작동하는 거죠. 그러다 보니 여자들끼리는 거의 대화를 나눌 일이 없다는 거예요. 세 번째 질문은 두 여자가 나누는 대화의 내용이 남자에 대한 이야기가 아닌 다른 내용인가예요. 여자들은 모이면 맨날 사랑 타령이나 하고 남자 얘기나 한다는 거예요. 물론, 여자들이 남자 이야기를 하는 건 중요하죠. 하지만 그것만 한다고 상상되는 건 대중문화가 만들어 낸 고정관념에 불과해요. 물론 벡델테스트를 통과한다고 해서 무조건 그 영화가 여성 영화이거나 여성주의 영화인 것은 아니에요. 페미니즘과는 무관한 영화도 많이 있죠. 예를 들면 2017년에 개봉한 〈침묵〉이라는 영화는 배급사에서 "벡델테스트를 통과한 영화"라고 홍보했지만, 어떤 면에서 굉장히 여성 혐오적인 작품이었거든요.

윤옥　그런데 한국 영화에서 왜 이렇게까지 여성 캐릭터가 사라져 버린 걸까요?

희정 저는 IMF가 중요한 계기였다고 생각해요. 한국 근대화와 산업화와 같은 경제적 발전을 주도한 것이 남성이고, 따라서 남자들이 나라의 주인이라는 생각이 있었는데, 그 경제 발전이 좌초되고 온 국민이 빚더미에 올라앉게 되면서, IMF가 마치 남성들만의 위기로 상상됐어요. 떠올려 보시면 IMF 시기를 설명하는 문장은 "아빠 힘내세요"나 "고개 숙인 가장"인 거잖아요? IMF가 남녀 공히 함께 겪은 경제적 재난이었지만, 아무도 "엄마 힘내세요"나 "고개 숙인 엄마" 같은 말은 하지 않았죠. 실제로 여성 노동자들이 대거 해고된 시기이기도 했는데요. 그래서 한국 사회가 남성인 가장을 문화적으로 위로하는 것으로 IMF라는 경제난을 극복하고자 했던 것 같아요. 그러다 보니 한국 영화도 상처 입고 고개 숙인 남성 관객과 그런 가부장제적 사고방식을 내면화하고 있는 여성 관객을 위로하려 했던 거죠. 그리고 그런 영화들이 인기를 끌면서 일종의 흥행 공식으로 자리 잡게 되었고요. 생각해 보면 1990년대만 해도 자신의 일과 사랑에 대해 당당히 말하는 아주 활기찬 여성 캐릭터들이 있었거든요. IMF를 전후해서 이런 캐릭터들은 싹 사라지고, 그저 어머니나 누이의 자리에 박제되거나 성적 대상으로 소비되거나 남자들끼리 주고받는 선물처럼 되어 버렸어요. 그게 아니라면 그야말로 공포 영화 속 귀신이나 범죄 영화 속 '시체'로 존재하게 되었죠.

지혜 그런 흐름들 안에 부성 멜로드라마들이 있는 것도 같네요? 오직 아버지만이 우리를 구원해 줄 것이라고 이야기하는?

희정 2000년대 중반이 되면 엄마는 없고 아빠만 있는 가족들이 등장하기 시작하거든요. 엄마가 없다는 건 실제로 엄마 캐릭터가 없거나 엄마가 있어도 유명무실한 경우들이죠. 〈괴물〉에서 〈부산행〉에 이르기까지, 이런 영화들은 계속 나오고 있어요. 저는 이 영화들을 '아빠뽕 영화'라고 하는데요. 고개 숙인 아버지가 가족을 구하고 다시 영웅으로 돌아올 때, 이 아버지를 영웅으로 만들기 위해 어머니는 사라지고 없는 거죠. 물론 한편으로는 영화에 엄마 캐릭터가 있으면 엄마가 너무 쉽게 아이들을 잘 구할 거라서 재미없어질 거다, 아빠가 좀 부족하니까 영화에 갈등이 생기는 거다, 그런 의미에서 아빠들만 나오는 영화가 오히려 엄마의 위대함을 보여 준다고 말하는 사람도 있었어요. 바로 그것이야말로 '여성=어머니=돌봄 노동=여성의 본능'이라는, 여성을 끊임없이 가둬 놓는 가부장제의 고정관념 회로죠. 제가 말하는 한국 남성 중심적인 영화란 한국의 역사를 남성의 역사로 상상하면서 IMF 이후 이 남성 주체들을 위로하려고 하는, 그 과정에서 여성 캐릭터들이 점점 더 저열해지거나 사라지고 여성 혐오적인 재현이 만연하게 된, 그런 영화들이에요. 그냥 남자가 주인공인 영화라서 불만인 것이 아니라, 어떻게 남자가 주인공이 되고 반면 여자는 사라지는가에 대한 고민인 것이죠.

윤옥 한국 영화에서 여성이 사라지는 건 그냥 '엔터테인먼트'의 문제가 아니라 사회변동이 젠더라는 변수와 어떻게 만나는가에 대한 이야기인 셈이네요.

— 〈아가씨〉라는 반성문

희정 그 '한남 영화'들의 중심에는 '작가'라고 불렸던 남성 감독들이 있는 거고요. 특히나 박찬욱 감독의 영향은 무시하기 어렵지 않나, 저는 생각해요. 그런 의미에서 〈아가씨〉가 일종의 반성문이라는 생각이 드는 거예요.

윤옥 갑자기 이준익 감독의 〈즐거운 인생〉이 떠오르는데요. 실패한 아버지들이 밴드를 만들어서 인생의 좌절을 극복하는 얘기였잖아요?

희정 그런 영화들이 말씀하셨던 2000년대 중반 이후 등장했던 '부성 멜로드라마'의 경향이죠. 〈즐거운 인생〉2007, 〈브라보 마이 라이프〉2007, 〈마이 파더〉2007, 〈눈부신 날에〉2007, 그리고 〈괴물〉도 마찬가지였고요. 계속 실패한 아빠들을 위로하는 이야기들이 많이 만들어졌고 인기도 꽤 끌었죠. 이렇게 '아빠 찾기' '아빠 기 살리기' '아빠 응원하기' 영화를 지나 '아빠 영웅 만들기'를 거쳐, 현재의 '아빠뽕 영화'까지 왔다고 볼 수 있는데요. 그 정점에 어쩌면 "영웅이었으나 이제는 잊힌 아버지"의 회환을 그리는 〈국제시장〉이 있었던 것일 수도요. 그 시작에 〈올드보이〉가 함께 했던 것 같아요. 부성을 그리는 방식이 사뭇 다르기는 하지만요. 물론 〈올드보이〉는 한국 근대화의 실패와 맞물리는 아버지의 실패와 딸의 관계 등을 복잡하게 그려 내고 있는 작품이라서 단순하게 말할 수는 없지만, 한남 영화의 어떤 모델 같은 작품이었다고 생각해요. 하지만 중요한 건 이 작가 감독이 자기반성을 했다는 거예요. 이게 제가 〈아가씨〉가 여성 주인공 영화이지만 남성 영화라고 설명하는 이유인데요. "한국 영화가 이렇게 남성 중심적이었어"라는 남성 감독의 반성이 반영된 작품이니까요. 많은 사람이 숙희와 히데코 이야기를 더 보여 주지, 영화 마지막에 백작(하정우)과 코우즈키(조진웅) 이야기로 너무 기울어졌다고 비판하기도 했거든요. 박찬욱 감독한테는 백작과 코우즈키의 대화가 너무 중요했겠죠. 영화 마지막에 백작이 그런 대사를 하잖아요. "자지는 지키고 죽어서 다행이야"였나요? 이 대사야말로 박 감독의 한국 남성성에 대한 비판이자 자기반성이기도 했겠죠. 가부장제 사회에서는 남근이 곧 권력이기 때문에, 죽어 가는 마당에도 남근을 지킨 것이 다행이라고 생각하는 한심함을 신랄하게 비판하는 것은 그런 가부장제 메커니즘에 대한 비판인 거고요.

지혜 아, 그래서 영화가 불편했을 수도 있겠군요.

윤옥 저는 사실 그보다 더 불편했던 것은 히데코와 이모(문소리)가 포르노그래피를 연행할 때, 너무 성적으로 대상화되는 것 같아 불편했어요. 사실 『핑거스미스』에서는 그런 내용이 없었는데, 이 영화에서 이렇게 자극적으로 그려지는 것은 상업성과 타협한 결과인가 싶었고요. 이 영화를 보러 오는 남성 관객을 전제하지 않고서는 저렇게까지 그릴 필요가 없었을 거라고 생각하거든요. 그러니까 그렇게 여성을 이미지 그 자체로 대상화하는 장면을 남편과 함께 보고 있자니, 불편하고 몰입이 안 되더라고요.

혜영 『핑거스미스』 원작이나 드라마에서도 포르노그래피를 수집하고 연행하는 설정은 다 비슷한데요. 그렇게 상세하게 묘사되지는 않아요.

희정 저는 오히려 그 장면을 통해 여성의 성적인 이미지란 얼마나 남성의 기획 안에서 만들어진 판타지에 불과한가를 볼 수 있었던 것 같아요. 그리고 그런 판타지의 폭력성을 관객들이 느꼈기 때문에, 판타지가 응축된 공간이라고 할 수 있는 지하 도서관이 훼손될 때 해방감을 느꼈을 것이고요.

혜영 이 영화가 '반성문'이라고 한다면, 그 장면들이 오히려 핵심은 아니었을까요? 코우즈키가 사실 조선 남성이잖아요. 일본 남성들을 즐겁게 해주기 위해 그 누구보다 화려한 성적 스펙터클과 판타지를 만들어 내는 것인데요. 그런 가장 창의적인 포르노그래피를 전시할 수 있는 공간을 만드는 것이 한편으로는 식민지 남성성이기도 한 거죠. 유럽도 아니고 일본도 아닌, 한국의 남성 감독이 그런 이미지와 이야기를 만들어 세계 시장에서 인정을 받으려는 욕망과 연결되어 있을 수도 있겠어요. 사실 저는 이 영화를 '한남 영화'의 반성이라고 해석하는 것에 전적으로 동의하는 건 아니지만, 그런 식민지 남성성에 대한 반성이 있었을 수 있겠다고 생각해요. 영화는 액자 구성으로 되어 있는데, 사실 액자는 남자들의 이야기이고, 그 안에 있는 이미지가 여자들의 이야기인 셈이거든요. 그래서 이 영화의 핵심은 남자들 이야기일 수도 있을 것 같아요.

희정 이런 건가요? 남성 감독의 자기반성이라고 하는 액자 안에 있는 여성들 이야기를 그 반성의 도구로 활용하고 있는?

혜영 도구라고까지 생각하지는 않아요. 다만 그 액자가 너무 크고 화려한 거죠. 말하자면 남성 감독으로서의 자의식이 언제나 너무 큰. 하지만 『핑거스미스』를 해석하고 영화화하는 데 있어 박찬욱 감독이 매우 공들였다고 생각하고, 그 과정에서 김태리, 김민희, 문소리 같은 여성 배우들의 기량을 화려하게 펼쳐 보일 수 있는 장을 열었다는 점에서 아주 높이 평가할 만하다고 생각해요.

희정 사실 많은 여성 관객들이 〈아가씨〉를 불편해할 때 언급하는 장면이 레즈비언 섹스 장면이었는데요. 남성 감독이 레즈비언 섹스를 성적으로 대상화하는 것 아니냐고요. 하지만 또 다른 여성 관객, 그중에서도 레즈비언 관객들은 그 장면을 아주 좋아하기도 했죠. 어떻게 생각하세요?

혜영 저는 남성 감독이 레즈비언 섹스 장면을 찍은 것이 문제라고 생각하지는 않아요. 다만 그런 생각은 했어요. 레즈비언 섹스가 너무 평등하고 동등하다 못해 '데칼코마니'로 그려지는 것에는 이성애자인 남성 감독의 판타지가 들어가 있다고요. 여성들끼리의 관계는 무조건 동등하고 유토피아적일 것이라는 상상 자체가 레즈비언 관계를 대상화하는 거죠. 사실 동등하고 좋은 관계를 만들기 위해서는 많은 시간과 노력이 필요한 거잖아요? 그런데 영화에서는 그 둘의 연대가 너무 갑작스럽게 이뤄지죠. 서로가 서로를 속인 상황에서도 너무 쉽게 이해하게 되고요. 『핑거스미스』에서 두 주인공의 관계는 그렇게 동등하고 정치적으로 올바른 관계는 아니에요. 욕망과 착취, 권력이 작동하는, 그런 관계죠. 남성 감독이 자신이 속해 있는 가부장제와 남성 중심 문화를 비판하려고 할 때 여성들의 관계를 유토피아적 데칼코마니로 해석하는 것이 오히려 문제적이었다고 생각해요.

희정　어떻게 보면 박찬욱 감독의 작품 세계는 그 자의식 때문에 빛나기도 하고 한계를 가지게 되기도 하는 거네요. 이제 〈비밀은 없다〉에 대한 이야기로 넘어갈 수 있을 것 같은데요. 〈비밀은 없다〉는 제가 보기에는 노골적인 페미니즘 영화이고 여성 영화인데요. 『씨네21』에서 박찬욱, 이경미 감독을 인터뷰를 하면서 페미니즘의 의도를 가지고 영화를 만들었냐고 질문해요. 그랬더니 이경미 감독은 자기는 그런 걸 자의식적으로 넣지는 않았다, 그러나 나의 경험으로부터 나왔을 수는 있겠다, 라고 답하거든요? 근데 〈비밀은 없다〉의 시나리오 작업을 같이한 박 감독이 거기에 치고 들어와서 〈아가씨〉도 페미니즘 작품이었다고 말해요. 이런 차이는 어디서 나오는 걸까, 재미있더라고요. 그것을 보면서 한국 사회에서 '페미니즘'이라고 하는 게 엘리트 남성에게는 액세서리가 될 수도 있는 것인데 여성에게는 그것을 인정하는 순간 어떤 식의 굴레가 되기도 하기 때문은 아닐까 싶었어요.

윤옥　맞아요. 너무 중요한 표현인 것 같아요. 누구에게는 액세서리고 누구에게는 굴레가 되는.

이경미 월드와 〈비밀은 없다〉

희정　이경미 감독과의 관계 안에서도 박찬욱 감독이 중요한 멘토의 역할을 했다고 알려져 있어요. 이경미라는 재능 있는 감독의 발굴과 데뷔에 박 감독의 역할이 중요했고요. 이경미 감독의 영상원 졸업 작품이 〈잘돼가? 무엇이든〉인데요. 이 영화가 한국 독립 영화계에서 굉장히 주목받았던 작품이에요.

혜영 서울국제여성영화제 단편 경선에서도 대상을 탔었죠. 굉장히 재미있어요.

희정 정확히 두 사람이 어떻게 만나 작업을 함께하기 시작했는지는 모르겠지만, 이 단편에서 박 감독이 이 감독의 가능성을 보지 않았을까 싶어요. 이후 이경미 감독은 박찬욱 감독의 스크립터로 일했고, 결국 박찬욱 감독의 제작사인 모호필름에서 제작한 〈미쓰 홍당무〉2008로 장편 데뷔를 하죠.

혜영 신인을 발탁하고 키우는 자질은 매우 중요하죠. 그러니까 액세서리라고 이야기하기보다 오히려 "남성 페미니스트는 얼마나 되기 어려운가"를 이야기하는 것이 더 생산적일 것 같아요.

윤옥 아, '남페미'가 된다는 건 정말 어려운 일이죠.

혜영 그리고 사실 어려워야 하는 것이 맞고요. 남성이 페미니스트가 되기 위해서는 당연히 어려울 수밖에 없고, 어려워야 하고, 더 지난한 노력을 들이는 시간을 보내야 한다고 강조하고 싶어요. 그러니까 박찬욱 감독도 그 고민을 꺾지 않고 꾸준히 노력하면서 더 나은 영화들을 만들고 있고요.

윤옥 제가 어떤 칼럼을 읽다가 "장애인 되기란 얼마나 어려운가"라는 생각을 하면서 스스로 너무 부끄러웠던 적이 있었어요. 비장애인인 저는 장애인이 삶에서 습득한 감수성을 도저히 가질 수가 없는 거죠. 저한테는 그저 일상일 뿐인 것도 그 사람에게는 다 도전이 될 수도 있으니까요. 남성 페미니스트의 어려움 역시 비슷하지 않을까 생각해 보았어요. 이제 본격적으로 〈비밀은 없다〉 이야기를 해보죠.

희정 사실 이경미 감독도 박찬욱 감독만큼이나 자신만의 작품 세계가 뚜렷하고 매우 독특한 작품들을 만들어 온 작가라고 할 수 있어요. 요즘은 '이경미 월드'라고들 하더라고요. 다른 사람들은 잘 이해하지 못하는 세계가 있다고요. 첫 작품은 박해일 씨가 주연을 했던 단편영화 〈오디션〉2003인데요. 이 작품은 제가 못 봤어요. 아마 많은 분들이 못 보셨을 텐데요. 이경미라는 이름을 세상에 알린 것은 그다음 단편 〈잘돼가? 무엇이든〉이었죠. 여기에서부터 이경미 월드의 특징이 된 '두 여자'의 이미지가 등장해요.

윤옥 '두 여자' 이미지요?

희정 아주 닮은 두 명의 여자가 서로 갈등하기도 하고 싸우기도 하고 또 사랑하기도 하면서 친구가 되어 가는 이야기가 이경미 월드의 중요한 설정 중 하나거든요. 〈잘돼가? 무엇이든〉은 한 직장에서 일하는 두 여자가 하룻밤 함께 야근을 하면서 펼쳐지는 이야기예요. 이 이미지는 장편 데뷔작 〈미쓰 홍당무〉의 양미숙(공효진)과 서정희(서우) 커플로 이어지고, 〈비밀은 없다〉의 김민진(신지훈)과 최미옥(김소희) 커플로 또 이어지죠. 이경미 감독에게는 여자들의 이야기, 여자들끼리의 관계가 꽤 중요한 것 같아요.

윤옥 그래서였는지, 저는 이 영화를 정말 재미있게 봤거든요.

희정 우리가 재미있게 본 영화는 흥행에 참패하고 마는, 이런 딜레마를 어떻게 해야 할까요? 정말 이상한 것이 저는 이 영화가 참 잘 만들어진 영화라고 생각했는데, 사람들이 영화를 못 만들었다거나 혹은 여성 감독의 자의식이 너무 강해서 싫었다는 식의 평가를 하기도 해요. "실패한 스릴러"라는 등. 이런 판단의 간극이 어디에서 오는 건가 하는 생각이 들었어요. 그런데 재밌게 보셨다니까 궁금하네요. 어떤 부분이 재미있었나요?

윤옥　저는 반전이 너무 좋았어요.

희정　어쩔 수 없이 스포일러를 해야겠네요. 영화를 안 보신 분들은 감안해서 들어 주세요. ☺

윤옥　사실 처음에 영화를 따라갈 때는 몰입도가 떨어지기도 했어요. 이야기가 복잡하게 꼬이고, 등장인물이 많아지면서 '도대체 왜 이렇게 자세하게 펼쳐지는 거지?' 싶었거든요. 그런데 영화가 앞에서 꼬아 놓은 실타래를 풀어내기 시작할 때, 점점 더 몰입하게 되었죠. 양파 껍질 같다고 해야 할까요? 까도까도 계속 뭔가 나오는 기분이었어요. 그리고 끝에 가서 퍼즐 조각들이 맞춰지면서 "아, 이게 그랬던 거구나, 아아아 그렇구나" 하는 생각을 했죠. 어쩌면 인내심이 좀 필요한 영화였던 셈이고, 그래서 바짝 긴장하고 따라가지 않은 사람에게는 지루할 수도 있었을 것 같아요. 하지만 저는 마지막 반전에서 그 노력을 다 보상받은 느낌을 받았어요.

혜영　저 역시 왜 영화적으로 못 만들었다고 하는지 이해할 수 없어요. 이 영화가 관객들에게 익숙한 방식으로 매끄럽지 않은 부분은 있기 때문에 상업적으로 성공하지 못할 수는 있겠다고 생각했어요. 사실 영화가 상업적으로 성공하려면 사람의 기대에서 '살짝'만 벗어나야 하는데, 이 영화는 많이 벗어나는 부분들이 있기 때문에 호불호가 분명히 갈릴 것 같았죠. 하지만 그게 장르적으로나 영화적으로 못 만들었다는 의미는 사실 아니거든요. 추리하는 부분도 한 사람이 등장해 말로 다 설명하는 것이 아니라 굉장히 꼼꼼하게 짜여져 있어서 장르적 쾌감을 분명히 주고 있고요. 서사도 그렇고, 앵글이나 이미지도 그렇고, 오래 고민하고 꼼꼼하게 만든 영화라고 생각해요.

희정 맞아요. 새로운 이미지를 보여 주기도 했고요.

혜영 새로운 이미지들이 분명히 있었죠. 특히 연홍(손예진)을 아래에서 찍은 장면들이나 색감, 음악 등 실험적인 부분이 있었어요. 그러다 보니 이제 한국 관객들은 연출에 잔재미를 주려는 감독의 노력을 안 봐주는구나 하는 고민이 들더라고요.

희정 그런 노력을 높이 사지 않는 거죠. 자기 기대에 어긋나거나 너무 많이 미끄러지면 피곤하다고 느끼거나 어색하게 여기는. 이제 상업 영화가 과연 어디로 가야 하는가라는 고민이 들기도 해요.

윤옥 처음에는 선거와 얽혀 있는 스릴러 영화인가 했어요. 남자들끼리의 암투, 음모, 이런 거 있잖아요. 그런 남성 영화인가 했거든요. 하지만 그 기대가 배반당했고요. 선거와 정치 이야기는 그냥 배경이었죠. 그리고 그 기대가 배반당하는 순간부터 플롯이 매우 복잡해져요. 그러니까 불친절하다고 느꼈고요. 이게 중심일 거야 했더니 아니고, 그럼 저건가 했더니, 또 배반당하는. 그렇게 보면 〈비밀은 없다〉는 〈아가씨〉에 비해 상업적인 타협이 더 없었던 것 같아요.

희정 〈비밀은 없다〉가 비판받는 이유 하나가 남성 캐릭터와 정치판의 이야기가 너무 빈약하다는 것이었거든요.

지혜 저는 그냥 충분했던 것 같은데.

희정 우리는 충분하다고 생각하잖아요. 그냥 배경이니까요. 하지만 그런 이야기들에 익숙한 사람들은 익숙한 것이 안 그려지니까 부족하다고 느끼는 거죠. "남성 캐릭터가 너무 납작해서 충분히 설명이 안 되고 따라서 이 사회의 어두움이 더 드러나지 않았어"라는 식의 비평을 하는데, 저는 그게 남성 중심 서사에 익숙하기 때문에 가지는 비판이라고 생각하거든요. 남성 중심적인 서사에서는 여자들이 아무리 납작하고 설명이 부여되지 않아도 사람들이 못 만들었다고 비판하지 않아요. 그런데 여성 중심의 서사에서는 남성의 이야기가 적게 들어가면 뭐 저렇게 빈약해, 라고 얘기하게 되는? 이런 부분이 있다는 생각이 들었고요. 평론가 듀나는 한 비평에서 이런 이야기를 했어요. "(관객들은) 남자들이 잔뜩 나왔고 그들이 정치라는 엄청 중요한 일을 하고 있는데, 이렇게 영화 속에서 비중이 낮다는 사실을, 심지어 제대로 된 악역도 아니라는 사실을 인정하지 못하는 것이다. 영화가 끝나고 나서도 그들은 어리둥절해한다. 그리고 질문을 던지는데 그 질문 상당수가 손예진의 남편으로 나오는 김주혁에 대한 것이다. 이 사람은 누구지? 왜 이 사람에 대한 설명이 이렇게 조금 나오지? 이해가 안 돼."* 심지어 지금까지 탐정물에서 탐정이 되고 진실을 추적하는 것은 대체로 남성이었는데 〈비밀은 없다〉에서는 여성이 탐정인 거죠. 그러니까 남성 주체를 따라 영화를 보고 이해하는 것에 익숙했던 관객들에게는 갑자기 '멍청한 여자'가 나타나서 "생각하자, 생각하자" 하면서 진실을

* 듀나, "〈비밀은 없다〉 김주혁 연기가 희귀한 미덕이 된다는 건", 〈엔터미디어〉(2016/07/10).

밝혀내니까 당연히 어색하게 보였던 것이고요. 그러면서 "이거 못 만든 영화잖아"라고 생각하게 되는 것 같아요.

혜영 명대사 같아요. "생각하자, 생각하자."

— 지금까지 없었던 '엄마'의 등장

희정 저도 그 대사 너무 좋았어요. 생각하는 엄마의 등장. 제가 이 작품을 정말 좋아했던 이유가 한국 영화에 없던 엄마 캐릭터가 나오기 때문이었어요. 모성 이데올로기가 그려 내는 숭배의 대상이거나 아니면 이성의 언어로는 설명할 수 없는 괴물의 형상이 아닌, 얼굴을 가진 엄마가 등장해서 사회가 강요하는 모성으로부터 미끄러지면서도 자기 이성으로 상황을 판단하고 행동하는 모습이 나온 거죠. 이경미 감독은 연홍을 "영화 속에서 점점 더 똑똑해지는 캐릭터"라고 말하기도 했는데요. 연홍은 힐러리가 되고 싶었던 여자, 즉 영부인이 되고 싶었던 여자인데, 점점 자신의 알을 깨고 나와 다른 세상으로 나아가는 사람으로 그려지고 있어요.

윤옥 한편으로는 그런 생각도 들었어요. 그동안 한국 영화에서 공권력이 시민의 편에서 시민의 안전을 보호해 주기보다는 자본가나 정치인처럼 권력이 있는 기득권층에만 복무할 때, 그 현실이 드러나는 사건이 아이의 실종이잖아요. 〈괴물〉 같은 영화에서도 그랬고요. 그런데 그렇게 아이가 사라졌을 때 그 아이를 찾고 사건을 해결할 수 있는 것은 가족의 유대뿐인 거죠. 공권력은 아무런 역할도 못하고요. 사회정의라고 하는 것이 경찰이나 사법 권력에서는 이뤄지지 않기 때문에 개인과 가족의 유대로만 사건들을 해결할 수 있다는 것인데. 그 와중에 엄마가 스스로, 그리고 주체적으로 문제를 풀어 가고 해결했던 적은 없었던 것 같아요.

혜영 전혀 없지는 않고요. 〈오로라 공주〉2005나 〈공정사회〉2012 같은 작품들이 있잖아요?

모성 복수극의 계보와 '맘충'의 역습

한국 대중문화에서 볼 수 있는 지배적인 어머니의 이미지란 두 가지다. 그리고 그 둘은 모두 배우 김혜자의 얼굴로부터 읽어 낼 수 있다. 하나는 드라마 〈전원일기〉에 등장하는 자애롭고 지혜로운 '어머니 김혜자'이고, 다른 하나는 한국의 전통적인 모성 이데올로기를 비판적으로 재현하는 〈마더〉2009의 김혜자다. 영화에서 김혜자는 모성을 언어화되지 않는 광기로 그려 내면서 그 주변을 배회하는 수많은 모성 괴물들과의 친연성을 보인다. 아들과의 분리를 거부한다는 점에서 〈올가미〉1997, 〈소름〉2001 등의 모성 공포물과 연결되고, 자식을 위해 맹목적으로 달려든다는 점에서 〈에미〉1985와 〈오로라 공주〉를 비롯한 다양한 모성 복수극들과 만난다.

〈비밀은 없다〉의 연홍은 제3의 어머니, '맘충'에 가깝다. 어른이 되지 못한 어머니, 멍청한 어머니, 따라서 딸의 보살핌을 받아야 하는 어머니. 그렇게 사회가 승인하지 않았기 때문에 '벌레'가 되어 버린 어머니. 연홍이 모성 복수극의 다른 어머니들과 완전히 달라지는 지점은 여기다. 윤여정 주연의 〈에미〉에서 〈오로라 공주〉와 〈친절한 금자 씨〉를 지나 〈공정사회〉와 〈돈 크라이 마미〉2012 등으로 연결되는 모성 복수극은 대체로 전통적인 모성 이데올로기를 내면화하고 있다. 이들 영화에서 이 성스러운 본성이 실패하고 미끄러지는 것은 일차적으로는 어머니의 (아직은) 부족함 때문이지만, 궁극적으로는 이 사회가 타락했기 때문이다. 그러나 연홍은 그런 한계를 극복하고 자기만의 방식으로 '어머니'이자 진실을 추구하는 '탐정'이 된다. 그런 의미에서 〈비밀은 없다〉는 부당하게 혐오의 대상이 되었던 '맘충'이 가부장제 사회를 역습한 것이라 할 만하다.

희정 이렇게 모성 복수극이라고 얘기할 수 있는 영화들의 계보가 있기는 한데요. 그런 영화들과 〈비밀은 없다〉의 차이점이 뭐냐면, 다른 영화들은 이 사회의 제도와 법, 이성의 언어가 남성의 언어로 구성되어 있다고 상정하면서, 그런 제도가 여성, 특히 엄마의 답답함이나 억울함을 전혀 해결해 주지 못하는 거예요. 그래서 엄마들이 점점 미치광이가 되어 가죠. 그래서 이성적으로 "내 아이가 죽었어. 복수를 해야 해" 이렇게 연홍처럼 생각하는 것이 아니라 그저 미쳐서 날뛰는 엄마들로 나오거든요. 이런 영화들에서 엄마들이 어떻게 복수하냐 하면, 그러니까 법으로 해결이 안 되고, 범인들을 감옥에 넣을 수가 없고, 경찰의 도움을 받을 수도 없으니까, 스스로 괴물이 될 수밖에 없는 거죠. 그래서 물리적인 폭력을 휘두르면서 완전히 제도적으로 배제되고, 제도 밖으로 내몰리게 되거든요.

윤옥 엄마 스스로도.

희정 네, 엄마 스스로도요. 그런데 많은 작품들에서 엄마들이 아이를 언제 잃어버리게 되냐면, 남편 없이 혼자 아이를 키우는 엄마가 다른 남자랑 섹스를 하거나 연애 감정이 시작될 때, 그럴 때 아이가 납치를 당하거나 사고를 당해요. 여자가 자신의 욕망을 추구하면 좋은 엄마가 될 수 없다는 상상력이 언제나 존재하고, 또 한편으로는 그렇게 엄마의 욕망과 모성을 배치되는 것으로 놓음으로써 엄마 캐릭터들의 죄책감을 자극하는 거죠. 그래서 그런 죄책감 속에서 자기 파괴적인 방식으로 복수를 하고, 엄마 스스로도 자멸해 버리는 방식을 택해요.

윤옥 그렇게 본다면 〈비밀은 없다〉는 완전히 다르네요?

희정 네, 완전히 다르죠.

혜영 저는 지금 말씀하신 게 정말 중요한 포인트인 것 같아요. 엄마의 삶을 조건 짓는 것은 비단 공권력의 무능뿐만이 아니라 남성 중심의 가부장제가 함께 있는 거잖아요. 그래서 한 축에 무능한 공권력이 있다면 다른 한 축에 성차별적인 가부장제가 있고, 이런 남성 중심적인 시스템이 함께 작동하는 거죠. 그랬을 때 모성 복수극들이 아버지의 자리를 영화에서 지워 버림으로써 아버지에게는 책임이 없고 오롯이 어머니의 책임이라고 말하지만, 사실 부재하는 아버지는 그 자체로 책임이 있는 거죠. 그리고 "생각하자, 생각하자"는 "뭣이 중헌디"〈곡성〉, 2016만큼이나 명대사로 주목받았어야 하는 대사인데 너무 아쉬워요. 사실 이경미 감독 영화의 여성 캐릭터들은 좀 모호한 부분들이 있었어요. 아까 언급했던 〈잘돼가? 무엇이든〉에서 〈비밀은 없다〉까지, 여성 주인공들이 어떤 공통점을 가지고 있는데, 말하자면 어딘가 '멍청한 여자들'이라는 거예요. 시스템 안에서 억압당하면서도, 그 안에서 무언가 얻어 내려고 고군분투하는 사람들이거든요. 연홍이 힐러리가 되고 싶었던 것처럼, 무언가 얻어 내려고 사회의 법칙과 룰을 열심히 따라요. 막 고군분투하고요. 하지만 늘 그것이 뜻대로 잘 안 되는 거죠. 악독한 사장의 마음에 들려고 한다든가〈잘돼가? 무엇이든〉, 아내 있는 남자의 사랑을 얻으려고 한다든가〈미쓰 홍당무〉, 영부인이 되려고 한다든가〈비밀은 없다〉 말이에요. 시스템 안에서, 허락된 것 안에서 1등을 하려는 거죠. 그리고 그런 것들은 사실 관객들이 보기에는 정말 아무것도 아닌 것들이에요. 그런 의미에서 '멍청하다'는 것이죠. 저는 그런 이경미 감독의 캐릭터들이 살짝 의아했어요. 그래서 결국 어떻게 하겠다는 것인지 궁금했었죠. 〈미쓰 홍당무〉가 제시하는 '왕따들끼리의 연대'가 그래서 답일까 하는 생각이 들기도 했고요. 그런데 〈비밀은 없다〉에서는 그런 '멍청함'에서 한 발자국 나아갔다는 생각이 들었어요.

희정 연홍의 딸이 연홍에 대해 "우리 엄마는 멍청해"라고 말했던 것에서 볼 수 있는 것처럼, 이경미 감독도 자기 캐릭터들이 놓여 있는 상황을 잘 알고 있었던 것 같아요.

혜영 그럴 수 있죠. 그래서 "생각하자"라고 말하는 순간부터 연홍은 본격적으로 변신하기 시작해요. 남자들에게만 허락되어 있었던 진리에 대한 접근이 연홍에게도 가능해진 거죠. 옷도 화려하게 입기 시작하고요. 그렇게 점점 탐정으로서의 자질을 발휘하면서, 이성적으로 복수를 하게 되죠.

희정 이경미 감독이 〈비밀은 없다〉에서 연홍이 성장하는 캐릭터라고 한 것은 어쩌면 연홍만의 성장이 아니라, 이경미 감독 작품 속에서 여성의 성장이라고 볼 수도 있겠어요. 그런 의미에서 저는 연홍이 물리적 살인이 아닌 상징적 살인을 감행한 것이 정말 인상적이었어요. 그건 타인을 파멸시키는 것만큼이나 자기 성장을 의미하는 것 아닌가 싶었고요. 제가 정말 좋아했던 대사는 딸의 장례식장에서 연홍이 하늘을 보면서 "염병"이라고 내뱉는 말이었는데요. 그게 한편으로는 자기가 처해 있는 이 '염병 같은 상황'에 대한 정확한 인식이었고, 그게 성장의 계기가 아니었나 싶었어요.

윤옥 아, 그 대사. 정말 찰지게 하더라고요.

희정 아이의 장례식에 가서 남편이 하고 있는 이 정치쇼라는 것이 얼마나 '염병스러운 짓거리'인지를 보는 거예요. 그런데 얼마 전 이경미 감독님과 작품에 대해 잠깐 이야기 나눌 기회가 있었는데 그런 말을 하시더라고요. 연홍이 장례식장에 꽃무늬 원피스를 입고 가잖아요. 그 순간부터 똑똑해지기 시작한 것이라고. 그게 우리가 다 비슷하게 느끼는 그 지점들인 거죠. 이 영화는 그런 의미에서 완전히 다른 모성 재현이기도 하고, 또 한편으로는 완전히 다른 여성 재현이기도 한 것 같아요. 〈을당〉 "'김숙'이라는 현상" 편에 출연했던 심혜경 선생은 그래서 이렇게 말하기도 했어요. "이 영화는 모성 복수극이라기보다는 자기 탐구 복수극이다"라고요. 결과적으로는 "자기를 탐구해서 성장해 내는 영화이기도 하다"라고. 공감이 가더라고요.

윤옥 그러고 보면, 연홍 역시 못 본 척 타협하고 지나가고 싶은 지점들이 굉장히 많았을 것 같아요. 가족이라는 이름 안에 잉태되어 있는, 들춰 보고 싶지 않던 비밀들. 진실에 다가가면서 이것을 밝혀냈을 경우, 자기가 가지고 있는 국회의원 부인이라는 지위나 평온한 삶 같은 걸 다 내려놓아야 하니까요. 항상 여성들이 그런 갈등과 고민을 하게 되잖아요. 그런데 그런 안온한 자기 테두리를 벗어났다는 건, 자기 성장을 이뤄 냈다는 말로 설명할 수 있을 것 같아요.

혜영 남편의 성공을 통해 자신의 성공을 얻으려 했던 연홍은 이제 다른 삶을 살게 되겠죠.

희정 그거네요. "Girls Do Not Need a Prince." 우리는 백마 탄 왕자를 기다리게 하는 가부장제를 원하지 않는다.

생각하자, 생각하자

윤옥 〈아가씨〉와 〈비밀은 없다〉를 통해 나눠 본 한국 영화 이야기를 이제 마무리하겠습니다. 결론적으로는 "여자는 왕자를 필요로 하지 않는다", 그러기 위해서 "생각하자, 생각하자, 생각하자"인 것이네요. 이게 오늘 우리가 나눴던 이야기의 핵심이 아닌가 싶어요.

희정 진짜 정리 기가 막히게 잘하시는 것 같아요.

윤옥 네, 제가 좀 그렇지요? ☺

혜영 오늘 즐거운 시간이었습니다. 불러 주셔서 감사합니다.

+ 손희정이 덧붙이는 말

소설, 웹툰, 드라마, 케이팝 등 여러 대중문화 장르가 페미니즘 리부트 이후 달라진 여성 대중의 요구에 빠르게 부응했던 것과 달리, 영화는 그 변화가 가장 더디게 이뤄지고 있다. 여성 영화라는 문제의식으로 보면 2017년은 그야말로 참담한 수준인데, 상업 영화 개봉작 가운데 〈싱글라이더〉이주영 감독, 〈해빙〉이수연 감독, 〈유리정원〉신수원 감독, 〈부라더〉장유정 감독, 이렇게 단 4편만이 여성 감독 연출작이었다. 뿐만 아니라 2017년 흥행 영화 10위 안에 드는 작품 가운데 벡델테스트를 통과한 작품은 〈아이 캔 스피크〉 한 편이었고, 〈악녀〉 〈미옥〉 〈침묵〉 같은 작품들은 "여성 주인공 영화" 혹은 "벡델테스트를 통과한 영화" 등으로 홍보했지만, 오히려 여성 혐오적 재현을 선보이기도 했다. 2018년에는 〈소공녀〉 〈리틀 포레스트〉 〈허스토리〉 〈미쓰백〉 등 '여성'이라는 화두에 관심을 쏟는 작업들이 연이어 나오면서 화제를 불러 모았지만, 이 작품들이 여전히 '작은 영화', 즉 저예산 영화라는 점은 곱씹어 볼 만한 지점이다. 왜 이토록 한국 영화 산업은 굼뜬 것일까? 예산과 프로젝트 규모가 크고, 준비 기간이 길기 때문이기도 하겠지만, 다른 한편으로는 산업 구성원의 유연성이 떨어지고 또 '늙어 가는' 분야이기 때문은 아닐까 하는 고민이 든다. 케이블 방송의 드라마가 페미니즘 패치를 달고 더 흥미로운 서사를 선보이고, 넷플릭스를 비롯한 다양한 스트리밍 서비스가 유통망과 콘텐츠를 다변화하고 있는 지금, 한국 영화가 어떻게 정체기를 극복하고 새로운 활로를 찾아낼지 궁금하다. 그래도 굼뜬 산업과는 달리, 2018년 한국 영화 관객들은 좀 더 활발히 움직였다. 그중 〈미쓰백〉 상영 운동과 배우 한지민의 재평가는 중요한 사건으로 기록될 것이다. 더불어 서울국제여성영화제와 영화진흥위원회 성평등 소위가 주력하고 있는 "성평등 영화 정책" 추진 역시, 그 결실을 곧 보게 되기를 기대한다.

게임, 포르노, 인터넷 커뮤니티의 디지털 남성성

게스트 **최태섭**

성공회대학교 사회학과에서 박사과정을 수료했다. 문화평론가로 활동하며 『경향신문』을 비롯한 다양한 매체에 기고하고 있다. 한국 사회의 젠더 문제에 지속적인 관심을 갖고 집필 활동을 이어 왔으며, 특히 2000년대 이후 청년 남성들의 여성 혐오에 대해 관심을 갖고 있다. 『잉여사회』 『억울한 사람들의 나라』 『모서리에서의 사유』를 썼고 『열정은 어떻게 노동이 되는가』(공저), 『그런 남자는 없다』(공저)에도 원고를 보탰다. 최근 한국 사회의 남성성을 역사적/사회적으로 분석하는 『한국, 남자』를 썼다.

오늘의 주제

윤옥 오늘을 살아가는 여성 노동자들의 어려움을 속 시원히 파헤쳐 줄 평범한 여성 노동자들의 비범한 이야기 〈을들의 당나귀 귀〉!! 안녕하세요, 임윤옥입니다. 오늘은 〈을당〉 최초로 남자분을 모셨습니다. 손희정 선생님, 오늘의 주제 좀 소개해 주세요.

희정 〈을당〉에서 계속 다뤄 온 주제가 대중문화에서의 젠더 재현이라고 할 수 있을 텐데요. 그랬을 때 아무래도 여성의 문제에 더 방점이 많이 찍혀 있었죠. 그게 이 방송의 기획 목표이기도 했고요. 오늘은 남성의 문제로 시선을 돌려보려고 합니다. 특히 여성 혐오 문화와 남성성의 관계에 대해 살펴보려고 하는데요. 남성은 어떻게 여성 혐오 문화를 내면화하고 학습하는가, 또 그런 문화를 재생산하고 있는가, 이런 문제입니다. 대중문화와 한국사회, 청년 문제, 그리고 남성성의 문제를 계속 연구하고 계신 최태섭 선생님을 모셨습니다.

태섭 안녕하세요, 최태섭입니다. 제가 유일한 남자 게스트라니, 영광입니다. 😃

윤옥 반갑습니다. 여성 혐오를 끊임없이 생산하는 그런 남성의 세계에 대해 한 번쯤은 다뤄 보는 것이 의미가 있을 것 같아서 이렇게 모시게 되었어요. 〈을당〉 청취자들 중에는 아들을 키우는 여성들도 꽤 많을 텐데요. 남자아이를 이해하는 데에도 도움을 받을 수 있지 않을까 싶어요.

희정 실제로 현장에서 10대에서 20대 초반의 남성들을 만나는 선생님들 이야기를 들어 보면, 그 또래 남성의 여성 혐오가 정말 심하다고 하거든요. 얼마 전에 '성평등 교육 강사'를 양성하는 교육에 갔었는데요. 강의 들으신 한 선생님께서 이런 이야기를 하시더라고요. 10대 중반인 아들이 "엄마, '메갈'이야?"라고 물었을 때, 뭐라고 설명해야 할지 막막했다고. 왜 이렇게 10대들 사이에서 페미니즘 낙인찍기가 심해졌는지, 그것은 이 사회의 여성 혐오 문화와 어떻게 연결되어 있는지가 저의 큰 고민이기도 해요. 최태섭 선생님은 남초 사이트(남성 유저의 비율이 높은 사이트), 온라인 게임, 디지털 포르노그래피와 같은 온라인 공간을 중심으로 여성 혐오를 연구하시는 분이라, 귀 기울여 들을 만한 이야기를 해주시지 않을까 기대하고 있습니다. 오늘의 이야기를 시작해 볼게요.

악화가 양화를 구축한다

태섭 시작하기 전에 이 부분은 우선 말씀드려야 할 것 같아요. 디지털 문화 때문에 여성 혐오가 생겨난 것은 아니고, 사실 여성 혐오의 역사는 유구하다는 겁니다. 사실 여성 혐오의 역사를 따지려면 기원전부터 살펴봐야 하겠죠. 그래서 디지털 문화 때문에 여성 혐오가 생겼다기보다는 디지털 문화라는 것이 현대인의 삶에서 중요한 부분을 차지하고 있기 때문에 디지털 문화를 더 고민해야 한다는 생각이에요. 하지만 디지털이라는 공간이 과거와는 다른 분기점을 만든 건 사실이에요. 익명의 다수와 만날 수 있고, 그들과 메시지를 주고받을 수 있다는 점, 그래서 확장성 자체가 예전과는 달라졌다는 점. 이런 부분들은 기억할 필요가 있어요. 그리고 디지털 관련 활동이 남성의 활동에서 큰 지분을 차지하고 있는 것 역시 사실이죠. 이게 다른 활동들과 비교했을 때 남성이 시간과 돈을 더 많이 투여하는 활동이거든요. 그리고 이런 경향은 특히 청년 남성에게 있어 더 강하고요.

윤옥 그랬을 때, 우리가 주목해 보아야 하는 것이 게임, 포르노그래피(이하 '포르노'), 남초 사이트, 이 세 분야라는 것이죠?

태섭 그렇습니다. 이 세 가지 분야가 자발적으로 참여하는 여가 활동의 대부분을 차지하고 있거든요. 자기가 하고 싶어서 하고, 그렇기 때문에 이런 활동을 통해 만나는 메시지와 정보는 훨씬 더 잘 받아들이는 거죠. 교과서보다 인터넷 글이 재미있잖아요. 그건 누구도 부인할 수 없죠. 그렇다 보니까 확실히 중요한 공간이 된 거죠.

윤옥 남성 청년들이 디지털 여가에 얼마나 시간을 들이는 건가요?

태섭 스마트폰 이전과 이후가 확 달라지는 것 같아요. 예전에는 사용시간에 제한이 있었는데, 스마트폰이 등장하면서 언제, 어디서든 인터넷에 접속할 수 있게 되었어요. 그에 따른 변화가 상당하고요. 게임 역시 마찬가지예요. 그래서 우선 이 '사이버 스페이스'cyber space라는 것이 지금 현재 어떤 모습인지 살펴볼 필요가 있겠어요. 사실 '사이버 스페이스'(이하 '온라인 공간')라는 말도 요즘엔 잘 안 쓰는 옛날 단어죠. 일단 첫 분기점을 따져 보면 PC통신에서 인터넷으로 넘어가는 시점이었던 것 같아요. PC통신은 이전부터 있었지만 그 안의 익명성이나 사용도가 지금하고는 달랐거든요. 그리고 PC통신에서는 사용자들끼리도 훨씬 점

잖았죠.

윤옥　그랬나요?

태섭　네. 게시판에서 상소리를 내뱉고 이러면 사람들이 문제 제기한다든가, 혹은 자체적으로 자정 능력도 있었어요. 하다못해 회원 자격을 제한하는 '계정 정지'라도 할 수 있었거든요. 하지만 지금 인터넷에서는 그럴 수가 없죠. 그래서 제 생각에는 지금의 온라인 공간은 계속 '악화가 양화를 구축'하는 상태인 것 같아요. 한때는 인터넷이 전자 민주주의를 가능하게 해줄 것이라고 했지만.

희정　공론장이 형성될 것이라며.

태섭　그런데 사실 형성된 것은 공론장이 아니라 '하치장'인 것 같아요. 초기에는 좌파나 페미니스트들도 온라인에서 가능성을 찾아보려고 했지만, 이제 그런 상황은 아닌 것이죠. 지금은 온라인 소통의 기본 설정 값은 '모욕'이 되어 버렸어요. 상호 모욕을 전제로 싸우고. 그러다가 그 싸움이 좀 더 과격해지면 이제 상호 고소·고발전으로 치닫기도 하고요.

윤옥　온라인 공간이 열리면서 악화가 양화를 구축한 그 역사가 지금 한 10년 정도.

희정　저는 최태섭 선생님 말에 공감하면서도 완전히 동의할 수는 없는 게, 쭉 악화가 양화를 구축해 왔다기보다는 계속 어떤 식의 가치들을 살리려고 하는 흐름이 돌아왔다가 밀려났다가 하는 것 같거든요. 예컨대 1990년대 후반에서 2000년대 초반까지 온라인 공간이 페미니즘 운동의 가능성을 열어 줄 것이라는 믿음을 가진 사이버 페미니스트들이 활동했고, 한풀 꺾인 게 아닐까 싶을 때는 또 집단지성이나 웹2.0을 말하는 참여형 인터넷이 세상을 바꿀 거라는 믿음이 트위터와 함께 등장했잖아요.

웹2.0과 트위터

웹2.0은 웹1.0과 달리 데이터의 소유자나 독점자 없이 누구나 손쉽게 데이터를 생산하고 인터넷에서 공유할 수 있도록 한 사용자 참여 중심의 인터넷 환경이다. 예컨대 전문가가 지식을 제공하는 방식이 아니라 유저들이 자유로이 접속해서 내용을 덧붙일 수 있는 위키위키WikiWiki 형태의 백과사전이 대표적인 예다. 이런 웹2.0은 "한 명의 천재보다 범인 여럿의 협업이 더 좋은 결과를 가져올 수 있다"는 철학인 집단지성을 바탕으로 한다. 다중이 활동할 수 있는 SNS는 등장 초창기에 이런 웹2.0과 집단지성의 발현장으로 기대를 모았다.

태섭　그러니까 새로운 방식의 공간이 열렸을 때 처음에 들어오는 사람들은 대체로 그렇게 굉장히 희망에 찬 사람들이에요. 그런데 거기 더 많은 사람들이 유입될수록 성격이 바뀌고 주도권을 빼앗기는 거죠. 그게 반복되고 있는 것 같아요.

윤옥　그게 사회변동하고도 관계가 있을까요?

희정　아무래도 그렇겠지요? 사회가 점점 각박해지고 무한 경쟁과 생존주의만 남았을 때, 온라인에서의 삶도 그렇게 따라가게 되는. 그것이 어쩌면 이야기의 시작에서 최태섭 선생님이 "디지털 문화가 여성 혐오를 만든 것이 아니다, 여성 혐오를 반영하고 있을 뿐이다"라고 했던 말씀과 맞닿아 있을 듯해요.

태섭　종종 하는 생각인데요. 2000년대 초반에 우리가 사회적으로 인권에 대해 나눴던 대화들이 얼마나 격조 높은 것이었는가라는 생각을 하거든요. 그럼 그 10여 년간 도대체 한국 사회에 무슨 일이 있었나 질문하게 되죠.

윤옥 듣고 보니까 그런 것도 같아요. 1990년대 말부터 신자유주의화가 가속화되면서 이제 우리에게 남은 것은 각자도생이라는 삶의 조건이고, 그러다 보니 서로가 서로를 '디스'disrespect, dis하면서 생존을 추구하게 된 것이 아닌가 싶네요. 온라인은 그런 디스의 공간이면서도 배설구의 공간이 되어 버린. 사회에서는 또 자기 발언을 할 수가 없으니까요.

태섭 그렇게 점점 냉소하게 된 거죠.

윤옥 그러니까 온라인 공간만 악화가 양화를 구축한 게 아니고 우리가 살아가는 이 세계에서도 악화가 양화를 구축해 온 셈이네요.

—— 디지털 여가와 디지털 남성성

태섭 이야기를 계속 이어가 볼게요. 인터넷 이용률을 보면 2015년 기준으로 85.1퍼센트예요.* 그래서 사람 수로 따지면 4194만 명 정도가 인터넷을 쓰죠.

희정 국민 중 85.1퍼센트가 인터넷을 사용하고 있다?

태섭 이 중 여성 이용률이 2000만 명이 조금 넘어요. 50퍼센트 조금 아래쪽이에요. 그리고 여성의 이용 수치는 연도별로 보면 계속 증가하고 있어요. 하지만 최근까지 웹 문화 자체는 굉장히 과잉 남성화되어 있었던 것 같아요. 접속 건수로 페이지들에 순위를

* 「2016 인터넷 이용 실태조사」, 한국인터넷진흥원, 2016.

매기는 랭킹 사이트에 따르면, 한국의 50대 사이트 가운데 '네이버'나 '다음' 등 상업 사이트를 제외하고 커뮤니티 성격의 사이트들에 한정해서 보면 '나무위키' 13위, '루리웹' 27위, '오늘의 유머' 19위. 이런 식이거든요. 그리고 '뽐뿌'라고, 처음에는 주로 핸드폰 정보 교환 사이트였다가 지금은 남성의 소비문화와 연결되어 있는 대형 커뮤니티가 있는데, 거기가 21위, '클리앙'이 22위, '일간베스트'(이하 '일베')가 24위입니다. 그렇게 살펴보면 50위 안에 드는 커뮤니티 사이트는 대체로 남초 사이트죠.

희정 저는 한국의 인터넷 문화가 과잉 남성화되어 있다는 말씀에 너무 동의하고요. 실제로 여성 유저들도 남성인 것처럼 행동하거나 남성화되어 있는 부분이 있다고 생각하거든요. 그러니까 문화 자체가 남성 중심적으로 구성되어 있는데 균열이 생기기 시작한 것이 2015년 '메갈리안 미러링'이었던 거죠. 저는 그게 "실은 나 여자였다"라고 밝히는, 일종의 커밍아웃의 계기였다고 생각하거든요.

윤옥 정말 그런 일들이 벌어졌어요?

태섭 네. 그러니까 사실 이런 커뮤니티의 원류 격이라고 할 만한 '디씨인사이드'(이하 '디씨') 같은 경우에 그 안에서 활동하는 여성 유저가 많았지만, 여성이라는 사실이 드러나는 순간 여러 가지 불이익이 있기 때문에 남성 코스프레를 한 경우도 많았죠.

윤옥 불이익이라고요?

태섭 성희롱 쪽지라거나, 만나자고 조른다거나.

윤옥 남자인 척하는 게 편한 거네요?

태섭 그렇죠. 그래서 이런 커뮤니티 게시판의 기본 설정 값은 '남자'

인 거죠. 물론 여성이 많은 갤러리가 몇몇 있었는데요. 그런 갤러리를 제외하고는 다 그랬던 거죠. 그러다가 딱 메갈리안 미러링이 터졌을 때 거기에 올라오는 글들을 보면 완벽하게 디씨 문법인데 성별 반전이 되어 있는 거예요. 그러니까 이것은 그동안 계속해서 관찰하고 사용해 왔던 익숙한 문법이라는 것이죠. 디씨와 같은 소위 '남초 사이트'를 여성도 계속 향유해 왔다는 말인 거죠.

희정 그래서 '메르스 갤러리'에서 여성들이 미러링을 시작했을 때 한국 사회의 첫 반응이 "여자들이 저렇게 재미있을 리 없다, 저렇게 험한 말을 할 리 없다"는 것이었죠. 하지만 그건 메갈리아 이전에도 여성의 유희이기도 했다고 생각해요.

태섭 또 다른 한편으로 온라인의 남성 편향은 댓글에서도 드러났어요. 네이버 뉴스를 기준으로 댓글 다는 사람의 77퍼센트가 남성이거든요. 그것도 몇몇 유저가 반복적으로 달고 있는 거고요. 사실 한국에서 워낙 여론을 수렴하는 창구가 없으니까 인터넷에 그렇게 무자비하게, 혹은 무절제하게 달리는 것인데요. 그것을 언론사가 '여론'이라면서 기사화하니까 더 문제였어요. 댓글의 77퍼센트가 남성 의견인데, 그것을 '여론'이랍시고 기사화했을 때, 그 기사의 젠더 편향성이란 불 보듯 뻔한 거잖아요? 여기에서 우리가 강조해야 할 건, 온라인 공간에서 여성들이 많이 활동하고 있었지만, 그 대표성이 남성들에게 몰리면서 남성이 절대 다수인 것처럼 보여 왔다는 사실이죠.

희정 포털사이트에서 이제 댓글 성비를 보여 주잖아요. 그거 보고 있으면 좀 재미있어요. 저 같은 사람이 쓰는 칼럼의 댓글에는 남성 성비가 월등히 높아요. 한번은 이런 일이 있었는데. 제가 '소라넷'에 대한 칼럼을 썼고, 그 칼럼이 당시 메갈리아 사이트에 공유가 된 거예요. "남자들이 말도 안 되는 댓글을 달고 있으니, 우리가 화력 지원해 주자" 이렇게요. 그래서 그 칼럼의 경우에는 여성 댓글 비율이 꽤 높았어요.

윤옥 저는 정말 잘 몰랐던 세계네요.

태섭 아까 말씀드렸다시피, 특히 스마트폰이 보급되면서 더 그렇게 되었는데요. 이게 여가 활동에도 영향을 많이 줘요. 문화체육관광부에서 2년에 한 번씩 여가 활동을 조사해요. 2014년 조사에 따르면 국민들이 제일 많이 한 여가 활동은 TV 시청이었어요. 51.4퍼센트. 압도적이죠. 그런데 2위가 인터넷 검색과 SNS, UCC 제작 이런 거였어요. 11.5퍼센트.*

희정 여전히 간극은 좀 크네요.

태섭 네. 간극은 큰데, 그래도 많이 하는 편이죠. 그리고 3위가 산책. 산책은 사실 취미라고 하기에 좀 미미하고, 사람들은 걸으면서 또 뭔가를 하잖아요. 산책이 4.5퍼센트고 4위가 게임으로 4퍼센트 정도.

희정 이것은 큰 숫자 같네요.

태섭 네. 그러니까 디지털 관련 활동이 2위, 4위인 거죠? 그리고 중복 응답률을 포함해 보면 인터넷이 30.8퍼센트, 게임이 13.8퍼센트 이렇게 되는 거죠. 그리고 연령이 어릴수록 디지털 쪽 비중이 높아져요. 그중에서도 게임이 컸어요. 게임은 남녀 차도 좀 있는

* 「2014 국민여가활동조사」, 문화체육관광부, 2015.

편이고요. 남성이 6.8퍼센트, 여성이 1.3퍼센트를 이용했다고 나왔거든요. 여기서 주목할 만한 수치는 청년 남성의 경우, 그러니까 10, 20대 남성의 경우에는 전체 여가 시간의 3분의 1 정도를 디지털 활동에 사용한다는 거예요.

희정 그리고 그 디지털 활동의 대부분이 게임, 포르노, 남초 사이트.

윤옥 그런데 이렇게 포르노가 디지털 여가에 들어갈 만큼 비중을 차지해요?

태섭 디지털 기술과 관련된 활동에서 포르노가 차지하는 비중은 언제나 높아요. 워낙 음성화되어 있기 때문에 정확한 규모를 파악할 수는 없지만, 현재 디지털 콘텐츠에서 포르노가 차지하는 비율을 추산해 보자면 20~30퍼센트에 달한다고들 하죠.

희정 그리고 이게 포르노를 어떻게 규정하는가 하면 굉장히 논란이 분분하기는 하지만, 예컨대 성적인 콘텐츠라고 규정한다면, 디지털 성범죄에서 어느 정도의 소프트한 성적 콘텐츠까지를 아우른다고 하면 저는 50퍼센트라고도 얘기할 수 있을 것 같아요. 예컨대 제가 수업을 준비하거나 이러면서 여러 가지 이미지 자료들이 필요해서 구글에 들어가서 검색을 하면 어떤 단어를 넣더라도 반드시 포르노적인 여성의 이미지가 검색에 걸려 나오거든요. 성적인 콘텐츠가 디지털 콘텐츠의 상당 부분을 차지하고 있다는 건 과장이 아닐 거예요.

태섭 사실은 그냥 언론사 사이트만 들어가도 계속 나오잖아요. 그 옆에 붙어 있는 광고들도 포르노적이죠. 발기부전 치료제 광고부터 시작해서 노골적인 포르노 공유 사이트 광고까지, 엄청나게 많이 나오잖아요. 상당히 보편적인 셈이죠. 어쨌거나 저는 이 세 가지가 10, 20대 청년 남성들이 사회적 관계 맺기에서부터 지식과 정보를 습득하는 과정, 그리고 욕망과 쾌락이 만들어지는 방식에 깊게, 큰 영향을 미치고 있다고 생각해요.

게임과 남성

태섭 우선 게임부터 이야기해 볼까요. 2016년에는 젠더 이슈와 관련해 게임에서 이런저런 사건이 좀 있었어요. 그건 아무래도 어떤 변화가 생기고 있다는 의미겠지요.

윤옥 어떤 일들이 있었을까요?

태섭 일단 게임 회사인 '넥슨'을 둘러싼 사건들을 얘기해야 할 것 같아요. 2016년에 '넥슨 사태'라고 부를 만한 사건이 두 번 있었거든요. 한번은 넥슨에서 300억을 들여서 새롭게 개발한 신작 〈서든어택 2〉Sudden Attack 2를 풀었는데, 이 게임이 부적절한 묘사로 문제가 되었죠. 일부 남성 유저들조차 동의할 수 없다고 했으니까요. 여성 캐릭터의 노출이 너무 심각할 뿐만 아니라, 이때 공개된 티저 광고에서 문제적인 장면이 있었죠.

〈서든어택 2〉

넥슨GT가 개발한 온라인 슈팅 게임 〈서든어택〉의 2탄. 개발 기간은 4년, 개발 비용은 300억 원이 소요된 것으로 알려져 있다. 게임성 논란과 각종 고증 오류 등 게임 내외적으로 문제가 많아 23일 만에 서비스를 종료했다.

희정 〈서든어택 2〉는 그저 가슴이나 엉덩이 등을 지나치게 강조하는 왜곡된 신체 사이즈나 옷, 이런 것뿐만 아니라 여성에 대한 성폭력과 살인이 암시되었기 때문에 문제가 되었어요. 여성 캐릭터가 성폭행을 당한 모습인 것처럼 길바닥에 널브러져 있는데, 그때 여성의 성기가 강조되는 앵글로 촬영이 된 거죠. 심지어 이 캐릭터가 강남역 10번 출구를 걸어가는 이미지가 나오면서, 이거 의도적인 모독 아니냐 논란이 됐던 거죠. 2016년 강남역 여성살해 사건 이후에 나온 게임이니까요.

태섭 저는 의도라고 생각하진 않았지만, 어쨌든 겹쳐져 보일 수밖에 없는 시점이었던 것 같아요. 그래서 여성들이 시위를 조직했고, 넥슨에서는 문제가 된 캐릭터의 노출을 많이 삭제했어요. 그리고 3개월 만에 이 게임의 서비스는 종료가 되었는데요. 그게 사실 여성의 투쟁이 승리했다고 보기에는 좀 애매했던 것이 〈서든어택 2〉라는 작품 자체가 워낙 작품성도 떨어지고 인기가 없었기 때문에 문을 닫은 거였으니까요. 어쨌거나 그게 1차 사건이었고, 2차 사건이 넥슨과 계약되어 있었던 성우 K씨의 "Girls Do Not Need a Prince"(여자는 왕자를 필요로 하지 않는다) 티셔츠 사건이었어요.

"Girls Do Not Need a Prince"와 넥슨 게이트

넥슨에서 서비스 중이었던 〈클로저스〉Closers라는 게임에서 '티나' 캐릭터의 목소리를 연기했던 성우 K가 페이스북 '메갈 저장소 4'에서 띄운 텀블벅에 참여하고 그 리워드로 받은 "Girls Do Not Need a Prince"라고 쓰인 티셔츠를 입은 인증샷을 트위터에 올리자, 이에 반발한 남성 게임 유저들이 넥슨에 성우 K의 해고를 요구했던 사건. 문제 제기 하루 만에 넥슨은 성우 K의 계약을 해지하고 티나의 목소리를 다른 성우로 교체한다. 이는 웹툰에서 '메갈' 작가를 검열해야 한다는 '예스컷' 운동으로 이어진다. 한편 정의당 문화예술위원회에서 "노동자의 정치적 목소리를 탄압하지 말라"는 취지의 논평을 발표하고, 정의당 역시 '메갈당' 논란에 휩싸이면서 대거 탈당 사태가 벌어졌다.

이 사건은 이후 게임과 웹툰에서 메갈 일러스트레이터를 검열해야 한다는 '예스컷' 운동으로 이어지죠.

희정 국가가 메갈을 검열해야 한다는.

태섭 네. 방송통신위원회(이하 '방통위')의 검열을 우리는 적극 찬성한다"는 거였어요. 이건 정말 한 번도 생각해 본 적이 없는 일이에요. 정말 이상한 일이잖아요? 만화의 내용을 문제 삼는 것도 아니고, 그냥 작가가 메갈이니까 방통위에서 검열하라고 하는 것이요. 생각해 보면 여기에 메갈은 '여자 일베'라는 도식이 적극적으로 활용된 것 같아요. 이 사건과 맞물려서 『시사IN』 절독 사태가 벌어지는데, 사실 예스컷과 『시사IN』 절독은 아귀가 딱 맞는 사건은 아니에요. 『시사IN』의 경우에는 연령대가 좀 더 높아지거든요. 30~40대 남성으로.

『시사IN』 절독 사건

2016년 8월 27일 발간된 『시사IN』 통권 427호에 게재된 "정의의 파수꾼들?"이라는 기사가 문제가 되면서 일어난 대규모 절독 사태. 이 기사는 넥슨 게이트를 둘러싼 일련의 사태를 빅데이터를 중심으로 분석했다. 이 기사는 메갈리아 티셔츠 인증 사태 이후 온라인에 분노한 남자들이 대규모로 쏟아졌다는 결론을 도출했다. 기사에 따르면 사건 직후 나무위키에 올라온 메갈리아 비판 항목만 따져도 대하소설 『태백산맥』의 분량에 달한다고 밝혔다. 이에 남성들이 『시사IN』이 편향적인 기사를 올렸다고 비판하면서 대거 절독했다.

희정 그러면 넥슨 사태랑 『시사IN』 절독까지를 합치면 10대부터 40대까지를 방대하게 아우르는 반메갈 혹은 반여성 전선이 있었다는 거네요?

태섭 그리고 그런 광범위한 반여성 전선이 '불매'라는 방법론을 취하고 있었다는 것이 좀 흥미롭죠. 사실 불매운동은 2015년 이후 여성들이 대중문화의 여성 혐오 문제와 싸울 때 굉장히 활발하게 벌였던 운동이고, 나름대로 성공적이었죠. 특히 문화예술계 주요 소비자는 여성이기 때문에 불매가 페미니즘의 방법론이 될 수 있었던 건데, 게임에서만은 아직 남성 소비자들의 목소리가 더 큰 거죠.

윤옥 성비 차가 압도적인가요? 여자들도 게임 많이 하잖아요? 우리 딸은 〈마비노기〉 이런 거 열심히 했었는데?

태섭 〈마비노비〉가 여성 유저가 많은 몇 안 되는 게임이에요.

윤옥 그러면 지금 게임 산업에서는 다 남성 유저들을 주요 소비자층으로 상정하고 캐릭터를 만들고 스토리를 짜고 그러는 건가요?

태섭 두 가지 방면에서 다 그렇다고 볼 수 있는데요. 2016년을 기준으로 한국의 전체 문화 산업 규모가 105조 5100억인데 그중 게임이 10조 8900억이고요. 문화 산업 전체 수출액이 60억 806만 달러인데 그중 게임이 32억 7734만 달러 정도거든요? 결국 게임이 전체 콘텐츠 산업 규모의 10분의 1, 콘텐츠 수출액의 56퍼센트 정도를 차지하고 있어요.*

윤옥 아, 게임을 수출하기도 하나요?

* 「2017 콘텐츠 산업 통계조사」, 문화체육관광부, 2018.

태섭 네. 우리는 케이팝이나 영화, 드라마가 한류의 중심이라고 하지만, 사실 다 합쳐도 게임만큼이 안 되는 상황인 거죠. 그리고 2016년 기준으로 전 국민의 67.9퍼센트가 게임을 이용해요.

윤옥 그러면 70퍼센트라는 말이잖아요. 진짜 높네요. 이거 전 연령대인 거죠 지금?

태섭 네. 그래서 여성도 그렇게 게임을 안 하는 편은 아닌데요. 그래도 여전히 여성에 비해 남성의 지출 금액이 두 배 정도 된다는 것이죠. 그건 큰 차이예요.

윤옥 그러네요.

태섭 다른 한편으로는 2014년 기준으로 게임 산업에 종사하는 여성 노동자가 21.2퍼센트인데요. 게임 산업 내 남녀 성비가 4대 1 정도 되는 거죠? 그래서 결국 게임 제작 문화 자체가 남성 중심적이에요. 이렇게 두 가지 면에서 게임은 남성 주도적인 시장이라 할 수 있어요. 최근 들어 점점 여성 인력과 여성 유저의 유입이 늘어나고 있긴 하지만, 게임이 남자들의 영역이라는 고정관념이 여전히 작동하고 있는 것은 사실이에요.

희정 불매운동이 페미니즘만의 방법론이 아니라는 것에 대해서는 고민하게 되네요. 소위 '역불매'라는 것도 가능하니까요.

태섭 저도 사실 그 문제에 대해 고민이 많았는데요. 결국 이 점이 현재 소비자 운동의 한계가 아닐까 생각해요. 소비자 운동이 성립하기 위해서는 내가 그 물건이나 서비스를 구매하고 있는 사람이어야 하잖아요. 뮤지컬을 원래 안 보는 사람이 뮤지컬을 불매한다고 해서 의미가 생기기 어렵고, 게임도 마찬가지죠. 하지만 사회는 연결되어 있고 내가 그 존재를 모르더라도 사회를 통해 나에게 영향을 끼칠 수 있잖아요. 하지만 소비자 운동이라는 방법만으로는 내가 소비자임을 입증할 수 없는 영역들에 대해서는 개입하기 어려운 거죠. 그래서 구매 또는 불매의 선택이라는 운동을 넘어서는 방법이 무엇이 있으며, 어떻게 그 논리를 만들어 낼 수 있는지를 많이 생각해 봐야 하는 것 같아요. 어쨌거나 '게임과 여성의 관계'에 대해 좀 더 생각해 보자면, 우리는 또 두 가지를 고민해 볼 수 있어요. 첫째는 여성 재현의 측면, 다른 하나는 게임 산업 내에서의 여성의 위치. 우선 재현을 보자면, 정말 문제가 많았죠. 너무 천편일률적이고요. 게임 속 여성들은 대체로 젊고 육감적인 미모의 여성이 노출 있는 옷을 입고 등장하는데요. 또 대체로 남자 주인공을 서포트하거나 남자 주인공이 미션을 끝내고 나면 트로피로 주어지는 식이죠.

희정 저는 게임을 잘 모르지만, 어렸을 때 했던 〈슈퍼 마리오〉Super Mario가 떠오르네요. 남자 둘이 막 버섯을 밟으면서 뛰어다니다가 악당을 다 무찌르고 나면 용에게 잡혀 있던 공주를 구할 수 있게 되죠.

태섭 〈슈퍼 마리오〉가 정말 전형적이죠. 그런데 북미를 중심으로 최근에는 이런 재현을 지양하자, 그리고 현실에 가까운 여성의 모습을 묘사하자는 흐름이 있어요. 그래서 대표적으로 〈오버워치〉Overwatch 같은 경우에는 다양한 인종과 다양한 체형, 그리고 다양한 섹슈얼리티의 여성들을 등장시키기도 하고요.

〈오버워치〉

블리자드 엔터테인먼트에서 2016년 런칭하여 배급하는 다중 사용자 1인칭 슈팅 게임. 다른 슈팅 게임에 비하여 여성 유저가 많은 것으로 알려져 있다. 그 이유로는 다른 게임의 여성 캐릭터들이 과도한 노출이나 싸움에 걸맞지 않은 의상을 선보이고, 지나치게 왜곡된 신체 사이즈를 가지고 있는 반면, 〈오버워치〉의 여성 캐릭터들은 다양한 신체 사이즈와 연령, 성정체성 등을 선보이면서 여성 유저들이 거부감 없이 게임을 즐길 수 있게 되었다는 점이 꼽힌다. 게임은 각각 6명의 플레이어로 구성되는 두 팀이 전투를 벌이면서 진행된다. 거점을 먼저 확보하거나 화물이 실린 수레를 특정 지점까지 먼저 이동시킨 팀이 승리하게 된다. 플레이어는 팀 내의 조화를 고려해 공격, 수비, 돌격, 지원 등으로 역할이 나뉘는 영웅 캐릭터 중 한 명을 고를 수 있다. 게임 도중 캐릭터가 죽거나 본부로 돌아가면 횟수에 제한 없이 다른 영웅 캐릭터로 바꿀 수 있다는 점이 특징으로 꼽힌다.

윤옥 미국이 그런 변화를 가져오게 된 게 여성들이 이 게임에 많이 유입되면서 소비자층이 바뀐 까닭인가요? 아니면 그냥 어떤 시대적 흐름을 반영하는 거예요?

태섭 아무래도 둘 다일 것 같아요. 일단 게임 개발 인력 중에 여성 인력 비율이 좀 더 높은 것 같고요. 팀장급이나 프로듀서 총괄 같은 급에서 여성들이 종종 보이거든요.

윤옥 우리나라에서 이런 변화가 오려면 시간이 좀 필요하겠죠?

태섭 한국도 많이 변하고는 있어요. 미국이라고 그렇게 다른 상황도 아니고요. 사실 북미에서도 '게이머 게이트'라는 사건이 있었는데, 얼마나 게임 내 여성 차별이 심한지 보여 줬던 사건이죠. 한 여성 개발자가 우울증을 주제로 한 게임을 개발했고, 그 게임이 주요 게임 유통 사이트인 '스팀'Steam이라는 곳에 올라와요. 그런데 이 개발자의 전 남자 친구가 "그 여자가 게임을 스팀에 등록하기 위해 다섯 명의 게임계 유력 인사와 잤다"는 소문을 퍼트린 거죠.

희정 정말 전형적이네요.

태섭 그런데 난리가 난 거예요. 게임계와 관련 웹진뿐만 아니라 『뉴욕타임즈』『워싱턴포스트』 같은 유력 매체까지 이 문제를 다루고, 갑론을박이 뜨겁게 불타오른 거죠. 온라인과 오프라인을 넘나드는 아수라장이 펼쳐졌고, 그 게임 개발자는 성희롱, 성폭력 위협까지 당하는 상황이 됐어요. 하지만 결국 그 음해는 사실무근임이 드러났고요. 문제는 그때 이 남성 게이머들이 "우리가 여전히 옳다. 이건 게임 웹진들이 자기랑 친한 게임 개발자들을 밀어주는 관행에 대한 정당한 문제 제기였다"는 식으로 포장해 버렸어요.

희정 실제로는 여성 게임 개발자가 다섯 명의 남자랑 자면서 자기 섹슈얼리티를 팔아 성공했다는 '주작'에 가장 분노했으면서, 그게 사실무근으로 드러났을 때는 "아니야. 우리는 게임 판의 정의를 위해서 싸웠던 거야"라고 얘기하는.

윤옥 어쩜 그렇게 정리를 쌈박하게 잘하세요?

희정 너무 흔하고 친근한 얘기라서요.

태섭 한국에서도 여성 게이머에 대한 근거 없는 공격이 있었어요. '게구리'라는 프로 게이머가 있었는데요. 〈오버워치〉를 하는 10대 여성이에요. 근데 이 여성이 한 게임에서 승리를 하자, 상대 팀이 문제 제기를 해요. 해킹 프로그램을 사용해서 이겼다는 거죠. 말하자면 편법으로 프로그램을 조작해서 이겼다는 거였어요.

희정 게구리라는 10대 여성 게이머가 해킹 프로그램을 사용해서 상대방을 박살냈다?

태섭 그래서 〈오버워치〉 제작사인 블리자드에서 조사에 들어갔고요.

거기서 끝났으면 모르겠는데, 또 상대방 남성 게이머들이 "칼을 들고 찾아가겠다" "쟤가 해킹을 안 했으면 내가 은퇴하겠다" 이런 얘기를 하기 시작하고, 그러니까 남초 게임 커뮤니티에서는 또 온갖 성희롱, 성폭력 발언이 난무했죠. 결국 게구리가 "그렇게 못 믿겠으면 내가 보여 주겠다"면서 게임을 생방송으로 플레이하면서 실력을 인증했죠. 그런데 또 엄청 잘한 거예요. 이런 사건들은 게임계에 만연한 여성 차별과 여성에 대한 편견을 잘 보여 주는 것 같아요.

희정 왜 그렇게들 여자들이 들어오는 걸 싫어하는지.

태섭 사실 오늘날의 게임은 과거의 농구나 축구, 혹은 당구 같은 거거든요. 스트레스 해소를 위해 하는 것이기도 하지만 집단 내 우위를 선포하는 방식이기도 해요. 제가 군대 훈련소에서 재미있는 상황을 봤는데요. 남자들 많이 하는 게임 중에 〈리그 오브 레전드〉League of Legends라는 게임이 있거든요. 여기에서는 잘하는 순서대로 등급을 나눠요. 제일 잘하는 사람들이 플래티넘, 그 밑으로 다이아, 골드, 이렇게 가는데, 한국에서 다이아 등급만 해도 전체 플레이어의 10퍼센트가 안 되거든요. 그런데 너도나도 다 자기가 다이아 등급이라는 거예요. 제 생각에 게임에 대해 남자들이 가지고 있는 생각은 한마디로 "돈 터치 더 게임"Don't touch the game인 것 같아요.

윤옥 게임 건드리지 마, 여기는 나의 영역이야?

태섭 전통적으로 게임은 남성의 영역이었으니까. 사실 그 전통이라고 해봤자 30~40년 된 건데. 어쨌든 그러니까 이 게임에 여성이나 소수자의 목소리가 등장하는 것에 대한 거부반응이 커요. 게다가 한국에서는 게임에 대한 진흥책은 거의 없고 규제 일변도였어요. 심지어 '셧다운제'와 같은 비합리적인 규제들이 있었죠. 근데 하필이면 그 셧다운제가 여성가족부 정책이었던 거죠.

셧다운제

16세 미만의 청소년에게 심야 시간의 인터넷 게임 제공을 제한하는 제도. 청소년의 인터넷 게임 중독을 예방하기 위해 마련된 제도로 '신데렐라법'이라고도 한다. "16세 미만의 청소년에게 오전 0시부터 6시까지 심야 시간 6시간 동안 게임 서비스 제공을 제한한다"는 내용이다. 2011년 5월 19일에 도입된 청소년 보호법 개정안에 따라 신설된 조항으로 주무 부처는 여성가족부다. 2014년 4월 위헌 확인 청구에 대해 헌법재판소에서 합헌 결정을 내렸다.

희정 여성부가 여성가족부(이하 '여가부')로 바뀌면서 가족부 산하로 청소년 문제가 들어가고 그러면서 이제 셧다운제가 여가부 문제가 된 거죠.

태섭 사실 10대 여성 혐오의 주요 원인으로 이 셧다운제와 여가부의 '고나리질'(여가부가 진행하는 모든 성평등 캠페인)이 꼽히기도 했어요. 여기에다가 여성에 대한 고전적인 편견, 즉 "게임을 금지하는 사람"이라는 편견이 들어가는 거죠.

윤옥 게임을 금지하는 사람이요?

태섭 훈육자인 어머니가 "게임 그만하고 공부 좀 해라"라고 말하는 것이 여가부의 셧다운제 이미지와 겹쳐 버렸다는 거예요. 거기에 게임하고 있으면 한심하게 쳐다보는 부인이나 애인의 이미지도 "게임을 금지하는 존재"로서의 여성에 대한 고정관념 속에 있죠. 그러다 보니 뭐랄까요? 아까 말씀하신 것처럼 특히 10대나 20대한테서 볼 수 있는 어떤 여성 혐오적인 반감 중 상당 부분이 게임 규제와 관련되어 있는 거죠.

희정 그런데 저는 이야기를 들으면서 〈수컷의 방을 사수하라〉('수방사')라는 프로그램이 생각나네요. 내가 취미 좀 갖고 쉬려는데 그렇게 아내나 엄마가 간섭을 하고 방해를 한다, 이런 콘셉트의 예능이었거든요.

태섭 제가 보기에 밀레니엄 이후 남성성의 특징은 '위축되었다'는 것 같아요. 그게 이전의 남성성과 가장 큰 차이죠. 스스로 피해자라고 생각한다는 거예요. 예전에는 그래도 가장으로서 스스로 강자라는 생각이 있었다면 이제는 "내가 더 피해자"라는 감성이 있죠. 이것과도 관계가 있을 듯해요.

희정 그러니까 한국에서 최초로 남성이 자신을 피해자화, 소수자화하면서 공동체로 목소리를 내기 시작한 게 '남성 연대'였잖아요. 고故 성재기 씨가 있었던. 그런 단체가 나올 수 있었던 흐름과도 맞닿아 있는 것 같네요.

포르노그래피와 남성

태섭 그다음은 포르노그래피인데요. 사실 포르노는 한국에서는 불법입니다. 하지만 언제나 존재해 왔어요. 기본적으로 한국의 포르노는 일본, 미국, 유럽 같은 데서 밀반입된 것들. 실제로 밀수를 한다기보다는 요즘은 다 인터넷으로 보지만요. OECD 국가만 놓고 보면요. 대부분의 나라가 아동 포르노에 대해서는 굉장히 강력한 처벌 조항을 가지고 있지만 그것을 제외한 포르노는 합법으로 규정하고 있어요.

희정 한국에서만 불법인 거예요?

태섭 네. 한국만 불법이고, 일본 같은 경우는 포르노가 아니라 AV, 즉 '어덜트 비디오'Audult Video라고 해서 성기 부위에 모자이크를 하는 방식으로 국내 배포용을 만들고 있어요. 어쨌든 광대역 통신망의 보급 이후 인터넷 포르노의 시대가 열렸고, 전체 인터넷 콘텐츠의 20~30퍼센트가 포르노라는 얘기가 있죠. 예전에는 전혀 규제가 안 되었지만, 지금은 규제를 하고 있어요. 국가에서 차단한 사이트에 접속하려고 하면 경고 화면warning.or.kr이 떠요. "이건 불법 사이트이므로 접속이 안 된다"고 경고하는 거죠.

희정 하지만 얼마든지 우회 가능하겠죠.

태섭 그렇죠. 어쨌거나 이렇게 불법인데, 한국에서 생산되는 포르노가 없는 건 아니에요. 대부분 사적인 관계나 금전 거래를 통해 만들어진 것들이고, 이런 프로노의 상당수는 범죄의 산물이죠. 요즘 '디지털 성범죄'라고 이야기되는 불법 촬영물들이에요. 그런데 사실 요즘 가장 많이 증가하고 있는 것은 자신이 스스로 올리는 사제 포르노물이에요. 웹캠이나 스마트폰으로 촬영한 것들. 트위터나 이런 데 가면 개인 계정을 파서 판매하고 있어요. 그리고 10대 청소년들이 직접 촬영한 영상을 판매하는 경우도 굉장히 많고요. 지금 한국이 아동 포르노 생산국 6위라고 하는데, 대체로 직접 촬영한 것들이에요.

희정 한국 사회에서 인터넷 유저가 폭발적으로 증가하는 어떤 계기들이 있었는데, 그중에서도 중요한 계기가 예컨대 'O양 비디오'

와 같은 디지털 성범죄물과 '빨간 마후라' 같은 사제 포르노들이었다고 해요. 화제가 되는 동영상이 유통되기 시작하면, 사람들이 그걸 보기 위해서 인터넷이라는 걸 시작하기도 했던 거죠. 그렇게 보면 '인터넷 강국'이라는 지위 역시 기본적으로 여성 혐오적인 디지털 성범죄와 무관하지 않은 역사가 있는 거네요.

태섭 사실, 인터넷을 통한 영상의 배포라든지 그런 것들에 대한 규제안이 마련된 게 그렇게 오래된 일은 아니에요. 구글 같은 경우에도 2015년이 되어서야 구글에서 검색되는 디지털 성범죄물에 대해 피해자가 요청하면 검색 결과에서 제외해 주는 그런 기능을 만들었거든요. 한국도 지금 이 법안이 올라가 있는데, 사실 이게 신종 범죄이다 보니 어떻게 법적으로 다뤄야 할지에 대한 사회적 합의가 이뤄지지 않은 상태예요. 그래서 아직은 처벌이 곤란한 그런 거고, 많은 나라에서도 아직까지 확실한 규제가 없는 것으로 저도 알고 있고요.

한국 정부의 불법 촬영 대응책

이후 한국 사회에는 여성들의 불법 촬영 및 편파 수사에 대한 규탄 시위가 있었고, 단일 성별, 여성 의제로 가장 많은 인원(약 7만 명)이 집결하기도 했다. 이에 정부는 디지털 성범죄와 불법 촬영에 대한 대응책을 마련하고 있다. 이는 크게 편형 카메라 수입·판매 제재 강화, 불법 영상물 유포 차단, 디지털 성범죄 단속 강화, 디지털 성범죄 처벌 강화, 피해자 지원 강화 등이다.*

희정 다 지울 수 있는 것도 아니고요.

태섭 누구의 컴퓨터에, 어디에 저장되어 있는지 다 알 수가 없잖아요.

* 여성가족부 홈페이지 참조.

그게 참 곤란한 지점인 것 같고요.

희정 온라인에 퍼져 있는 동영상을 찾아서 지우는 것만 해도 돈이 엄청나게 많이 든다고 들었고, 심지어 그런 범죄물이 공유되는 웹하드 업체와 지워 주는 '디지털 장의사' 업체가 서로 유착되어 있다고도 하더라고요. 이런 상황에서 국가는 여전히 제대로 대처를 못 하고 있고, 한국사이버성폭력대응센터나 '디지털성범죄아웃'Digital Sexual Crime Out, DSO 같은 여성 단체들이 피해자들과 함께 엄청 고생하고 있는 상황이죠. 그런데 이걸 이렇게 개인에게 맡겨 놓으면 안 되는 거잖아요.

태섭 방통위에서 2016년 초에 가이드라인, 그러니까 '잊힐 권리'에 대한 어떤 가이드라인* 같은 걸 하나 내놓았는데 구속력이 없었어요. 그래서 반쪽짜리였던 거죠. 결국에는 사적 구제 외에는 국가 차원에서 제공하는 어떤 구제책이나 이런 것들이 없는 상황이고요.

희정 심지어는 의도된 포르노 이미지가 아니라, 그냥 여성의 일상이 포르노가 되는 상황도 있죠. 한 10대 여성이 "오늘 햄버거 먹었어요" 하고 셀카를 올려도, 전혀 성적인 이미지가 아닌데도 그 사진을 퍼가서는 "은꼴 사진" 이런 거로 소비하기도 하고요.

윤옥 은꼴?

희정 "은근히 꼴린다"는 말의 준말이에요. 그렇게 그냥 다 성적인 코드로 전환시켜 버리는 거죠. 이런 것도 성범죄로 규정하자는 입장도 있는 거고요. 모든 이미지의 포르노화에 대해서는 더 많

* 「인터넷 자기게시물 접근배제요청권 가이드라인」, 방송통신위원회, 2016.

이 고민해 봐야할 것 같아요.

태섭 사실 포르노에 대한 논의 자체는 굉장히 오래된 논쟁이니까요. 포르노 찬반, 이런 이야기를 오늘 이 자리에서 다 할 수는 없겠지만, 어쨌든 여성 중에도 포르노를 시청하는 사람들이 꽤 있다는 조사가 계속되고 있어요. 그래서 포르노를 좀 더 윤리적으로 유통할 수 있는 방법은 없을지 고민하는 움직임도 있어요. 배우들의 노동환경을 개선한다거나, 혹은 여성의 쾌락을 위한 포르노를 만들자는 운동 등은 꽤 오랫동안 이어져 왔죠. 물론 아직까지 뚜렷한 성공 사례는 없는 것도 같지만요. 문제는 성 경험이 없으면서 포르노를 시청하는 청소년들에 대한 포르노의 영향력이 너무 크다는 건데요. 정규교육 과정에서는 여전히 구체적인 성행위에 대해서는 잘 이야기하지도 않고, 10대의 성을 부정하면서, 인터넷에서는 온갖 성적인 콘텐츠에 노출되어 있으니까 점점 문제가 심각해지는 거예요. 정규교육은 초등학생이 포르노를 안 본다고 가정하지만, 실제로 그렇지 않거든요. 그런데 그런 초등학생의 76퍼센트가 이성 교제에 찬성한대요. 그리고 2016년 기준으로 약 5퍼센트의 청소년이 성 경험이 있다고 답을 했는데, 저는 더 될 거라고 생각해요. 첫 성행위 경험의 평균연령은 13.2세고요.* 그렇게 본다면 정말 제대로 된 정보와 교육 없이 성관계를 시작한다는 의미예요.

희정 심지어는 엄청난 죄책감을 안게 하는 분위기 속에서 하게 되는 부분도 있고.

* 「제12차 청소년 건강행태 온라인조사」, 질병관리본부, 2016.

태섭 최근 들은 것 중에 웃겼던 이야기 하나가 콘돔을 청소년에게 팔 수 있는데, 일반형은 되고 특수형은 안 된대요. 특수형은 청소년 유해 품목이에요.

윤옥 특수형은 뭐에요?

희정 돌기가 붙어 있다든가 하는, 기능을 가진 콘돔이요. 그래서 일반형은 판매 가능하지만 특수형은 판매 불가능하기 때문에, 사실 온라인에서 콘돔 판매하는 업체들은 전부 성인 업체 등록을 해버리고. 그러니까 청소년들은 또 온라인에서는 콘돔을 구매할 수가 없어요.

태섭 사실 이 사회는 포르노 등을 통해서 성은 정말로 큰 쾌락이다, 하지만 도덕적 금기다, 하는 이중 잣대를 만들어서 오히려 여성 혐오적인 성 문화를 강화하고 있는 것 같아요.

희정 온갖 이중 잣대들이 있죠. 10대는 성과 사랑을 몰라야 돼, 하지만 10대 아이돌은 무대에서는 섹시해야지. 여자들은 경험도 없고 성에 대해서 몰라야 해, 하지만 타고나기를 섹시해야 하지.

윤옥 이런 미션 임파서블이 있나.

희정 진짜 어쩌라는 건지 싶죠. 싫어하면 불감증이고, 좋아하면.

윤옥 너무 밝히는 여자고? 아, 짜증나네요. 우리가 지금까지 디지털 남성성 중에서 게임에 이어 포르노에 대해 이야기했는데요. 제대로 된 성교육 없이 포르노를 통해 성을 접하게 되었을 때 여성 혐오적인 성 관념을 갖게 된다, 이런 이야기를 하셨잖아요. 그런데 왜 왜곡된 성 관념과 여성 혐오적인 문화로 이어질까요?

태섭 이제 남초 사이트 혹은 남초 커뮤니티 이야기를 해야 할 것 같아요. 포르노가 많이 유통되는 통로 중 하나가 남초 커뮤니티예요. 포르노 사이트뿐만 아니라 서로에게 선물을 주는 것처럼 포르노를 보내 주고 그런 문화가 있는 곳. 누군가 영상 캡처한 사진을 올리면 그 게시물 밑에 "저도 보내 주세요"라고 댓글이 줄줄이 달리거든요. 그리고 그 안에서 그런 성 지식에 대해 아무 말이나 막 하는데 대체로 과학적으로도 틀렸고 실제 경험적으로도 문제가 많은 이야기들이 돌아다녀요. 그런데 잘 보면 그런 '틀린 정보'의 원천에는 포르노 시청과 성 구매 경험 등이 존재하거든요. 그러니까 포르노적 이미지가 머릿속에서 성행위의 표준이 되어 버리는 거죠.

희정 거기에 여성에 대한 왜곡된 이미지가 만들어지고 여성의 노No는 예스Yes라든지, 함부로 대해야 좋아한다든지. 이런 식의 왜곡된 생각이…….

태섭 그런 것들도 다 커뮤니티를 통해 만들어지는 거고요.

윤옥 그럼 대항 포르노를 만들어야 할까요?

태섭 그런 이야기를 하시는 분들이 계시죠. 그래서 유럽에는 차라리 '일반적인 섹스 동영상'을 보여 주자는 입장들도 있어요.

희정 대안을 논하는 건 또 다른 자리를 기대해 봐야 할 것 같아요. 쉽지 않은 문제니까요.

— 남초 사이트와 남성

태섭 그럼 이제 마지막으로, 인터넷 커뮤니티 이야기를 좀 해볼게요. 반메갈 동맹은 2016년에 만들어진 거죠. 10대부터 40대, 진보와 보수를 아우르는. 그런데 이런 인터넷 커뮤니티는 언제나 전쟁터처럼 존재해 왔고, 악화가 양화를 구축해 왔고, 그리고 현실의 제약을 피해서 온라인 공간으로 넘어왔지만, 또 그 공간으로부터 현실에 영향력을 미치고 싶어 하는 복잡한 욕망들이 존재하는 곳이에요. 그러니까 익명성을 지켜서 나를 보호하되 익명들이 모여서 어떤 하나의 공통된 움직임으로 무엇을 타격하고, 그렇게 또 영향력을 미치고 싶어 하는. 아주 편리한 도구죠. 그런데 커뮤니티 내부에서도 보면 주목 경쟁이 항상 발생해요.

희정 주목 경쟁이라면…… 더 많은 주목을 끌기 위해 더 세고, 더 자극적인 이미지와 이야기를 만들어 내는 그런 경쟁 말이죠?

태섭 더 막 나가는 사람이 이기는 치킨 게임이 펼쳐지는 셈이죠. 하지만 여기에서 또 정색하면 지는 거예요.

희정 '진지충'이 되는 순간 지는 것?

태섭 그렇죠. 그렇게 주목을 끌기 위해 소위 '주작'이라고 하는 조작도 해요. 예컨대 대표적으로 '무릎녀 사건'이 있었어요.

윤옥 또 "○○녀"인가요.

태섭 수많은 ○○녀 중의 하나죠. 아버지뻘인 버스 운전기사를 무릎 꿇려 놓고 그 앞에 팔짱 끼고 서있는 젊은 여자의 사진 한 장이 올라온 거예요. 사진 올린 사람이 "이런 싸가지 없는 년" 이런 식으로 얘기했고, 그 여성에 대한 엄청난 공격과 비난이 쇄도했죠. 그래서 언론에서 취재를 했는데, 그 사진 자체가 조작된 사진이었어요. 사진 자체는 찍은 게 맞는데 상황이 달랐던 거죠. 실제로는 버스가 고속도로에서 멈춰서 발이 묶여 있는 승객들에게 버스 회사 관계자들이 사죄하는 상황인데, 그 앞에 있던 여자가 그냥 팔짱을 끼고 서있었던 거예요.

희정 그런데 그걸 한 프레임에 담아서 마치 그 여자가 홀로 무릎을 꿇린 것처럼 된 거네요.

태섭 그래서 조작인 게 드러났더니 "재미있으면 됐지"라는 반응이 돌아왔고요.

희정 실제로 현실 공간에서 자기가 활용할 수 있는 자원이 점점 없어졌을 때 인터넷 공간에서 '좋아요'를 얻거나 관심글로 저장이 되거나 'RT'retweet로 공유가 되거나 이런 식의 주목을 끄는 게 일종의 위안이 되기도 하고 재미가 되기도 하고, 실제로 현실 사회의 자원으로 이어지기도 하는 거죠. '트위터 셀렙'이 된다는지 하는 식으로요. 그러다 보니 자극적인 콘텐츠를 경쟁적으로 만들어 내고, 거기에는 당연히 '주작'도 들어가게 되는 거고요. 이 부분이 포르노적 이미지의 유포와도 연결되어 있다고 분석되는데요. 일베와 같은 인터넷 커뮤니티 안에서는 현실에서의 내가 어떤 사람인지는 크게 중요하지 않거든요. 중요한 건 내가 이 게시판에서 얼마나 자극적이고 흥미로운 '짤', 즉 이미지를 제공하느냐인 거죠. 그렇게 주목을 끄는 것이 그 게시판에서 대장이 되는 방법이고요. 그러니까 남성화된 유저들은 여성의 포르노적 이미지를 서로 주고받으면서 그 영향력과 상징 자본을 쌓아 가는 거죠. 이길호의 『우리는 디씨』 같은 책을 보면 잘 설명되어 있어요.

윤옥 그렇게 여성의 이미지가 남성들 사이에서 거래되는 거네요.

태섭 그런 영향력을 끼치는 재미라는 게 매우 중독적이잖아요. 저는 그걸 『잉여사회』[*]라는 책에서 '자경단과 십자군'이라고 표현했어요. 이들이 가장 많이 공격하는 대상은 역시 약자예요. 왜냐면 반응도 제일 크고, 보복당할 위협도 제일 적고.

희정 사실 거기에서 15년 동안 시달렸던 여성들이 이제야 치고 나가는 거죠.

태섭 그래서 메갈리아 초기에 "야, 우리는 10년 치 장작이 쌓여 있다"고 막 그랬거든요. 저는 확실히 메갈리아 이후에 온라인 혐오의 공기가 조금 변했다고 생각해요. 자기들도 아팠던 거죠. 특히나 크게 반응했던 것이 성기 사이즈였는데요.

희정 여자들이 한국 남자들 성기 작다고 놀렸죠. ☺ 그게 그렇게 중요한가 봐요?

태섭 메갈리아의 엠블럼도 그거였잖아요. "작다." 그런데 그때 여자들도 남자를 아프게 할 수 있구나, 라는 자각이 생긴 거예요. 그래서 저는 이 반메갈 동맹의 원천이 그런 자각이라고 생각해요. '우리도 이제 아프구나. 걔네가 우리를 때릴 수도 있구나.' 그런데 이 사람들이 생각해 낸 논리는 뭐냐 하면 '그러니까 다시는 못하게 밟아 버리자'였던 거죠. 어떤 섬멸전 같은 양식으로요.

윤옥 섬멸전. 말도 섬뜩하네요.

태섭 그렇게 태세가 전환되는 모습들이 보이는 거죠. 그리하여 '메갈=여자 일베', 이런 프레임을 만들어 버린 거예요. 들어 볼 필요도 없는 사회악의 자리에 놓는 거죠. 그 프레임이 짧은 시간 안에 성공했어요.

[*] 최태섭, 『잉여사회』, 웅진지식하우스, 2013.

희정 저는 2015년에 처음 메갈리아가 등장했을 때는 지금처럼 본격적인 섬멸전 양상은 아니었다고 생각해요. 소수의 여성이 목소리를 냈을 때는요. 그런데 이게 2016년 강남역 여성살해 사건을 지나면서 여성 보편으로 확장되기 시작하자, 안티 페미니스트들이 도대체 누구를 잡아야 하는지 알 수 없게 된 거죠.

태섭 「남성 삶에 관한 기초연구 Ⅱ」*라는 흥미로운 제목의 연구 보고서를 하나 봤는데요. 인터넷을 사용하는 사람들을 중심으로 조사를 해본 거예요. 조사자 남성의 54.2퍼센트, 그리고 여성의 24.1퍼센트가 인터넷의 여성 혐오 표현을 공감한다고 했어요. 절반 이상인 거죠. 그리고 여성 혐오의 원인이 뭐냐고 물었을 때 여가부가 1위였고, 남성에 의존해 사치를 일삼는 여성, 이른바 "김치녀" "된장녀"가 2위, 여성 단체와 페미니스트 때문이란 게 3위고.

윤옥 이렇게 원인이 헛다리일 수가.

태섭 그런데 이 중에서 정말 웃겼던 게요. "남자에 의존해 사치하는 여성"을 만날 가능성이 제일 낮은 게 어쨌든 청소년층이잖아요. 그런데 이 청소년층이 해당 원인을 지목한 경우가 제일 많았어요. 그러니까 청소년들이 대체 어떻게 남자에 의존해 사치하는 여성을 만난 걸까 너무 궁금하잖아요. 문방구에서 자기 이름 걸고 뭐를 산 건지, 더치페이를 안 해줬는지 모르겠는데. 제 생각에는 미디어하고 인터넷에서 떠도는 어떤 이야기들을 통한

* 안상수 외, 「남성 삶에 관한 기초연구 Ⅱ: 청년층 남성의 성평등 가치 갈등 요인을 중심으로」, 한국여성정책연구원, 2015.

이미지들이 일으킨 효과가 굉장히 큰 것 같아요.

윤옥 소문이나 미디어로부터 본 이야기를 자기 경험담으로 인터넷에 올린다는 거죠?

태섭 그런데 자기 경험도 아닌 경우가 많고 아는 형, 아는 동생, 내 친동생의 친구 누구 이런 식이고요. 내용도 대체로 부정확한 정보에 근거하고 있거나 이상한 내용이거든요. 이상한 이야기를 접하면 확인을 해봐야 하는데, 그런 것 없이 그대로 흡수하는 거죠. 그러다 보니 사치하는 여자에 대한 어떤 편견이 강화되는 거예요. 또 웃긴 게요. 남녀별 유형 집단을 쭉 늘어놓고 누가 가장 싫으냐고 물었는데, 1등이 데이트 비용을 거의 내지 않는 여자, 5점 만점에 4.29예요. 그다음 2위가 시부모와 친하게 지내지 않는 여자, 4.04. 특히 1위는 웃긴 게 여성들도 높은 수준의 부정평가를 내렸어요. 4.03점.*

희정 여자도 싫어하고 남자도 싫어하는데, 도대체 누가 돈을 안 내고 있는 걸까요?

태섭 그 여자는 도대체 어디서 나타나서 그렇게 사치를 많이 하고 많은 남성에게 상처를 주고 사라지는 전설의 괴도가 된 걸까요? ☺ 또 한 가지 살펴볼 것은 응답자 특성이에요. 여성 혐오가 강하고 성평등 인식이 낮고 성 역할 갈등이 큰 남성들이, 그렇지 않은 남성들에 비해, 삶의 만족도, 자존감, 외모 자존감이 낮았다는 거죠. 실제적인 계급보다 만족도와 자존감의 문제가 여성 혐오에 더 큰 영향을 미치고 있다고 해석할 수 있는 부분이에

* 안상수 외, 앞의 글.

요. 지금까지는 여성 혐오가 소위 '루저층'의 문제라고들 했지만, 사실은 상대적 박탈감에 시달리고 있는 중간층 남성들일 가능성이 높다는 애기인 거죠.

희정 '강남 일베'라고들 하죠.

태섭 트럼프 현상에서 볼 수 있는 트럼프 지지자들과 비슷하죠. 그 백인 남성들이 과거에 비해 몰락했을 수는 있는데 사회 전체를 봤을 때는 완전 하층계급이나 그런 건 또 아니잖아요. 그러니까 그 사람들이 비교 대상으로 삼는 건 과거의 영광이지 현재 사회에서 나보다 더 그런 사람들은 또 아닌 거예요.

희정 아까 말씀하신 것처럼 게임 유저와 일베와 『시사IN』 절독하는 사람들은 약간씩 성격이 다를 텐데 『시사IN』 절독층이 굉장히 상징적인 것 같아요. 그러니까 진보 정론지인 『시사IN』을 보고 있던 남성들이란 거잖아요.

태섭 넥슨 같은 경우에도 넥슨 이전에 메갈리아에 관심을 가진 남자 청소년의 수가 그렇게 많지 않았는데 그 이후 갑자기 메갈리아 애기를 많이 하더라는 애기를 학교 선생님들한테 들었어요. 그러니까 그렇게 자기의 영역이라고 생각했던 것들에 그 이슈가 들어왔을 때에 그것에 대한 반응이 일어나면서 그동안 숨겨 왔던 마음을 팍 펼쳐 보이는. 이런 슬픈 사태가 벌어진 거죠.

희정 그러니까 그런 고민했었거든요. 메갈리아가 한참 화제가 되고 논객들 사이에 찬반 글들이 막 오갈 때 메갈리아를 여자 일베라고 쉽게 퉁 치는 사람들이 내세우는 건 언제나 사회정의였거든요. 공론장을 회복해야 한다, 혐오에 혐오로 맞서면 안 된다. 되게 우아한 용어들을 쓰는데 실제로 이렇게 여성의 목소리가 터져 나오게 된 배경이나 아니면 기울어진 미디어 권력의 문제나 이런 것들은 생각하지 않더라고요. 그걸 보면서 이런 생각이 들더라고요. 실제로는 내면화된 여성 혐오를 우아한 말로 풀어내기 위해 문해력을 포기하는구나. 안 봐버리는 거예요. 싫고.

태섭 한국 사회에서는 메갈리안 미러링이 원본이 없는 것처럼 받아들여졌죠. 사실 '미러링'이라는 건 원본이 있어야 전복의 효과가 있는 건데, 그 원본을 지워 버리고 "얘네들이 이렇게 험한 말을 한다" 이렇게 된 거죠. 너무 웃겼던 사건 중 하나가 이른바 낙태 인증 사건이라고 해서, 워마드에 어떤 유저가 피 묻은 생리대를 찍어서 올리면서 "남자아이를 임신했다는 것을 알고 짜증나서 낙태를 해버렸다. 셀프로" 이런 식으로 올린 일이 있었어요.

희정 셀프 낙태 인증샷을 올린 거예요?

태섭 올린 거예요.

희정 생리가 뭐고 낙태가 어떤 것인지를 조금만 이해하고 있는 사람이라면 이게 농담이란 걸 알 수 있는 이미지였던 거네요?

태섭 그런데 그게 남초 커뮤니티에 퍼지면서 "이 패륜 집단을 봐라" 이렇게 된 거죠.

희정 그런데 정말로 충격적인 건 그걸 보고는 낙태라고 받아들일 정도로 모른다는 거예요. 상대방의 성에 대해 모르고 "오줌처럼 참으면 되는데 왜 유세야" 이런 얘기가 나온다는 거죠. 결국 교육인가요? 서로에 대한?

— 어떻게 해야 하는가

태섭 그런데 이 영역들에 사실 공통점들이 있어요. 뭐냐 하면 첫째는 여성이 없는 영역이란 거잖아요. 그러니까 공식적으로 여성이 없다고 여기는. 그리고 '공식 성별은 남자다'라는 것이 있고. 다른 한편으로는 자연스럽게 형성되거나 혹은 어떤 공식적인 루트의 교육을 통해서 만들어졌어야 할 그런 다른 성별 간의 관계라든가 사회적인 젠더 의식이라든지 이런 것들이 형성될 수 있는 기회 자체가 사실 한국 사회에 별로 없어요. 의도적으로 끊어 놓죠. 제가 무슨 얘기를 들었냐 하면, 이제 어머니들이 아들을 가진 부모들은 남중, 남고에 보내고 싶어 한다는 거예요.

윤옥 맞아요. 공부가 뒤처진다고. 남자애들이 밑바닥 깔고 있다고 맨날 그런 얘기하거든요.

태섭 "우리 아들 기죽는다"면서 남중, 남고를 보내고 싶어 하는 거죠. 그런데 학교를 남녀로 나누는 것도 문제지만, 남녀 공학에서도 이성 교제를 학칙으로 금지하는 학교가 2013년 기준으로 전체 고등학교의 51퍼센트였어요.* 그런데 그 처벌이 굉장히 세요. 정학, 퇴학, 강제 전학 이런 거거든요. 자연스럽게 형성되어야 되는 관계들을 그런 식으로 임의적으로 단절시키고, 오직 성적만을 강조하는 상황 속에서 그 빈틈을 파고드는 것이 온라인 공간에서의 지식과 경험이라는 거죠. 그렇게 그 자리를 일종의 '음모론'으로 다 메워 버리는 거예요. 한국에서는 남자와 여자 간의 관

* 신학용 의원실, 2013년 국정감사 자료.

계라는 것 자체가 하나의 거대한 음모론이 되어 버렸어요. 환상으로서의 여성만 존재하는 셈이죠. 그리고 그 환상은 매우 사회적인 것이고요. 이 결과는 출생률 하락 같은 것으로 드러나죠.

희정 하지만 여전히 한국에서는 비혼율이 5퍼센트밖에 안 된대요. 지금 뭐 한국 여자들이 이기적이라서 결혼도 안 하고 애도 안 낳고 이렇게 얘기해도, 어쨌든 일본은 20퍼센트라고 하고 미국은 25퍼센트라는데, 그런데 한국은 5퍼센트라는 거예요. 사실은 훨씬 더 많이 파업을 해도 되는 상황 아닌가.

태섭 그리고 가임 여성 한 명당 합계 출산율은 계속 오르고 있다고 하잖아요. 젠더사이드gendercide를 통한 여성 인구의 하락, 감소 때문에 가임 여성 자체가 줄어든 상황이 근본적인 문제일 수 있는데, 국가는 그것을 제대로 짚어 내지 못하고 있죠.

윤옥 이성애 파업이 아니라면, 이런 여성 혐오적인 문화를 어떻게 바꿔 나갈 수 있을까요?

태섭 전통적으로 세 가지 방법의 개입이 있었던 것 같아요. 하나는 검열하고 법적 처벌하는 거죠. 이것은 항상 해법이 아니었던 것 같고 어느 정도는 최저선을 설정하고 그 아래로는 "진짜 범죄다"라고 말할 수 있는 지점은 있는 것 같아요.

희정 근데 사실 저는 국정원 게이트라든지 아니면 최순실 게이트, 김기춘이 한 짓, 이런 것들을 보면 한국 사회에서 일정 정도 혐오를 의도적으로 만들어 낸 기득권들이 있었던 것 같거든요. 이들에 대한 처벌이 가능해져야 한다고 생각해요. 그런 의미에서는 사법적인 접근, 포괄적인 차별금지법이라든가 하는 것으로 접근할 수 있는 방법은 고민되어야 하겠다는 생각이 들고요.

태섭 고민이 필요하겠죠. 그다음이 교육과 교화인데요. 그런데 또 앉혀 놓고 가르친다고 말을 듣는 것은 아니죠.

윤옥 그럼 세 번째는 뭔가요?

태섭 세 번째는 정치예요. 이런 것들을 넘어서는 어떤 종류의 정치적 개입에 대해 생각해 봐야 하는데 어떤 게 적절한지는 사실 잘 모르겠어요. 물론 제일 좋은 건 더 많은 사람이 관심을 가지고 개입하는 거죠. 원론적인 이야기이긴 한데요. 사실 한국에서는 우리 스스로 여성 혐오를 비롯한 소수자 혐오의 문제에 대해 스스로 기준을 만들어 본 적이 없었어요. 이제는 진짜 이에 대한 고민과 논의를 해야 할 것 같아요.

희정 그런데 이게 이제 디지털 남성성과 여성 혐오에 방점을 찍어서 분석해 주셨고 설명해 주셨기 때문에 되게 암울한 느낌이 들 수도 있을 것 같긴 한데, 실제로 저는 디지털 남성성도 단일하게 규정될 수는 없을 거라고 생각하거든요. 그리고 실제로 어쨌든 메갈리안 미러링 이후에 특강이나 이런 걸 가면 소수기는 하지만 명백하게 남성 청자들이 늘고 있고요. 그런데 지난번에 발표하셨을 때 관객석에서 그런 질문이 나왔잖아요. "최태섭 선생 당신도 포르노 보고 게임 그렇게 했고 남초 커뮤니티에 상주했는데 왜 이런 식의 관점의 전환이 가능했냐"라는 질문이요.

태섭 그런 부분을 저도 좀 느끼고 있는데요. 2012, 2013년 정도까지도 제 주변에 페미니즘을 정치적으로 지지하는 남성들이 꽤 있었지만, 그것을 다 이해하고 자기 논리로 이야기할 수 있었던 것은 아니었어요. 그런데 요즘에는 점점 페미니즘을 내면화하고 있는 남성들이 늘어나고 있는 것 같아요. 물론 여전히 소수겠지만요.

윤옥 어둠이 좀 걷혀 가고 있나요?

희정 희망을 보면서 가는 것이 좋지 않을까요?

태섭 페미니즘 운동의 동력이 꺼지지 않는다는 것을 희망으로 보고 가도 좋을 것 같아요. 저도 처음에는 "좀 하다 말겠지" 했는데, 점점 더 목소리가 커지고 있지요. 그리고 그렇게 목소리가 쌓이면서 성찰하게 되고, 그 성찰 과정에서 어떤 변화들이 생기고 쌓여 가는 거잖아요. 그렇게 축적되는 것들을 놓치지 않으면 충분히 더 나은 어떤 것들로 잘 나아갈 수 있을 것 같아요.

희정 이제 마무리해야겠어요. 저희가 녹음 시작할 때 오늘은 빨리 끝날 예정이라고 스튜디오에 거짓말을 했는데요. 제일 오래 했습니다.

윤옥 마무리 인사를 좀 할까요? 처음이자 마지막 남성 게스트로서.

태섭 오늘 처음이자 마지막 남성 게스트로 나와서 주제 넘은 소리도 좀 많이 한 것 같고요. 긴 시간이었지만 즐겁게 대화했고 이런 이야기를 할 수 있어서 너무 좋았습니다. 감사합니다.

희정 감사합니다. 덕분에 저희가 잘 모르는 남성성 이야기들을 생생하게 들을 수 있었던 것 같아요.

+ 최태섭이 덧붙이는 말

미국에서는 2017년 즈음, 게이머 게이트의 다른 버전인 '코믹스 게이트'가 등장했다. 코믹스 게이트는 최근 마블과 DC 등에서 제작하는 히어로 코믹스의 남성 팬들을 중심으로 벌어진 일이다. 최근 히어로 코믹스는 시대의 변화에 발맞추기 위해 캐릭터들의 성별, 성정체성, 인종 등을 다양화하는 한편, 이들에게 주체적이고 주도적인 역할을 부여하려는 노력을 하고 있다. 이는 최근 극장가를 휩쓸고 있는 히어로 무비에서도 드러나는 추세이다. 그런데 그에 반발한, 장르의 '진짜' 팬을 자처하는 남성들이 'PC'political correctness(정치적 올바름)가 장르를 망치고 있다며, 작가와 작품에 대한 블랙리스트를 만들고 불매운동을 하는 한편, 여성 작가나 제작자에게 성폭력을 포함한 사이버 불링Cyber Bullying을 저질렀다. 다행히 제작사들은 남성 팬들의 이런 반응에 동조하지 않았고, 극장가에서도 변함없이 비슷한 흐름이 이어지고 있다.

을들의 당나귀 귀

페미니스트를 위한 대중문화 실전 가이드

1판 1쇄 2019년 3월 4일
1판 2쇄 2019년 8월 5일

기획 한국여성노동자회, 손희정
지은이 손희정, 최지은, 허윤, 심혜경, 오수경, 오혜진, 김주희, 조혜영, 최태섭

펴낸이 정민용
편집장 안중철
책임편집 강소영
편집 윤상훈, 이진실, 최미정

펴낸곳 후마니타스(주)
등록 2002년 2월 19일 제300-2003-108호
주소 서울 마포구 신촌로14안길 17, 2층 (04057)
전화 편집 02.739.9929/9930 영업 02.722.9960
팩스 0505.333.9960
블로그 humabook.blog.me
트위터, 페이스북, 인스타그램 @humanitasbook
이메일 humanitasbooks@gmail.com

인쇄 천일문화사 031.955.8083
제본 일진제책사 031.908.1407

값 18,000원
ISBN 978-89-6437-322-4 03300

이 도서의 국립중앙도서관 출판시도서목록(CIP)은
e-CIP홈페이지(http://www.nl.go.kr/ecip)와
국가자료공동목록시스템(http://www.nl.go.kr/kolisnet)에서
이용하실 수 있습니다.
(CIP제어번호: CIP2019005366)